中國學術思想
研究輯刊

六 編
林 慶 彰 主編

第 9 冊
秦法家思想之發展研究
朱 心 怡 著

花木蘭文化出版社

國家圖書館出版品預行編目資料

秦法家思想之發展研究／朱心怡 著 — 初版 — 台北縣永和市：
花木蘭文化出版社，2009〔民 98〕
目 2+230 面；19×26 公分
（中國學術思想研究輯刊 六編；第 9 冊）
ISBN：978-986-254-060-2（精裝）
1. 法家
121.6   98015109

ISBN - 978-986-2540-60-2

9 789862 540602

中國學術思想研究輯刊
六 編 第 九 冊   ISBN：978-986-254-060-2

秦法家思想之發展研究

作　　者　朱心怡
主　　編　林慶彰
總 編 輯　杜潔祥
出　　版　花木蘭文化出版社
發 行 所　花木蘭文化出版社
發 行 人　高小娟
聯絡地址　台北縣永和市中正路五九五號七樓之三
　　　　　電話：02-2923-1455／傳真：02-2923-1452
網　　址　http://www.huamulan.tw 信箱 sut81518@ms59.hinet.net
印　　刷　普羅文化出版廣告事業
封面設計　劉開工作室
初　　版　2009 年 9 月
定　　價　六編 30 冊（精裝）新台幣 50,000 元

秦法家思想之發展研究

朱心怡　著

作者簡介

朱心怡，高雄人，國立清華大學中文博士，國立中山大學中文碩士，國立清華大學中文學士。研究領域為先秦諸子思想。曾任國立中山大學華語中心老師、美國聖路易華盛頓大學東亞語文學系交換中文講師，教導外國人初級與中級華語。目前為私立實踐大學應用中文系專任助理教授，國立臺灣大學中文系兼任助理教授，講授現代文學。

提　　要

　　法家思想的興起，與春秋以來宗法失序、商業發展、貴族陵夷、學術下移等時代背景密切相關。戰國初期，法家人物開始以實際變法者的姿態躍升政治舞臺，帶給戰國的政治型態巨大的衝擊。三晉地區雖然以其四戰背景與重商傳統，最早發展出獨特的重法文化，但往往隨著人亡政息，未能竟功。只有秦國在變法上最為徹底，終於成功將秦國改造成稱霸西戎的強國，最後甚至併滅六國，一統天下，法家思想也因此成為秦國政治思想的主流。有鑑於歷來研究法家思想之專著雖多，卻未有一部專書全面性的論述秦國的法家思想。本論文即以討論秦國的法家思想的發展為主。以商鞅等人的實際變法政策，綜合秦國的出土文獻《睡虎地秦墓竹簡》，來分析法家思想在秦國的發展過程。並根據秦律從重法治、嚴刑重罰、重吏治和重農戰等四方面，來驗證法家思想在實地施行上的落實程度。希望藉由本論文，能對法家思想在秦國的發展過程有更完整的說明，並釐清秦朝覆亡的原因，並非法家之過；法家之政，也非如世傳嚴苛，而有其勸民安國之效。

第一章　前　言 ………………………………………… 1
　　第一節　寫作緣起 …………………………………… 1
　　第二節　各章大意 …………………………………… 2
第二章　先秦法家興起的歷史背景 …………………… 7
　　第一節　禮治崩解 …………………………………… 8
　　第二節　法治漸興 …………………………………… 14
　　第三節　學術流通 …………………………………… 20
　　第四節　社會變動 …………………………………… 26
　　第五節　經濟發展 …………………………………… 35
第三章　三晉法家的出現 ……………………………… 45
　　第一節　變法運動 …………………………………… 46
　　第二節　三晉出法家原因探微 …………………… 58
　　第三節　地理風俗 …………………………………… 66
第四章　法家與秦的結合 ……………………………… 71
　　第一節　商鞅入秦的契機 ………………………… 72
　　第二節　商鞅變法的主要內容 …………………… 79
　　第三節　商鞅變法成效與後續之秦政 …………… 99
第五章　睡虎地秦墓竹簡中的法家思想 …………… 117
　　第一節　竹簡秦律之年代與源起 ………………… 118
　　第二節　秦簡所呈現的法家思想之一
　　　　　　——重法治 ……………………………… 127
　　第三節　秦簡所呈現的法家思想之二
　　　　　　——嚴刑重罰 …………………………… 132
　　第四節　秦簡所呈現的法家思想之三
　　　　　　——重吏治 ……………………………… 144
　　第五節　秦簡所呈現的法家思想之四
　　　　　　——重農戰 ……………………………… 152
第六章　秦法家與諸子的關係 ……………………… 165
　　第一節　秦孝公前與秦孝公變法時期 …………… 167
　　第二節　秦孝公後至秦始皇統一天下時期 ……… 175
　　第三節　秦始皇統一天下以後時期 ……………… 206
第七章　結　論 ……………………………………… 215
參考書目 ……………………………………………… 225

目
次

第一章　前　言

第一節　寫作緣起

　　本書的寫作，主要是想透過出土簡牘的第一手資料，佐以傳世文獻，分析法家思想的發展過程。由於本書所根據的簡牘，是在民國 64 年出土的睡虎地秦墓竹簡。〔註 1〕所以本書的討論也著重於以秦國為研究主體，討論法家思想在秦地的具體影響。

　　睡虎地秦墓竹簡是首次發現的秦國竹簡，簡文所反映的年代，上限起自商鞅變法後，下限推至秦始皇統一六國前，長達一百多年。簡文的內容，主要以法律條文為主，也包含戰國末至秦統一這段期間，秦國的政治、經濟、軍事與社會文化等各方面的資料，為我們研究秦國歷史提供了前所未有的豐富史料。

〔註 1〕　民國 64 年，也就是乙卯年 12 月，湖北省雲夢縣城關公社之社員，在睡虎地墓地修建排水渠工程中，發現一片青膏泥地，往下挖掘，竟發現棺木之槨板。於是呈報文化考古部門，經過鑑定與考察，發現為戰國末至秦代的墓葬。經由孝感地區的考古訓練班結合湖北省文物考古研究所人員的努力，挖掘出 12 座墓葬，其中 11 號墓葬地，更是發現大批的秦代竹簡，這是第一次發現秦代竹簡。竹簡經科學保護，細心拼復後，總計有 1155 支（另殘片 80 支）。內容計有《編年記》、《語書》、《秦律十八種》、《效律》、《秦律雜抄》、《法律答問》、《封診式》、《為吏之道》、《日書》甲種、《日書》乙種等十種。除《語書》、《效律》、《封診式》、《日書》乙種原有書題，餘皆秦簡整理小組整理擬定。睡虎地秦墓竹簡的性質，大部分是法律、文書，不僅有秦律，而且有解釋律文的問答和有關治獄的文書程式。孝感地區第 2 期亦工亦農文物考古訓練班：〈湖北雲夢睡虎地十一號秦墓發掘簡報〉，《文物》1976 年第 6 期，頁 1。

雖然秦簡所記載的並非完整的秦律，但仍使我們得以掌握到秦律的大致輪廓，也使以往只被視爲傳說，爲後人所懷疑的部分史實得到澄清。而秦律不只呈現出秦國當時的法律制度，也反映出濃厚的法家特質。更進一步地說，秦律可說是商鞅變法後所制定的法律的延續。從這部分而言，睡虎地秦墓竹簡的出現，使我們能夠將秦朝法律接續上商君法，並塡補了戰國末至秦統一前秦國法制史料的空白。而秦簡所反映的濃厚法家思想，也是我們研究秦國以法治國最珍貴的第一手資料。藉由秦簡，我們可以連貫的研究法家思想在秦國的發展，從法家的出現，到商鞅入秦，正式讓法家思想在秦國發揚光大，並奠定了秦國法家的基礎。到之後商、韓派法家在理論上對秦國法治的影響，我們都可以在秦簡中找到線索。並可進一步延續到研究秦始皇統一六國，焚詩書百家語，正式將法家思想定於一尊，到秦亡後，法家思想在漢朝初期的逐漸退居幕後，整個法家思想的興衰史。

第二節　各章大意

中國的法治思想早在三代已有，但整合成一系統，發爲主張，成爲一家之言，則在戰國。法家之得名，更晚至漢代之司馬談。見司馬談〈論六家要旨〉云：「夫陰陽、儒、墨、名、法、道德，此務爲治者也。」〔註2〕又云：「法家嚴而少恩，然其正君臣上下之分，不可改矣。……法家不別親疏，不疏貴賤，一斷於法，則親親尊尊之恩絕矣，可以行一時之計，而不可長用也。故曰：嚴而少恩。若尊主卑臣，明分職，不得相踰越，雖百家弗能改也。」〔註3〕這是第一次出現法家之名。而司馬談在這段文字中也說到了法家思想的主要意義就是「務爲治」、「一斷於法」以及「明分職」。陳啓天先生以爲法家所謂的法，不僅限於治眾之法，實則含括了國家一切政經以及軍事制度，是治國的唯一標準。〔註4〕法家學者，也就是研究政治學者（有關統治、駕馭臣民的方法），其中主張或有不同偏重，或重法、或重術、或重勢，要皆以提倡法治爲主。

關於法家的來源，歷來爭議不休，舊說如班固《漢書·藝文志》認爲「法家出於理官」。但其諸子出於王官的說法，早受到學者質疑。胡適就曾撰文〈諸

〔註2〕　《史記·太史公自序》，（日）瀧川龜太郎：《史記會注考證》（臺北：萬卷樓圖書有限公司，1993年），卷一百三十，頁7。
〔註3〕　同前註，頁8、頁12。
〔註4〕　陳啓天：《中國法家概論》（臺北：中華書局，1985年），頁3～4。

子不出於王官論〉，認爲諸子之興，是起於時勢所趨，不出於王官。〔註5〕但究竟是什麼樣的時勢條件，促成法家的興起，則是沒有一個公定的答案。或許在討論法家的來歷這個問題上，就如同沈剛伯先生所言：「我們可以各種立場，從各種角度去討論；從古代的政、刑制度入手，從申、韓諸人的出處說起，從戰國的國際形勢立論，或從晉、秦的歷史著眼，均可作成一種自圓其說的看法，而各得眞相之某一部份。要將整個的眞情全貌描畫出來，怕很難能。」〔註6〕要言之，法家的出現，是時勢造成，其思想無一不針對時弊而興，所以討論法家之興起原因，斷不能執著一點。

　　故第二章進入正文，即討論先秦法家興起的歷史背景。法家思想起於春秋戰國之際，是一個戰爭頻仍的時代，也是一個學術交流十分頻繁的時代。政治與社會的大變動，促使人們產生新的思想，交互衝擊之下，形成了所謂的百家爭鳴的盛況。法家在這樣的環境下誕生，不但與當時各派思想交互影響，也影響了日後中國的政治思想。能提供此自由的學風，與當時的政治、社會環境密不可分。故本章即從研究先秦法家的興起背景開始，探討先秦的環境，爲法家思想的興起提供了哪些條件。由於一個學術思想的形成，牽涉到當時的政治、教育、社會、經濟等許多因素，範圍甚廣，不及備載，故僅能擇其中較重要者論之，如：政治上，禮治崩解、法治漸興，使上位者開始重視「法」。教育上，官學衰廢、私學興起，使學術思想自由，百家齊鳴，法家與焉。社會上，等級變動、士人獨立以及養士之風的盛行，促使社會結構產生變化。而這群不治而論之士，也成爲商、韓等法家嚴厲批評的對象。經濟上，土地私有制的形成與商業的發展，大大影響了民生經濟，重本輕末於是成爲法家一貫的主張等等，從這些方面來討論法家思想產生的歷史背景，或可進一步瞭解法家思想產生的原因。

　　第三章討論三晉法家的出現，研究法家思想入秦前的發展過程。法家源於三晉，如李悝、申不害、愼到、商鞅等人都是三晉之人。他們在戰國時期各國務求變法圖強時，多能以法家思想爲國君所用，躍登政治舞台並進行變法。本章除討論戰國以來，各國的變法運動外；也將就三晉歷史與地理環境作一分析，研究何以法家多出於三晉。爲秦法家思想源於三晉－商鞅（衛公

〔註5〕羅根澤主編：《古史辨》第四冊（臺北：明倫出版社，1970年），頁7。
〔註6〕沈剛伯：〈從古代禮、刑的運用探討法家的來歷〉，《大陸雜誌》第47卷第2期（1973年8月），頁57。

子，戰國時衛併於魏）攜《法經》入秦並以法治秦，先作解說。

第四章討論法家與秦的結合。主要探討商鞅入秦後，其施行之法家思想對秦國的影響。全文共分爲三部分：首先，討論商鞅入秦的契機。商鞅本是魏國中庶子，奈何不見用於魏惠王，導致商鞅入秦爲孝公主持變法。其次，分析商鞅變法的主要內容，如：政治上，廢世官世祿制、置郡縣、行法治；經濟上，崇本抑末、改革田制與賦稅制度；軍事上，增加兵源、加強對軍隊的管制；社會上，立什伍連坐制度、改變社會習俗等等，並將之與《商君書》中較接近商鞅思想的篇章作比較，以研究其蘊藏在這些政策背後的思想。最後，討論商鞅在秦國變法成效與後續之秦政。分析秦國的地理民情與變法成功的關連，後人對商鞅變法的評價，以及商鞅變法後到秦統一天下的這段期間，其他法家人物如：韓非、李斯等人對秦國政治的影響。韓非雖未參與或主導秦政，但其文章卻引起秦王興起「嗟乎！寡人得見此人與之游，死不恨矣。」〔註7〕的感嘆。可知韓非的思想深受秦王的賞識。從歷史的記載，我們可以發現，秦王實踐了韓非的法術勢思想，並將之發揮得淋漓盡致，終於吞併六國，建立一統的秦王朝。而李斯也是幫助秦王達成統一霸業的功臣，在他的建議之下，秦王重法輕儒，其影響力可見一斑。

第五章討論睡虎地秦墓竹簡中的法家思想。首先，論述睡虎地秦墓竹簡的年代及其源起，討論李悝《法經》與商君法之間的傳承關係。再就《史記・商君列傳》所載之商君法與竹簡秦律相比較，分析商鞅秦律和竹簡秦律的區別與聯繫。其次，分析秦簡中所呈現的法家特質，如：重法治、嚴刑重罰、重吏治、重農戰等，以進一步體現秦律與法家思想之間的聯繫。

第六章討論秦法家與諸子的關係。分三階段討論從秦孝公到秦始皇統一天下期間，秦國的法家與諸子的關係，並連帶分析秦朝迅速滅亡的原因。第一階段爲秦孝公前與秦孝公變法時期。在秦孝公之前，秦國爲了追上其他諸侯國的發展，其文化特質是不斷向外吸收而形成的，其思想也是兼容並蓄的。商鞅入秦後，情況開始有了轉變。《韓非子・和氏》言商鞅時曾燔《詩》、《書》。《史記・商君列傳》也記載商鞅將議令之民，視爲亂化之民，盡遷之於邊城。可見商鞅執政期，秦國法家與諸子是呈現排斥對立的情況。

第二階段爲秦孝公後至秦始皇統一天下時期，在秦孝公死後，法家獨尊的情況有所轉變，法家與諸子的分際漸泯。如：《戰國策》、《史記》等史籍不

〔註7〕《史記・老子韓非列傳》，卷六十三，頁27。

僅出現許多記載諸子引《詩》、《書》議論朝政的文句，連一向最爲商鞅所排斥的游宦之士，也逐漸躍登秦國政壇，可見秦國對思想的控制已漸鬆綁。韓非的出現，更是戰國末融合儒、道、墨於法家思想中的代表人物，秦王爲求韓非而急攻韓，韓非入秦後對秦政或秦法家的影響可以想見。而睡虎地秦墓竹簡和《呂氏春秋》中出現法家以外的思想，更証明戰國末秦法家已逐漸接納其他思想，並將之融入自身的體系之中。

　　第三階段爲秦始皇統一天下以後時期。這時期秦國的思想又有了新的發展，面對社會思潮的趨同性以及民心思治的局勢，秦始皇採納李斯的建議，限制言論、焚《詩》、《書》和百家語，並重定法家爲一尊，將秦朝又帶回法家獨裁的路線。隨後秦政走向法家偏鋒，益發嚴苛，民無所措其手足，再加上繁重徭役的壓迫，使民心怨懟，終於在陳勝等人率先起義下，反抗秦政權的勢力一發不可收拾，秦朝立國僅短短十五年，就趨於滅亡。

　　第七章結論。綜論法家思想從戰國初至秦末，乃至於漢初，由出現到極盛，由盛極一時到退居幕後的過程。以及討論法家思想在政策或制度上對後世的影響。希望藉此對秦國法家思想在歷史上的發展變化，能有更進一步的說明。

第二章　先秦法家興起的歷史背景

　　先秦諸子興起於春秋戰國之際,「周衰文弊,六藝道息」,〔註1〕諸子「皆憂世之亂而思有以拯濟之」。〔註2〕周幽王亂後,天下紛擾不安,《史記·周本紀》云:「平王之時,周室衰微,諸侯彊并弱,齊、楚、秦、晉始大,政由方伯。」天子大權旁落,禮樂征伐自諸侯出,春秋五霸迭起;及至戰國,卿士專政,又形成禮樂征伐自大夫出,乃至陪臣執國命的情勢,所謂「谿異谷別,水絕山隔,各自治其境內,守其分地,握其權柄,擅其政令,下無方伯,上無天子,力征爭權,勝者爲右,恃連與國,約重致,剖信符,結遠援,以守其國家,持其社稷,故縱橫修短生焉。」〔註3〕值此動盪時期,有志者紛起立說,企圖撥亂反正,形成百家爭鳴的盛況。如莊子云:「天下大亂,賢聖不明,道德不一,天下多得一察焉以自好」;〔註4〕班固也說道:「諸子十家,……皆起於王道既微,諸侯力政,時君世主,好惡殊方,是以九家之術,蠭出並作,各引一端,崇其所善,以此馳說,取合諸侯。」〔註5〕法家思想也在同時應運而興。

〔註1〕　章學誠〈詩教〉云:「周衰文弊,六藝道息,而諸子爭鳴。」章學誠:《文史通義》(臺北:鼎文書局,1977年),頁16。

〔註2〕　胡適〈諸子不出於王官論〉曰:「諸子自老聃、孔丘至於韓非,皆憂世之亂而思有以拯濟之。」羅根澤主編:《古史辨》第四冊,頁7。

〔註3〕　《淮南子·要略》(臺北:臺灣商務印書館,1979年),卷二十一,頁7。

〔註4〕　《莊子·天下》。清·郭慶藩:《莊子集釋》(臺北:萬卷樓圖書有限公司,1993年),頁1069。

〔註5〕　《漢書·藝文志·諸子略》。王先謙:《漢書補注》(北京:中華書局,1993年),卷三十,頁21。

第一節　禮治崩解

　　相傳周公東征後，爲鞏固政權，制禮作樂。所謂「周禮」，即西周治國主要依據。周禮源於殷商，而略有損益。孔子曰：「殷因於夏禮，所損益可知也；周因於殷禮，所損益可知也。其或繼周者，雖百世可知也。」〔註6〕「親親」、「尊尊」是維護周禮的二條主要規範。「親親」以孝爲核心，要求父慈、子孝、兄友、弟恭，表現於外就是宗法制度；「尊尊」以忠爲核心，要求上下有序，共尊天子，表現於外就是封建制度。宗法與封建互爲表裡，維繫著西周政權。

　　禮治政治下，禮樂征伐自天子出，若有違禮，天子即以五刑懲處。〔註7〕如：《史記・周本紀》云：「（周天子）刑不祭，伐不祀，征不享，讓不貢，告不王。……」；《禮記・王制》云：「山川神祇，有不舉者，爲不敬；不敬者，君削以地。宗廟，有不順者，爲不孝；不孝者，君絀以爵。變禮易樂者，爲不從；不從者，君流。革制度衣服者，爲畔，畔者君討。」但禮治需要有國家強制力量作後盾，春秋以降，周王室衰微，無力再行禮樂征伐，是故禮治失效。

　　此外，封建制度，雖擴大周族勢力範圍，使周朝短期間就出現了新舊宗族林立的局面。隨著宗族的分化，削弱了宗法血緣的緊密性，加速諸侯對土地與政權的追求。周平王東遷後，政由方伯，〔註8〕諸侯強併弱，臣弒君，子弒父，不復「親親」、「尊尊」，即以此故，東周於焉陷入政權傾軋之中。

一、封建解體

　　封建目的本在於「封建親戚，以蕃屏周」。〔註9〕西周初曾有二次大分封，一爲周武王伐商紂後，「追思先聖，乃褒封神農之後於焦，黃帝之後於祝，帝

〔註6〕　《論語・爲政》（十三經注疏，臺北：藝文印書館，1979年），卷二，頁8。

〔註7〕　《國語・魯語上》臧文仲言於僖公：「大刑用甲兵、其次用斧鉞、中刑用刀鋸，其次用鑽鑽，薄刑用鞭扑，以威民也。故大者陳之原野，小者致之市朝。」（四部叢刊正編，臺北：臺灣商務印書館，1979年），卷四，頁6。

〔註8〕　《史記・周本紀》云：「平王之時，周室衰微，諸侯強併弱，齊、楚、秦、晉始大，政由方伯。」卷四，頁46。

〔註9〕　魯僖公二十四年，王將以狄伐鄭，富辰諫曰：「昔周公弔二叔之不咸，封建親戚，以蕃屏周。管、蔡、郕、霍、魯、衛、毛、聃、郜、雍、曹、滕、畢、原、酆、郇，文之昭也；邘、晉、應、韓，武之穆也；凡、蔣、邢、茅、胙，周公之胤也。」晉・杜預注，唐・孔穎達疏：《左傳正義》（臺北：廣文書局，1972年），卷十五，頁114。

堯之後於薊，帝舜之後於陳，大禹之後於杞。於是封功臣謀士，而師尚父爲首封，封尚父於營丘，曰齊。封弟周公旦於曲阜，曰魯。封召公奭於燕，封弟叔鮮於管，弟叔度於蔡，餘各以次分封。」〔註10〕二爲周公東征後，「誅管叔、殺武庚、放蔡叔、收殷餘民，以封康叔於衛，封微子於宋，以奉殷祀，寧淮夷東土。」〔註11〕都是爲了預防叛亂，加強對政權的鞏固。

土地是封建的基礎，古來「溥天之下，莫非王土；率土之濱，莫非王臣。」〔註12〕所有的土地都是天子一人的。天子以之封諸侯，諸侯復以之祿卿大夫，不得私有。且惟貴族始得受封，庶人僅能代貴族耕作，應力役之徵，供軍旅之賦，以事其上。天子對諸侯，掌有賞罰予奪的大權；諸侯對天子有按時「述職」〔註13〕、朝覲、納貢、出征的義務。形成「天子建國，諸侯立家，卿置側室，大夫有貳宗，士有隸子弟，庶人工商，各有分親，皆有等衰」〔註14〕的有秩序社會。

然而從周桓王三年「周鄭交質」，到周桓王十三年周鄭交戰，周桓王戰敗，天子威望盡失，諸侯不僅不再聽從王命，朝覲、納貢日益減少，〔註15〕甚至開始蠶食王畿，使周王室由原先的輻員遼闊，轉而爲僅有周圍一二百里見方，困守於今河南西部一隅之地，經濟拮据，國力大不如前。詩人有感於此，因而嘆道：「昔先王受命，有如召公，日辟國百里；今也日蹙國百里。於乎哀哉！維今之人，不尚有舊？」（《詩經・大雅・召旻》）之後當周王室遭逢內亂或外患時，都需求援於諸侯，〔註16〕周天子至此名實皆亡。

土地國有制是封建的基礎，一旦被破壞，影響所及就是各封國爭奪土地。春秋時有五霸爭權，五霸之興，名義上是安內攘夷，實際上，卻使得兼併轉劇。如：齊國除滅萊而使領土擴大一倍外，齊桓公又「并國三十，啓地

〔註10〕《史記・周本紀》，卷四，頁30～32。
〔註11〕《史記・魯周公世家》，卷三十三，頁9。
〔註12〕《詩經・小雅・北山》（四部叢刊正編，臺北：臺灣商務印書館，1979年），卷十三，頁6。
〔註13〕《孟子・告子下》：「天子適諸侯曰巡狩；諸侯朝於天子曰述職。」（十三經注疏，臺北：藝文印書館，1979年。）卷十二下，頁1。
〔註14〕《左傳・桓公二年》，卷五，頁43～44。
〔註15〕《春秋》二百四十二年間，諸侯朝聘於齊、晉、楚等大國者凡三十餘次，而僅朝周三次，可見霸主地位已凌駕於天子之上。
〔註16〕如《史記・鄭世家》記載：周惠王時，發生王子穨之亂，鄭、虢兩國助王平亂，迎惠王復位。又《史記・齊太公世家》記載周襄王弟帶與戎翟合謀伐周，齊桓公使管仲平戎於周。五年後，戎伐周，周又告急於齊。

三千里」；〔註17〕晉除消滅境內之戎狄外，晉獻公也「并國十七，服國三十八」；〔註18〕楚莊王也「并國二十六，開地三千里」；〔註19〕秦穆公亦「并國二十」，〔註20〕開地千里，遂霸西戎。董仲舒言春秋時「弒君三十六，亡國五十二，諸侯奔走不得保其社稷者不可勝數。」〔註21〕難怪孟子在《孟子‧告子下》篇中批評道：「五霸者，三王之罪人也。今之諸侯，五霸之罪人也。今之大夫，今之諸侯之罪人也。天子適諸侯曰巡狩，諸侯朝於天子曰述職。春省耕而補不足，秋省斂而助不給。入其疆，土地辟，田野治，養老尊賢，俊傑在位，則有慶，慶以地。入其疆，土地荒蕪，遺老失賢，掊克在位，則有讓。一不朝，則貶其爵。再不朝，則削其地。三不朝，則六師移之。是故天子討而不伐，諸侯伐而不討。五霸者，摟諸侯以伐諸侯者也。故曰，五霸者，三王之罪人也。」說明封建制度被破壞後，五霸的掠奪本質，及其對社會所造成的動盪與不安。

土地私有制加速了封建的崩解，不只侯國與侯國之間，侵鄙、取田、奪野、取邑之事屢見不鮮；侯國之內，諸侯與大夫、大夫與大夫之間爭田之事亦屢見記載，皆以擴充土地面積為手段，達到增加物質財富、爭取農民更多的貢納與勞役的目的。〔註22〕見於《左傳》者：

閔公二年，公傅奪卜齮田，公不禁。

僖公二十八年，（晉文公）執曹伯，分曹、衛之田，以畀宋人。

文公十八年，齊懿公之為公子也，與邴歜之父爭田。

成公四年，鄭公孫申帥師疆許田。

襄公四年，邾人、莒人伐鄫。

昭公九年，周甘人與晉閻嘉，爭閻田。

成公十一年，晉郤至與周爭鄇田。

〔註17〕《韓非子‧有度》（四部叢刊正編，臺北：臺灣商務印書館，1979年），卷二，頁1。《荀子‧仲尼》則載齊桓公：「并國三十五。」北京大學哲學系注：《荀子新注》（臺北：里仁書局，1983年），頁93。

〔註18〕《韓非子‧難二》載晉獻公：「并國十七，服國三十八，戰十有二勝，是民之用也。」卷十五，頁10。

〔註19〕《韓非子‧有度》載：「荊莊王并國二十六，開地三千里。」卷二，頁1。

〔註20〕《史記‧李斯列傳》載秦穆公：「并國二十，遂霸西戎。」卷八十七，頁6～7。

〔註21〕《史記‧太史公自序》，《考證》云此句出自董仲舒《春秋繁露‧滅國篇上》，卷八十七，頁6～7。

〔註22〕唐啓宇：《中國農民史稿》（農業出版社，1985年），頁117。

此外還有三家分晉、田氏代齊等卿大夫奪政的情形發生，完全打破了固有的封建秩序，使「社稷無常奉，君臣無常位」，〔註23〕從春秋時尚有百餘國，到戰國僅剩二十餘國，兼併之激烈，可見一斑。故陳啓天先生云：「在封建制度未動搖以前，無法家產生的可能；封建制度既動搖以後，法家自必隨著產生。」〔註24〕明白道出了在禮治崩解後，強制性的法治取而代興的必然結果。

隨著土地國有制度的破壞，維持封建嚴密等級的禮制也漸失作用，如：魯國季氏「八佾舞於庭」，〔註25〕晉國卿大夫，僭用了國君的禮制，用九鼎、八段、三套編鐘、一套編磬來隨葬；不只貴族，連平民也普遍「僭禮」，西周中晚期，平民只隨葬盆、豆、壺等生活用陶器，不用禮器，但至春秋戰國之交，絕大多數平民竟隨葬有陶禮器，或象徵性的軍馬器，〔註26〕封建禮制之衰，由此可證。

上至天子諸侯，下至庶民百姓的僭禮，使得社會秩序大亂。故孔子感嘆道：「天下有道，則禮樂征伐自天子出；天下無道，則禮樂征伐自諸侯出。自諸侯出，蓋十世希不失矣！自大夫出，五世希不失矣！陪臣執國命，三世希不失矣！天下有道，則政不在大夫；天下有道，則庶人不議。」（《論語·季氏》）

二、宗法失序

宗法的原則，據《禮記·大傳》所載，主要是以嫡長子爲大宗（宗祖）；別子爲小宗。所謂「同姓從宗，合族屬；異姓主名，治際會。……別子爲祖，繼別爲宗，繼禰者爲小宗。有百世不遷之宗，有五世則遷之宗。百世不遷者，別子之後也；宗其繼別子之所自出者，百世不遷者也。宗其繼高祖者，五世則遷者也。……」〔註27〕而其目的有三：一是確定嫡長繼承權，以解決血親之間的紛爭。二是尊祖敬宗，鞏固周天子地位。三是收族，聚合氏族向心力。故曰：「人道親親，親親故尊祖，尊祖故敬宗，敬宗故收族，收族故宗廟嚴，宗廟嚴故重社稷。」〔註28〕西周執政者藉著宗法制度，穩固政權，平治天下，

〔註23〕《左傳·昭公三十二年》，晉太史蔡墨之言，卷五十三，頁414。

〔註24〕陳啓天：《中國法家概論》，頁32。

〔註25〕《論語·八佾》，卷三，頁1。

〔註26〕郢衡：〈從周代埋葬制度的變化剖析孔子提倡禮治的反動本質〉，《文物》1974年第一期，頁2。

〔註27〕《禮記·大傳》（十三經注疏，臺北：藝文印書館，1979年），卷三十四，頁5～10。

〔註28〕同上註，卷三十四，頁13。

成康之際，甚至達到「天下安寧，刑錯四十餘年不用」〔註29〕的安定局勢。

除了以血緣牽繫政權，還以禮制維持君臣名分，以「禮」定親疏，決嫌疑，別同異，明是非，〔註30〕經國家，定社稷，序民人，利後嗣，〔註31〕並使貧富貴賤有等。〔註32〕使西周統治形成一種金字塔式的嚴密結構。茲依據《禮記·大傳》所載，將西周的繼承體系繪表於下，以說明西周嚴密的封建結構：

西周繼承體系表

```
國君 ─ 嗣君（嫡長子）─嗣君（嫡長子）……（繼體之君）
（宗祖）  （大宗宗子）    （大宗宗子）
      └ 諸侯（別子）─諸侯（嫡長子）……（百世不遷之宗）
          （宗組之小宗，繼別之大宗）
              └ 卿（別子）─卿（嫡長子）─卿（五世而遷之小宗）〔註33〕
              （繼別之小宗）  （繼禰小宗）    （繼祖小宗）
                      └ 士（別子）─士（嫡長子）
                              └ 庶人
```

雖然周朝擁有嚴密的繼承體系，但自春秋以降，構成宗法制度的三要件：嫡長繼承系統、同姓不婚、宗主與宗子間的政治倫理，卻先後受到破壞。從周天子開始「廢嫡立庶」，違背嫡長繼承制度。如：周幽王寵褒姒，廢申后及太子宜臼，改立褒姒爲后，子伯服爲太子。〔註34〕天子廢嫡立庶既開先例，諸侯自可起而效尤，嫡長繼承權被破壞，政權爭奪勢所難免。《左傳》中就有不少實例，如：晉獻公逼死太子申生，放逐重耳、夷吾，改立奚齊，導致晉國長期內亂。〔註35〕又周惠王欲廢太子鄭，改立王子帶不果，王子帶作亂〔註36〕等，都是因爲廢嫡立庶的結果，不僅破壞了宗法制度，也造成國家內亂。

〔註29〕《史記·周本紀》，卷四，頁42。
〔註30〕《禮記·曲禮上》，卷一，頁9。〈曲禮〉是漢儒追述周禮，收拾殘餘文句與前人的傳記合編爲一，講述古代士大夫子弟應學的禮儀。
〔註31〕《左傳·隱公十一年》，卷四，頁36。
〔註32〕《荀子·王制》：「先王惡其亂也，故制禮義以分之，使有貧、富、貴、賤之等。」頁141～142。
〔註33〕因爲別子五世之後疏遠，脫離宗祀，故爲五世而遷之小宗。
〔註34〕《史記·周本紀》，卷四，頁64。
〔註35〕《左傳·僖公四年》，卷十二，頁91～92。
〔註36〕《左傳·僖公十一年》，卷十三，頁100。

　　其次是「同姓竟婚」，西周宗法制度明令禁止同姓結婚，所謂「繫之以姓而弗別，綴之以食而弗殊，雖百世而昏姻不通者，周道然也。」（《禮記·大傳》）其消極作用是防止「其殖不繁」；其積極作用是在作政治聯合，同姓不婚的同時採取世族聯姻，藉以擴充國家勢力。如：衛齊聯姻〔註37〕、齊晉聯姻〔註38〕、秦晉聯姻〔註39〕之類。但降至春秋戰國，同姓不婚失其效力，諸侯不唯娶同姓，甚且亂倫或以夷狄之女爲妻。如：齊襄公兄妹私通，〔註40〕衛宣公烝於夷姜。〔註41〕晉獻公娶大戎之女大戎狐姬、小戎狐姬，又娶驪戎之女驪姬。〔註42〕重耳流亡時，狄人贈二女叔隗與季隗〔註43〕等等。都是大大違背了宗法基礎，使宗法無力維繫。

　　最後也是最重要的是宗主與宗子之間的倫常悖亂，西周時，尚維持著「君君、臣臣、父父、子子」〔註44〕的倫常規範，降至東周，「君不君、臣不臣、父不父、子不子」。春秋一開始就發生兄弟相爭的悲劇，如：鄭伯克段於鄢；〔註45〕衛公子州吁弒桓公自立。〔註46〕故孟子評論當時社會是個「世衰道微，邪說暴行有作；臣弒其君者有之，子弒其父者有之」〔註47〕的混亂社會。其他如：魯莊公八年，公孫無知之亂。〔註48〕魯莊公九年，齊小白、公子糾爭權〔註49〕等等，都是骨肉相殘的倫常悲劇。甚者出現臣弒君，以下犯上的局面，如：魯僖公九年，里克弒君。〔註50〕魯宣公二年，趙盾庶弟趙穿弒晉靈

〔註37〕《左傳·隱公三年》記載衛莊公娶于齊東宮得臣之妹曰莊姜。卷三，頁24。
〔註38〕《左傳·僖公二十三年》記載晉公子重耳至齊，齊桓公以女妻之。卷十五，頁112。
〔註39〕同上註，重耳入秦，秦伯也納女五人，懷嬴與焉。卷十五，頁113。
〔註40〕《左傳·桓公十八年》記載文姜如齊，齊侯通焉。卷七，頁58。
〔註41〕《左傳·桓公十六年》記載夷姜是宣公之庶母。卷七，頁58。
〔註42〕《左傳·莊公二十八年》記載晉獻公娶于賈無子，烝於齊姜，生秦穆夫人及太子申生。又娶二女於戎，大戎狐姬生重耳，小戎子生夷吾。晉伐驪戎，驪戎男女以驪姬，歸生奚齊，其娣生卓子。卷十，頁80。
〔註43〕《左傳·僖公二十三年》，卷十五，頁112。
〔註44〕《論語·顏淵》，卷十二，頁6。
〔註45〕《左傳·隱公元年》，卷二，頁16。
〔註46〕《左傳·隱公四年》，卷三，頁25。
〔註47〕《孟子·滕文公下》，卷六下，頁4。
〔註48〕《左傳·莊公八年》記載齊僖公寵公孫無知，使衣服禮秩與太子同，襄公即位，絀之，公孫無知因以作亂。卷八，頁64。
〔註49〕同上註，卷八，頁65。
〔註50〕《左傳·僖公九年》記載晉獻公卒，臣子里克連殺二位君王奚齊與卓子。卷十三，頁98。

公於桃園。〔註51〕魯成公十八年，晉弒其君州蒲。〔註52〕魯襄公二十五年，崔杼弒君。〔註53〕至此，宗法制度難以爲繼。

　　禮制本來是西周統治者爲了維護秩序而創作的規範，希望藉著「親親」、「尊尊」來鞏固階級，維持安定，《禮記・曲禮上》云：「道德仁義，非禮不成；教訓正俗，非禮不備；分爭辨訟，非禮不決；君臣上下，父子兄弟，非禮不定；宦學事師，非禮不親；班朝治軍，涖官行法，非禮威嚴不行。禱祠祭祀，供給鬼神，非禮不誠不莊，是以君子恭敬撙節退讓以明禮。」但春秋以降，爲了爭權，臣弒君、子弒父層出不窮，禮制二大基本原則「親親」與「尊尊」，蕩然無存。故《禮記・經解》言：「以舊禮爲無所用而去之者，必有亂患。故昏姻之禮廢，則夫婦之道苦，而淫辟之罪多矣；鄉飲酒之禮廢，則長幼之序失，而爭鬥之獄繁矣。喪祭之禮廢，則臣子之恩薄，而倍死忘生者眾矣。聘覲之禮廢，則君臣之位失，諸侯之行惡，而倍畔侵陵之敗起矣。」禮制被破壞，失去明君臣之義、父子之恩、長幼之序、男女之別的作用，爲維持社會秩序，適應新的生產方式與等級變動（貴族沒落，平民崛起），各國開始重視法治效用，法治漸次取代禮治而興。

第二節　法治漸興

　　法源於禮，禮源於俗。習慣一旦被約定成俗，就會變成無形的規範，約束著人們的一言一行。合於此規範者，即謂合禮；反之，就是違禮。禮不具有強制性，所以當禮治無法有效約束個人行爲時，強制性的法治便應運而起。李源澄先生在《先秦史》一書中就對俗、禮到法的演變過程，有一番詳細的解說，他說道：「邃古之時，人與人之利害不甚相違，眾所共由之事，自能率循而不越。若此者，就眾所共由言之，則曰俗。就一人之踐履言之，則曰禮。古有禮而已矣，無法也。迨群治演進，人人之利害，稍不相同，始有悍然違眾者。自其人言之，則曰違禮。違禮者，眾不能不加以裁制，然其裁制也，亦不過誹議指摘而已。利害之相違日甚，悍然犯禮者非復誹議指摘所能止，乃不得不制之以力，於是有所謂法。法強人以必行之力強於禮，然其所強者，

〔註51〕《左傳》，卷二十一，頁161。
〔註52〕《左傳》，卷二十八，頁215。
〔註53〕《左傳》，卷三十六，頁274。

不能如禮之廣。於其所必不容己者則強之，可出可入者則聽之，此法所以異於禮也。……所謂『出於禮者入於刑』也。」〔註54〕三代之前的法，內容上近似於刑。如：《尚書·呂刑》云：「苗民弗用靈，制以刑，惟作五虐之刑，曰法」；《尚書·舜典》云：「象以典刑，流宥五刑，鞭作官刑，扑作教刑，金作贖刑。眚災肆赦，怙終賊刑。」《國語·魯語上》展禽也說：「堯能單均刑法以儀民。」故三代以前，只有刑罰觀念，尚無後世之法治思想。

一、禮轉爲法

西周後，法治觀念才逐漸萌芽，考古發現西周初的鐘鼎彝器，如盂鼎、克鼎等鼎器上的銘文，已有「法」字。〔註55〕不過這些銘文仍存在著西周繼承殷商天帝的觀念，認爲唯有德者，能治民，能安國。並且認爲一切刑罰，只是德治的輔助，是故並不強調法治，仍以禮治爲主，講求「明德愼罰」，以便達到「以刑輔德」的目的。〔註56〕當其時周王室鼎盛，禮樂征伐自天子出，「禮治」已足夠維持秩序，無需強調法治。自從周平王東遷後，封建動搖，禮崩樂壞，才起而由權力代替名分，法因而逐漸代替禮。

宇野精一先生認爲：「春秋之前政治上的法律，以貴族爲主體，而以每次所締結之盟約爲根本。最終的裁判權，歸於王，或諸侯之君，或霸者等之氏族或同盟之長，而下層之單位，乃歸於一邑之長的大夫階層。因此，以法制而言，雖亦曾實施《呂刑》所定之刑罰，然而其實施，乃在於上階層的士族之長的自由裁決。法律未曾以成文法之形式，事先對人民公布。通常士族的內部規律，是實施由宗教的禮蛻變而來的習俗爲本體。凡破壞其規律者，尤其是以犯上之罪爲中心，個案地判定其罪。至於大夫階層間的紛爭，也是如此。」〔註57〕所以春秋前仍以禮俗爲治之主體，春秋中葉以後，各國才逐漸有重視法治之趨勢。如：

〔註54〕李源澄：《先秦史》（臺北：開明書局，1994年），頁416～417。
〔註55〕王曉波：《先秦法家思想史論》（臺北：聯經出版事業公司，1991年），頁14～15。曾榮汾以爲：「西周初，『法』字已見用，『法』之觀念已備具，爲確切不疑之事實。」《呂刑研究》（《臺灣師大國文研究所集刊》第21號，1977年6月），頁40。
〔註56〕《尚書·皋陶謨》，卷二，頁6～8。
〔註57〕宇野精一：《中國思想之研究》（臺北：幼獅文化事業公司出版，1977年），頁116。

晉文公三年（633B.C）作「被廬之法」：

> 狐偃曰：『楚始得曹而新昏於衛，若伐曹，衛、楚必救之，則齊、宋
> 免矣。』于是乎蒐于被廬，作三軍，謀元帥。……」杜預注：「晉常
> 以春蒐禮改政令，敬其始也。」（《左傳・魯僖公二十七年》）

其後晉國鑄刑鼎，孔子曾提起這件往事說：「文公是以作執秩之官，爲被廬之
法，以爲盟主。」〔註58〕說明「被廬之法」禮的成分遠大於法。

至晉襄公七年（621B.C），趙宣子整頓「常法」：

> 宣子（趙盾諡號）於是乎始爲國政，制事典，正法罪，辟獄刑，董
> 逋逃，由質要，治舊洿，本秩禮，續常職，出滯淹。既成，以授太
> 傅陽子與大師賈佗，使行諸晉國，以爲常法。（《左傳・文公六年》）

栗勁先生以爲：「趙宣子的『常法』……其中既有刑法、公安、獄政的內容，又
有行政法、民法的內容，很像一部比較完善的成文法，但是『既成』之後，交
給太傅、太師『使行諸晉國』。正如陳顧遠所說的：『成文法典之始當在此際，
惟仍非公布者耳』。」〔註59〕至晉景公七年（593B.C），范武子又重修晉法：

> 冬，晉侯使士會平王室，定王享之……武子歸而講求典禮，以修晉
> 國之法。（《左傳・宣公十六年》）

雖以典禮爲重，但結合趙宣子之「常法」觀之，可知晉法內容已包含刑與禮。
晉悼公元年（576B.C），繼而修士蒍〔註60〕之法：

> 使士渥濁爲太傅，使修范武子之法，右行辛爲司空，使修士蒍之法。
> （《左傳・成公十八年》）

士蒍爲晉獻公時的大司空，《禮記・王制》言司空的職務是：「執度度地，居
民山川沮澤，時四時。量地遠近，興事任力。凡使民：任老者之事，食壯者
之食。」可知司空是負責掌管土地，管理人民的官吏。故士蒍所立之法，應
與其職權範圍內之事有關，是關於土地與人民的法令。時移事易，當初法令
難免有所疏漏，故晉悼公令右行辛重修士蒍之法，以合所需。從上可知，晉
國法治觀念啓蒙甚早，晉文公時已有成文法，唯皆未公布於眾。

史籍所見最早公布之單項成文法條，是宋平公十三年（564B.C），司城樂

〔註58〕《左傳・昭公二十九年》在晉文公行被廬之法後的一百二十年，由孔子口中
　　　　說出。卷五十三，頁410。
〔註59〕栗勁：《秦律通論》（山東人民出版社，1985年），頁6。
〔註60〕《左傳・莊公二十六年》記載「晉士蒍爲大司空。」杜預注曰：「大司空，卿
　　　　官。」卷十，頁79。

喜之「使樂遄庀刑器」：

> 春，宋災。樂喜爲司城以爲政。使伯氏司里，火所未至，徹小屋，
> 塗大屋，陳畚挶，具綆缶，備水器，量輕重，蓄水潦，積土塗，巡
> 丈城，繕守備，表火道，使華臣具正徒，令隧正納郊保，奔火所……
> 使樂遄庀刑器，〔註61〕亦如之。（《左傳・襄公九年》）

此雖爲宋司城樂喜，爲防火而公布之消防法令，卻已具刑書意義。栗勁先生
以爲：「（樂遄庀刑器）很可能是把違反該項法規的行爲和應給與的刑罰，一
併寫在刑書上，並在事前予以公布。」〔註62〕故雖僅限於消防法，卻是史籍
上首見具有公開頒行成文法的性質。

　　至於史籍上最早公布之成文法典，當屬鄭子產之刑書。《左傳》昭公六年
（536B.C）記載：「三月，鄭人（子產）鑄刑書。」杜預注曰：「鑄刑書於鼎，
以爲國之常法。」〔註63〕這次是將刑法的相關條文，一一明鑄於鼎上，公布
於眾。故史家談論中國成文法典的公布，皆以子產鑄刑書爲濫觴。子產執政
期間，不只制訂刑書，還統一了鄭國的都市計畫，規劃農地疆界；並確定行
政層級，使上下有服。〔註64〕由於其行事，與戰國法家相類，郭沫若等學者
以子產爲法家的先驅之一。〔註65〕

二、成文法典

　　成文法典的頒佈，象徵著社會組織日益複雜，以及法治的進步。梁啓超
先生將法律的發展程序分爲三期：第一期是習慣法，由民間固有的種種習慣
衍生而來；第二期是單行的成文法，強化習慣法的強制性與明確性，使一國
知所守；第三期是成文法典的公布。〔註66〕

〔註61〕《左傳・襄公九年》晉・杜預注曰：「樂喜子罕也，爲政御，知將有火災，素
　　　　戒爲備火之政。……樂遄，司寇；刑器，刑書」備火之政，相當於今日的防
　　　　火法規。卷三十，頁232～233。
〔註62〕栗勁：《秦律通論》，頁4。
〔註63〕《左傳》，卷四十三，頁332。
〔註64〕《左傳・襄公三十年》記載：「子產使鄭都鄙有章，上下有服，田有封洫，盧
　　　　井有伍。……」卷四十，頁304。
〔註65〕郭沫若先生云：「法家的產生應該上溯到子產。」《十批判書》（北京人民出版
　　　　社，1982年），頁312。陳啓天先生也以管仲與子產爲法家的先驅。《中國法
　　　　家概論》，頁39。
〔註66〕梁啓超先生於《飲冰室文集・論中國成文法編制之沿革得失》文中曰：「成文

　　子產鑄刑書，代表中國已進入成文法典的階段，然而在當時卻引起極大的反對聲浪，因為在這之前，法令是密藏於府中的不成文法，庶人無從得知法的內容；而刑罰的判定，也是由上位者依情況，自由心證作判決，沒有嚴格的準則。﹝註67﹞子產大膽的將法令公布於民，不只明白告知人民何種行為犯法，刑罰等級；另一方面，也等於限制了上位者斷罪自由權，使鄭國由罪刑擅斷階段進入罪刑法定階段。從此人民可以根據法典的條文，與貴族據理力爭，而不再任由貴族專斷擺佈。這象徵著人民力量的提升，對貴族權力產生直接的衝擊，所以叔向就從貴族的立場，首先向子產發難。《左傳・昭公六年》記載：「叔向使詒子產書，曰：『……晉先王議事以制，不為刑辟，懼民之有爭心也。猶不可禁禦，是故閑之以義，糾之以政，行之以禮，守之以信，奉之以仁，制為祿位，以勸其從，嚴斷刑罰，以威其淫。……民於是乎可任使也，而不生禍亂。民知有辟，則不忌於上，並有爭心，以徵於書，而徼幸以成之，弗可為矣。夏有亂政而作禹刑；商有亂政而作湯刑；周有亂政而作九刑。三辟之興，皆叔世也。今吾子相鄭國，作封洫，立謗政，制參辟，鑄刑書，將以靖民，不亦難乎？……民知爭端矣，將棄禮而徵於書。』」認為公布刑書，會使人民起爭心，國將不治。所謂「道之以政，齊之以刑，民免而無恥。道之以德，齊之以禮，有恥且格。」﹝註68﹞由此得見春秋末葉，不少人仍意欲恢復舊有的禮治社會，然環境所逼，唯法得治。故子產回答叔向曰：「吾以救世也。」﹝註69﹞面對禮治敗壞的社會，施行法治是必然的走向，鑄刑書實有其迫切的需要。

　　子產之政，從初時民怨曰：「取我衣冠而褚之，取我田疇而伍之。孰殺子產，吾其與之。」到之後，民稱美曰：「我有子弟，子產誨之；我有田疇，子產殖之。子產而死，誰其嗣之？」﹝註70﹞可證其遠見。

　　　　法之初起，不過隨時隨事，制定為多數之單行法，及單行法發佈既多，不得不最而錄之，於是所謂法典見焉。然法典之編纂，其始毫無組織，不過集錄舊文而已，及立法之技量稍進，於是或為類聚體之編纂，或為編年體之編纂，晝然成一體裁，即立法之理論益進，於是更根據學理以為編纂，……而完善之法典始見。」（臺北：中華書局，1983年），頁4。

﹝註67﹞　梁啓超先生以為：「（成文法公布之前），法律為理官專有，而人民莫能睹其端倪，其意蓋以法律者統治之要具也，為主治者而立，非為受治者而立，而主治者為當示民以不可測，乃能威天下而善其治。故有法而不公諸民，與無法同。」《飲冰室文集》，頁4。

﹝註68﹞　《論語・為政》，卷二，頁1。

﹝註69﹞　《左傳》，卷四十三，頁333。

﹝註70﹞　《左傳・襄公三十年》，卷四十，頁304。

三十五年之後（501B.C），鄧析修改鄭法，作《竹刑》：

　　鄭駟歂殺鄧析，而用其竹刑。（《左傳・定公九年》）

杜預注曰：「鄧析，鄭大夫。欲改鄭所鑄舊制，不受君命，而私造刑法，書之於竹簡，故言竹刑。」鄧析以一介大夫，竟敢更改鄭法，足資證明鄭國的法治觀念已非常普及；且鄭國的法令條文已深入民心。鄭駟歂殺鄧析，則說明了法的崇高地位，不可動搖。

　　儘管晉叔向反對鄭子產鑄刑鼎，二十三年後（513B.C），晉國也步上鄭國鑄刑鼎的路。趙鞅將刑書鑄於鼎上：

　　冬，晉趙鞅、荀寅、帥師城汝濱，遂賦晉國一鼓鐵，以鑄刑鼎，著
　　范宣子所為刑書焉。（《左傳・昭公二十九年》）

為此，孔子批評趙鞅說：「為刑鼎，民在鼎矣。何以尊貴？貴何業之守，貴賤無序，何以為國？且夫宣子之刑，夷之蒐也。晉國之亂制也，若之何以為法？」蔡史墨也說：「范氏中行氏其亡乎？中行寅為下卿而干上令，擅作刑器以為國法，是法姦也。又加范氏焉，易之，亡也。其及趙氏，趙孟與焉，然不得已，若德可以免。」〔註71〕雖然孔子與蔡史墨反對晉鑄刑鼎，但由蔡史墨言「趙氏不得已」，杜預注曰：「鑄刑鼎本非趙鞅意，不得已而從之。」〔註72〕可知鑄刑鼎，是當時晉國不得不為的政策。此外，楚國也有所謂僕區之法〔註73〕、茆門之法。〔註74〕頒布成文法典已是春秋晚期各國的趨勢，藉以取代禮治失效的缺憾。

　　韓非曾言：「今境內之民皆言治，藏商、管之法者家有之。」〔註75〕管子是春秋時代的著名政治家，郭沫若、陳啓天等學者都視之為法家的先驅。韓非此處也言管子之法家有之，或可証明春秋時代，管子已注意到法治的功效，並有具體法治政策傳世，而廣為世人所知。至於其法治思想，由依託管仲之《管子》，多少可見其梗概。〔註76〕如：〈侈靡〉言：「法制度量，王者典器也」；〈形勢解〉

〔註71〕趙鞅鑄刑鼎，引起孔子、蔡史墨的批評，俱見《左傳・昭公二十九年》，卷五十三，頁410。

〔註72〕同上註。

〔註73〕《左傳・昭公七年》記載芊尹無宇辭曰：「……吾先君文王（楚文王）作僕區之法，曰盜所隱器，與盜同罪。……」杜預注：「僕，隱也；區，匿也；為隱匿亡人之法也。」卷四十四，頁337。

〔註74〕《韓非子・外儲說右上》載：「荊莊王有茅門之法。」卷十三，頁8。

〔註75〕《韓非子・五蠹》，卷十九，頁5。

〔註76〕陳啓天先生指出：「《管子》書雖出於後人的依託，然其中有法家言，即由於

言：「法度者，萬民之儀表也」；〈禁藏〉言：「法者，天下之儀也，所以決疑而明是非也，百姓所縣命也。」以法爲王者治國的重典，萬民行事的依據，具有穩定性與公正性。再如〈任法〉言：「夫法者，上之所以一民使下也」；〈七臣七主〉言：「夫法者，所以興功懼暴也；律者，所以定分止爭也；令者，所以令人知事也。法律政令者，吏民規矩繩墨也。……法令者，君臣之所共立也」；〈明法解〉言：「法度者，主之所以制天下而禁姦邪也，所以牧領海內而奉宗廟也。」更以法爲人君治理臣民，以禁奸邪，興功懼暴，牧領海內，安奉宗廟之工具，這正是法家思想的基礎。故《隋書・經籍志》列《管子》於法家中，〔註77〕郭沫若、陳啓天等學者，也都視管仲、子產爲法家先驅。管仲年代早於子產，且《管子》一書與齊稷下學者關係極密切，或可謂法家濫觴於齊。〔註78〕

春秋各國執政者逐漸重視法治，無疑地促進了當世法治思想的發展。使其後戰國的法家人物得以歸結春秋以來的法治經驗，建立起法家思想的理論基礎。此外，成文法典的公布，也具有把平民力量從貴族轉到諸侯國中央的意義，一方面反映出中央集權的需求，另一方面則證明了人民力量正逐漸興起，已經成爲執政者不容小覷的一股新興勢力。僅次於鄭國之後公布成文法的晉國，後來就成爲孕育法家的良土，可見成文法典的公布與法家興起之密切關係。〔註79〕

第三節　學術流通

早在四、五千年以前，中國已有教育。見《尚書・舜典》云：「帝曰：『契！百姓不親，五品不遜。汝做司徒，敬敷五教，〔註80〕在寬。』」又「帝曰：『夔！命汝典樂，教胄子。直而溫，寬而栗，剛而無虐，簡而無傲。詩言志，歌永言，聲依永，律和聲；八音克諧，無相奪倫：神人以和。』」〔註81〕當其時教育附屬於政治之下，〔註82〕故唯有貴族得以受教育。春秋以來，貴族陵替，智識階層

管仲本有法家的傾向，才加以依託。」《中國法家概論》，頁40。

〔註77〕百納本《二十四史・隋書》（臺北：臺灣商務印書館，1967年），卷二十九，頁5。

〔註78〕黃建中：〈先秦學術與環境〉，《大陸雜誌》1958年第16卷第10期，頁292。

〔註79〕林聰舜：《西漢前期思想與法家的關係》（臺北：大安出版社，1991年），頁12。

〔註80〕五教，就是對人民進行父義、母慈、兄友、弟恭、子孝等五種倫理道德的教育。

〔註81〕由夔負責人民的詩歌與音樂的教育，亦屬於陶冶人性的教育。

〔註82〕《尚書・洪範》記載周武王訪箕子，箕子告以洪範九疇。言五行、五事、八政、五紀、皇極、三德、稽疑、庶徵、五福，反映出的「神道設教」思想。

下逮，學術開始流出王官；孔子有教無類，更是開啟真正平民教育的先鋒。故章炳麟先生於《國故論衡・原經》云：「老聃仲尼而上，學皆在官；老聃仲尼而下，學皆在家人。」〔註83〕與此同時，書寫工具改進，〔註84〕更方便學術流通與私人之著作。〔註85〕智識大開，醞釀出其後諸子百家爭鳴的盛況。

一、官學之下移

　　西周時「學在王官」，〔註86〕治教未分，官師合一。〔註87〕惟官有學，而民無學，惟官有書，而民無書，惟官有其器，而民無其器。故知識傳授多為貴族，庶人如欲受教，唯有入官府服役，「以吏為師」。〔註88〕此即《尚書・周官》所謂「學古入官」；《禮記・曲禮上》所云：「宦學事師」。毛禮銳先生認為：「這種政教合一的官府之學，集合了氏族文化、區域文化與賜封制度。將氏族文化、

以及《尚書・大誥》篇中屢言「天降威用」，周公表現出敬天以保長治久安的思想，都說明以前教育只是政治的延伸。

〔註83〕　章炳麟：《國故論衡》（臺北：廣文書局，1967年），頁83。

〔註84〕　《尚書・多士》云：「惟殷先人，有冊有典。」蔣伯潛先生根據《殷墟書契》考證：「『冊』為竹簡書之象形字；『典』為守藏書策之指事字。」可見殷商已有典籍流傳。《諸子通考》（臺北：正中書局，1978年），頁6。春秋中葉以前書寫工具以竹簡筆墨為主，傳寫不易，所以書籍少有副本，得書甚難，故學術無法普及。春秋中葉以後，縑帛筆墨之運用，始方便學術的流傳。

〔註85〕　馮友蘭先生說道：「孔子以前，尚無有私人著述之事。……蓋古代本為貴族政治，有政權者即有財產者，即有知識者；政治上經濟上之統治階級即智識階級，所謂官師不分。貴族既需執政任事，自少工夫以著書，且既執有政權，即有理想，亦可使之見諸行事，發為政教典章，亦無需要而必著書，著書乃不得已而後為之事，……哲學為哲學家之有系統的思想，須於私人著述中表現之。孔子以前無私人著述之事，……由斯而言，則在中國哲學史中，孔子實佔開山之地位。」《中國哲學史》（臺北：臺灣商務印書館，1994年），頁29。章學誠先生則以為：「至戰國而文章之變盡，至戰國而著述之事專。」《文史通義》，頁16。

〔註86〕　《禮記・曲禮下》云：「在官言官。」鄭玄注：「官，版圖文書之處。」故「學在王官」意指典章制度、圖書文物、禮器樂器都收藏在宮廷或官府中。

〔註87〕　章學誠：《文史通義》，頁28。又章氏在《校讎通義》繼續說道：「有官斯有法，故法具於官；有官斯有書，故官守其書；有書斯有學，故師傳其學；有學斯有業，故弟子習其業。官守學習，皆出於一。」（臺北：鼎文書局，1977年），頁213。

〔註88〕　章學誠先生云：「以吏為師，……三代盛時，禮以宗伯為師，樂以司樂為師，詩以太師為師，書以外史為師。」《校讎通義》，頁213。《說文解字》訓仕為學，亦即此意。漢・許慎撰，清・段玉裁注：《說文解字注》（臺北：黎明事業文化股份有限公司，1991年），第八篇上，頁3。

諸夏文化和諸夷文化匯聚於王室政治的統治中心，既體現了國家政權對文化的
壟斷控制，又促成了各種文化的融合，爲春秋戰國時代文化教育的繁榮做了長
期的知識累積與準備。」〔註89〕學術既專爲官有，自不易普及，《左傳》記載吳
公子季札，聘魯時觀樂於太師，始得聞《詩》之風、雅、頌，與古聖王之樂舞：

> 吳公子札來聘。……請觀於周樂，使工爲之歌周南、召南。曰美哉！
> 始基之矣，猶未也，然勤而不怨矣。爲之歌邶、鄘、衛。……爲之歌
> 王。……爲之歌鄭。……爲之歌齊。……爲之歌豳。……爲之歌秦。……
> 爲之歌魏。……爲之歌唐。……爲之歌陳。……爲之歌小雅。……爲
> 之歌大雅。……爲之歌頌。……見舞象箾南籥者（文王之舞）。……
> 見舞大武者（武王舞）。……見舞韶濩者（殷湯樂）。見舞大夏者（禹
> 之樂）。……見舞韶箾者（舜樂）。（《左傳·襄公二十九年》）

又韓宣子爲晉國之卿，聘魯時觀書於太史氏，始得見《易象》與《魯春秋》。
〔註90〕貴族觀書尚且不易，況乎庶人？

　　但春秋以後，鐵製工具和牛耕犁的普遍使用，擴大了諸侯與貴族們的私
田面積，打破舊有「溥天之下，莫非王土」的經濟基礎。加上禮制崩解，使
貴族失去經濟和政治上的支柱，無法繼續「學在王官」的壟斷局勢，「欒、郤、
胥、原、狐、續、慶、伯降在皀隸。」〔註91〕「摯、干、繚、缺、叔、武、
陽、冀也遠適異邦。」〔註92〕世族陵夷，道術散於四野，官學之制遂衰。《左
傳》中記載了貴族學術日薄西山的趨勢：

> 郯子來朝……仲尼聞之，見於郯子而學之。既而告人曰：「吾聞之，
> 天子失官，學在四夷，〔註93〕猶信。」（《左傳·昭公十七年》）

> 秋，葬曹平公，往者見周原伯魯焉。與之語，不說學。歸以語閔子

〔註89〕地球出版社編輯部：《中國文明史》第二卷先秦時期（中冊）（臺北：地球出
　　　版社，1991年），頁568。
〔註90〕《左傳·昭公二年》，卷四十二，頁318。
〔註91〕《左傳·昭公三年》叔向語。杜預云：「此八姓，晉之舊族。」卷四十二，頁
　　　320。
〔註92〕《論語·微子》：「大師摯適齊；亞飯干適楚；三飯繚適蔡；四飯缺適秦；鼓
　　　方叔入於河；播鼗武入於漢；少師陽、擊磬襄入於海。」卷十八，頁7。
〔註93〕所謂「失官」，指的是官府失守學術，以致使其不能世代相傳。所謂「四夷」，
　　　並非指四方的少數民族，而是指文化學術下移，禮流散於四野。隨著政治中
　　　心由周天子轉移至勢力較強的諸侯國，連帶促使文化教育中心的轉移。西周
　　　的典籍文物、禮器樂器於是擴散到四野。

馬，閔子馬曰：「周其亂乎？……大人患失而惑，又曰可以無學，無
學不害。不害而不學，則苟而可。於是乎下陵上替，能無亂乎？夫
學殖也，不學將落，原氏其亡乎！」（《左傳·昭公十八年》）

王官失守原因有三：1.以周中央衰弱，王畿縮小，使王官失守，流向四方。
如：周惠王時，發生王子頹與叔帶爭位的內亂，使世代掌管周史的太史司馬
氏離周去晉；〔註 94〕王子朝與周敬王爭位失敗，旋率眾史官和周之典籍奔
楚。〔註 95〕

　　2. 以征戰頻繁，導致「亂世則學校不脩」。如：《詩序》就將《詩經·鄭
風·子衿》解釋作東周官學頹敗，而使士子遊蕩街頭的情景：

　　青青子衿，悠悠我心，縱我不往，子寧不嗣音。青青子衿，悠悠我思，

　　縱我不往，子寧不來。挑兮達兮，在城闕兮。一日不見，如三月兮！

《詩序》云：「刺學校廢也，亂世則學校不脩焉」。〔註 96〕這或許即是漢人反
映東周的教育情形。道出東周官學頹敗，學校不脩，學者散處四方，或去或
留，不復往日遊學之盛的情景。

　　3. 以貴族本身的墮落。隨著春秋以來經濟的發展，沉浸於奢侈享樂之中，
逐漸喪失其進取精神，無意於學，認爲「可以無學，無學不害」，〔註 97〕使官
學由極盛走向式微。同時，經濟發展，創造出新興商人階級與士人階級，他
們對參政與受教育之迫切渴望，也促使私學興起。加上書寫工具進步，更方
便學術流通與私人著作。於是官府之學，經疇人、搢紳之傳誦，集結而爲六
經，再傳爲私人百家之學。〔註 98〕

二、私學之興起

　　春秋末期，社會生產力增加，不僅可養活上位者，尚有餘裕養活一批不用
從事勞動的勞心者，「不治而論」之士於是出現，〔註 99〕加上諸侯忙於攻戰，無

〔註94〕《左傳·僖公二十四年》，卷十五，頁 115。
〔註95〕《左傳·昭公二十六年》記載「王子朝及召氏之族、毛伯得、尹氏固、南宮
　　　　囂，奉周之典籍以奔楚。」卷五十二，頁 400。
〔註96〕《詩經》，卷四，頁 17。此詩近人以爲是情詩，《詩序》之說備受質疑。但本
　　　　文只是想借距東周年代最近的漢儒所作的《詩序》，反映出東周官學衰敗的情
　　　　景。故偏重《詩序》之解說，而不純就〈子衿〉內容立說。
〔註97〕《左傳·昭公十八年》，卷四十八，頁 373。
〔註98〕陳紅映：〈先秦諸子起源新探〉，《思想戰線》1983 年第六期，頁 34。
〔註99〕從稷下學宮的出現與養士之風的盛行，可以發現春秋戰國之際，經濟生產力

暇顧及學校,而各國爲了謀取霸權或求得生存,對人才的需要又急劇增加,在
舊官學瓦解的情形下,私學便應運而生。戰國之後,商業進步更帶動都市繁榮
與人口的增加,大都市成爲文化與經濟中心,知識交換的機會增多,學術更爲
普及。毛禮銳先生就認爲私學興起,「不僅代表貴族失去對文化教育的壟斷權,
使學術文化下移和擴散,進而使民間獲得辦學所必要的基本物質與精神條件;
同時,它使原本侷限於官府之內的氏族間、區域間的文化融合,擴大爲社會範
圍內的大融合。而諸夏、諸夷各國之間頻繁的政治、經濟、軍事等方面的往來,
又大大加劇文化的融合,使春秋戰國時期的文化教育能在短時間內得到大幅度
的提升。」〔註100〕這段話也說明了私學興起與諸子百家爭鳴的密切相關。

　　孔子以前已有私學,如壺丘子林〔註101〕、鄧析〔註102〕等人皆曾開辦私
學。但孔子有教無類,首先帶動私人講學之風。〔註103〕《史記·孔子世家》
記載:「孔子以詩書禮樂教,弟子蓋三千焉。身通六藝者七十有二人,如顏濁
鄒之徒,頗受業者甚眾。」孔子培育出的人才,在各個方面,皆學有所長。
德行方面有:顏淵、閔子騫、冉伯牛、仲弓。政事方面有:冉有、季路。言
語方面有:宰我、子貢。文學方面有:子游、子夏。〔註104〕弟子學成後,「大
者爲師傅卿相,小者友教士大夫,或隱而不見。……咸遵夫子之業而潤色之,
以學顯於當世。」〔註105〕遍佈衛、陳、楚、魏、齊、魯諸國,不僅使儒學廣

之提升,使士人可以不用從事勞動,也得以生存。所以余英時先生在〈古代
知識階層的興起與發展〉文中說道:「知識階層不屬於任何一個特定的經濟階
級,因此它始能獨持其『思想上的信念』。這一思想上的信念之說,正好是孟
子所謂『無恆產而有恆心者』的士的現代詮釋。」《中國知識階層史論》(臺
北:聯經事業出版公司,1984年),頁43。

〔註100〕《中國文明史》第二卷先秦時期(中),頁585。

〔註101〕四部叢刊正編《呂氏春秋·下賢》載子產拜學於壺丘子林。(臺北:臺灣商務
印書館,1979年)

〔註102〕《說苑·反質》載:鄧析欲教五大夫機知之巧,爲五大夫所拒,鄧析之弟子
欲爲鄧析殺五大夫,鄧析止之。四部叢刊正編《說苑》(臺北:臺灣商務印書
館,1979年),卷二十,頁3。

〔註103〕馮友蘭先生說道:「以六藝教人,或不始於孔子;但以六藝教一般人,使六藝
民眾化,實始於孔子。……因在孔子以前,在較可靠的書內,吾人未聞有人
曾經大規模的號召許多學生而教育之;更未聞有人有『有教無類』之說。……
再說孔子以前,未聞有不農不工不商不仕,而只以講學爲職業。……士之階
級只能作兩種事情;及做官與講學,……孔子即是此階級之創立者。」《中國
哲學史》,頁72～75。

〔註104〕《史記·仲尼弟子列傳》,卷六十七,頁2。

〔註105〕《史記·儒林列傳》,卷一二一,頁3～4。

被，也深深影響當時的政治、社會。

　　繼孔子之後，墨子也致力於私學教育。《墨子・公輸》記載墨子自謂：「臣之弟子禽滑釐等三百人。」墨子死後，其後學也繼續傳承與發揚墨學，並組織成一嚴密團體，尊「鉅子」為首，力行墨子教誨，對當世產生極大的影響力。《呂氏春秋・上德》記載了墨徒對墨家教義之信從，以及對鉅子之尊崇：

> 墨者鉅子孟勝，善荊之陽城君。陽城君令守於國，……荊王薨，……
> 陽城君走，荊收其國。（孟勝欲死之以殉陽城君）其弟子徐弱諫孟勝
> 曰：「死而有益陽城君，死之可矣。無益也，而絕墨者於世，不可。」
> 孟勝曰：「不然。吾於陽城君也，非師則友也，非友則臣也。不死，
> 自今以來，求嚴師必不於墨者矣，求賢友必不於墨者矣，求良臣必
> 不於墨者矣。死之所以行墨者之義而繼其業者也。……」……孟勝
> 死，弟子死之者百八十。

當其時，儒、墨之學盛極一時，故韓非說：「世之顯學，儒、墨也。」〔註106〕《呂氏春秋・當染》記載當時的儒、墨盛況：

> 舉天下之顯榮者必稱此二士（孔、墨）也，皆死久矣，從屬彌眾，
> 弟子彌豐，充滿天下，王公大人從而顯之，有愛子弟者隨而學焉，
> 無時乏絕。子貢、子夏、曾子學於孔子；田子方學於子貢；段干
> 木學於子夏；吳起學於曾子。禽滑釐學於墨子；許犯學於禽滑釐，
> 田繫學於許犯。孔、墨之後學顯榮於天下者眾矣，不可勝數。

私學之興盛，由此可見一斑。

　　孔、墨之後，各派私學繼出，大抵皆為廣集弟子，增厚勢力，以傳播其思想學說，評判時世得失，遊談或身體力行社會改造之策，私人講學日盛。如：孟子傳食諸侯，後車數十乘，從者數百人。〔註107〕澹臺滅明南游至江，從弟子三百人，名聞於諸侯。〔註108〕子夏居西河教弟子三百人。〔註109〕許行其徒數十人，皆衣褐捆屨織席以為食〔註110〕。直接帶動「從師」的風氣。

〔註106〕《韓非子・顯學》，卷十九，頁7。
〔註107〕《孟子・滕文公下》（十三經注疏，臺北：藝文印書館，1979年），卷六上，頁7。
〔註108〕《史記・仲尼弟子列傳》，卷六十七，頁33。
〔註109〕同上註，《考證》引《後漢書・徐防傳》注云：「子夏居西河，教弟子三百人。」卷六十七，頁29。
〔註110〕同註107。

　　此外，當時的學術環境十分自由，未限一門一家之學，故一人之思想可能受各家學派之薰陶，繼而發展成獨特的一家之言。如：孔子學於老聃、孟蘇夔、靖叔；〔註111〕嚴事老子、蘧伯玉、晏平仲、老萊子、子產、孟公綽等人，〔註112〕而創儒學。墨子在魯，學於史角，創立墨學。〔註113〕而法家也與儒家有密切關係，如被視爲法家人物的吳起，曾師事曾子〔註114〕、子夏。〔註115〕集法家大成的韓非與在秦國落實法家政策的李斯，均爲荀卿之徒，〔註116〕更說明了私學興起對當時學術思想的影響。

　　書籍傳寫工具進步，使私人得以藏書，甚而著作，更大大促進學術流通。如：孔子作《春秋》以傳弟子。〔註117〕孟子與萬章之徒，序詩書，述仲尼之意，作《孟子》七篇。〔註118〕老子著《道德經》五千言以授關尹。莊子著書十餘萬言，以明老子之術。韓非作〈孤憤〉、〈五蠹〉、〈內外儲說〉、〈說林〉、〈說難〉等十餘萬言。〔註119〕孫子作《兵法》十三篇以干闔廬。〔註120〕騶衍深觀陰陽消息，作怪迂之變，終始大聖之篇，十餘萬言。荀卿推儒墨道德之行事興壞，序列數萬言等等。〔註121〕學術之普及推動思想之精進，書籍之豐富與著述之自由，又促進思想之交流，終於醞釀出百家爭鳴的盛況，也就是在這樣的學風中，法家吸收各家思想，獨樹一格。

第四節　社會變動

　　春秋以來政治、經濟發展，直接影響社會的變動。封建宗法制度的破壞，使世官世祿制無力維持，於是社會等級發生變動，貴族沒落，平民崛起。士

〔註111〕《呂氏春秋·當染》，卷二，頁10。
〔註112〕《史記·仲尼弟子列傳》，卷六十七，頁3。
〔註113〕同註111。
〔註114〕《史記·孫子吳起列傳》云：「吳起者，衛人也，好用兵，嘗學於曾子。」卷六十五，頁12。
〔註115〕《史記·儒林列傳》云：「吳起、禽滑釐之屬，皆受業於子夏之倫。」卷一二一，頁4。
〔註116〕《史記·老子韓非列傳》，卷六十三，頁14。
〔註117〕《史記·孔子世家》，卷四十七，頁802。
〔註118〕《史記·孟子荀卿列傳》，卷七十四，頁4。
〔註119〕同註116，卷六十三，頁6、10、15。
〔註120〕同註114，卷六十五，頁2。
〔註121〕同註118，卷七十四，頁5、14。

人脫離「大夫臣士」而獨立，以及貴族為培植私人勢力，養士成風等等，都使春秋戰國的社會，有了大的轉變。

一、等級變動

西周實行世官世祿制，其爵制詳情不可得而聞之，但由《孟子・萬章下》所述西周爵制，可略知一二：

> 天子一位，公一位，侯一位，伯一位，子、男同一位，凡五等也。君一位，卿一位，大夫一位，上士一位，中士一位，下士一位，凡六等。天子之制，地方千里，公侯皆方百里，伯七十里，子、男五十里，凡四等。不能五十里，不達於天子，附於諸侯，曰附庸。天子之卿，受地視侯，大夫受地視伯，元士受地視子男。大國地方百里，君十卿祿，卿祿四大夫，大夫倍上士，上士倍中士，中士倍下士，下士與庶人在官者同祿。祿足以代其耕也。次國地方七十里，君十卿祿，卿祿三大夫，大夫倍上士，上士倍中士，中士倍下士，下士與庶人在官者同祿。祿足以代其耕也。小國地方五十里，君十卿祿，卿祿二大夫，大夫倍上士，上士倍中士，中士倍下士，下士與庶人在官者同祿。祿足以代其耕也。耕者之所獲，一夫百畝，百畝之糞，上農夫食九人，上次食八人，中食七人，中次食六人，下食五人。庶人在官者，其祿以是為差。

這種層級分明的階層制度，到了春秋戰國時代，除了宗法制度上小宗自然沒落的趨勢外，〔註122〕隨著王室的衰微，各國內部的劇烈政爭，世官世祿制於是崩壞，貴族陵夷。如：《左傳・魯昭公三年》叔向言：「晉之公族盡矣。肸聞之，公室將卑，其宗族枝葉先落，則公從之。肸之宗十一族。」《左傳・魯昭公三十二年》史墨言：「三后之姓，於今為庶。」同時，平民由於智識大開，加上各國競爭激烈，國君用人唯才，不拘世系，游士大為得勢，開布衣卿相之局。如：管夷吾舉於士，孫叔敖舉於海，百里奚舉於市，〔註123〕孔子以平民而為魯司寇〔註124〕等等。上層貴族的下降和下層庶民的上升，使居於其中

〔註122〕小宗五世則遷，數世之後，因土地的一分再分，小宗的子嗣因土地短少，自然難以維持其為貴族的地位，而降為士（非卿士之謂，而是指普通的知識份子），這是宗法制度分封後的必然趨勢。

〔註123〕管仲、孫叔敖、百里奚之事，俱見《孟子・告子下》，卷十二下，頁12。

〔註124〕《史記・孔子世家》，卷四十七，頁26。

的士階層人數大增。〔註125〕

戰國時，各國國君急謀富國強兵，銳意羅致俊傑才智之士，其取士途徑有四：

（一）立功仕進

講究功賞相稱的取士方式。如：白起、王翦以戰功，封爲秦將；〔註126〕李斯以政治才能，擢升爲秦相。〔註127〕法家取士，即偏好採用此種方式，如：商鞅下令「有軍功者，各以率受上爵」，以使「有功者顯榮，無功者雖富無所芬華。」〔註128〕韓非也主張：「明主之吏，宰相必起於州部，猛將必發於卒伍。夫有功者必賞，則爵祿厚而愈勸；遷官襲級，則官職大而愈治。」〔註129〕都是基於此一觀念。

（二）對策或獻策

由君王提出策問，徵詢對策，以選用人才；或游士主動向君王獻策，以博取功名。如：秦孝公下求賢令，商鞅四說秦王以得用，躍居要職。〔註130〕魏武侯善吳起之言，封之爲西河守。〔註131〕蘇秦說六國以「合縱」，并相六國。〔註132〕張儀說秦以「連橫」，而爲秦相。〔註133〕犀首說魏君與秦君，而配五國之相印爲約長〔註134〕等等。戰國時獻策風氣極盛，《戰國策》中有許多記載，這些獻策者一經賞識重用，立刻榮華加身，故有所謂朝爲布衣，夕爲卿相之語，令游士躍躍欲試。

（三）推　荐

由君王身邊的近臣或耆老功臣，向君王推荐人才。如：翟璜向魏文侯推荐以吳起爲西河守，以西門豹治鄴，以樂羊伐中山，以李克守中山，以屈侯鮒爲

〔註125〕余英時先生認爲：「士階層適處於貴族與庶人之間，是上下流動的匯合之所，士的人數遂不免隨之大增。」《中國知識階層史論》，頁14。
〔註126〕《史記‧白起王翦列傳》，卷七十三，頁3、13。
〔註127〕《史記‧李斯列傳》，卷八十七，頁12。
〔註128〕《史記‧商君列傳》，卷六十八，頁9。
〔註129〕《韓非子‧顯學》，卷十九，頁9。
〔註130〕同註128，卷六十八，頁5。
〔註131〕《史記‧孫子吳起列傳》，卷六十五，頁14。
〔註132〕《史記‧蘇秦列傳》，卷六十九，頁33。
〔註133〕《史記‧張儀列傳》，卷七十，頁11。
〔註134〕同上註，卷七十，頁50。

太子傅。〔註135〕魏成子進卜子夏、田子方、段干木，魏文侯皆師之。〔註136〕王稽向秦昭王推荐范雎，使秦王不但採用范雎「遠交近攻」之策，並尊以為相。〔註137〕

（四）召　聘

由君王用厚禮召請或聘請的方式，廣徠賢才。如燕昭王「卑身厚幣，以招賢者」，為郭隗築宮而師事之，使天下之士爭趨燕。〔註138〕齊景公召穰苴以為將，〔註139〕秦繆公使人厚幣迎蹇叔，以為上大夫〔註140〕等等，皆為等級變動的最好證明。

等級變動產生了官吏食祿的新制度，食祿者必受職，其有祿無職者，則是國君所養的賢人，尚賢觀念自此取代了親貴關係。尊卑貴賤的等級不再一定，貴族與布衣互有流通，階級之別不再絕對。

二、士人獨立

「士」本為貴族中最低階層，〔註141〕居大夫與庶人之間，〔註142〕是一批受過教育，通曉禮、樂、射、御、書、數，能文能武之人。春秋以來，等級變動，貴族沒落，平民崛起，「士」失去原有地位與職守，轉以傳授「六藝」謀生，將秘藏府中的典籍文物、禮器樂器帶到民間，使學術文化下移。如《論語‧微子》記載：「大師摯適齊，亞飯干適楚，三飯繚適蔡，四飯缺適秦，鼓方叔入於河，播鼗武入於漢，少師陽、擊磬襄，入於海。」私學興起後，「士」轉變為有道德的人，〔註143〕以道自任，自然發展出一種尊嚴感，而不為權勢

〔註135〕《史記‧魏世家》，卷四十四，頁 10～11。
〔註136〕同上註。
〔註137〕《史記‧范雎蔡澤列傳》，卷七十九，頁 5～23。
〔註138〕《史記‧燕召公世家》，卷三十四，頁 17～18。
〔註139〕《史記‧司馬穰苴列傳》，卷六十四，頁 2。
〔註140〕《史記‧秦本紀》，卷五，頁 22。
〔註141〕《孟子‧萬章下》云：「君一位，卿一位，大夫一位，上士一位，中士一位，下士一位，凡六等。」《禮記‧王制》也云：「王者之制祿爵，公侯伯子男凡五等。諸侯之上大夫卿、下大夫、上士、中士、下士，凡五等。」由此可見士為貴族的最低階層。
〔註142〕余英時：《中國知識階層史論》，頁 12。
〔註143〕《論語‧子路》：「子貢問：『何如斯可謂之士矣？』子曰：『行己有恥，使於四方，不辱君命，可謂士矣。』曰：『敢問其次？』曰：『宗族稱孝焉，鄉黨稱弟焉。』曰：『敢問其次？』曰：『言必信，行必果，硜硜然小人哉，抑亦

所屈。如《孟子‧盡心上》云「士」無時不依道而行：

> 古之賢王好善而忘勢，古之賢士何獨不然？樂其道而忘人之勢。故
> 王公不致敬盡禮，則不得亟見之；見且由不得亟，而況得而臣之
> 乎？……士窮不失義，達不離道。窮不失義，故士得己焉；達不離
> 道，故民不失望焉。古之人，得志，澤加於民；不得志，脩身見於
> 世。窮則獨善其身，達則兼善天下。……天下有道，以道殉身；天
> 下無道，以身殉道，未聞以道殉乎人者也。

《墨子‧尚賢》也說到尚德之「士」地位之提升：

> 厚祿尊位之臣，莫不敬懼而施；雖在農與工肆之人，莫不競勸而尚
> 意；故士者，所以為輔相承嗣也。

由此可見士人已逐漸脫離「天有十日，人有十等」〔註144〕的限制，獲得人身
的自由與人格的獨立，成為新的知識階層，也成為諸侯爭相網羅的對象。

士人本身的自信，提高了士人的地位，也強化了士階層的獨立特質。士
人從固有的封建關係中游離出來，進入了「士無定主」〔註145〕的局面。他們
秉持著「從道不從君」的理念，〔註146〕游動於列國之間，認為「居天下之廣
居，立天下之正位，行天下之大道。得志，與民由之；不得志，獨行其道」；
〔註147〕「天下有道則見，無道則隱。」〔註148〕並公然宣稱「危邦不入，亂邦
不居」，〔註149〕大有「士貴王賤」的態度。《戰國策‧齊策四》載齊宣王問顏
斶：「王者貴乎？士貴乎？」對曰：「士貴耳，王者不貴。」說明著士人們遵
循著「合則留，不合則去」的規範，往來於列國之間。《孟子‧告子下》歸納
士人去留原因有下：

〔註144〕《左傳‧昭公七年》芊尹無宇談到古代制度：「天有十日，人有十等。下所以
事上，上所以共神也。故王臣公，公臣大夫，大夫臣士，士臣皁，皁臣輿，
輿臣隸，隸臣僚，僚臣僕，僕臣臺，馬有圉，牛有牧，以待百事。」卷四十
四，頁336～337。

〔註145〕明‧顧炎武撰，清‧黃汝成集釋：《日知錄集釋》（臺北：世界書局，1974年），
卷十三頁304。

〔註146〕《荀子‧臣道》，頁258。余英時先生云：「先秦諸學派無論思想怎樣不同，
但在表現以道自任的精神這一點上是完全一致的。」《中國知識階層史論》，
頁38。

〔註147〕《孟子‧滕文公下》，卷六上，頁4。

〔註148〕《論語‧泰伯》，卷八，頁5。

〔註149〕同上註。

可以為次矣。』」卷十三，頁8。

所就三，所去三。迎之致敬以有禮，言將行其言也，則就之。禮
貌未衰，言弗行也，則去之。其次，雖未行其言也，迎之致敬以
有禮，則就之。禮貌衰，則去之。其下，朝不食，夕不食，饑餓
不能出門戶，君聞之，曰：「吾大者不能行其道，又不能從其言也，
使饑餓於我土地，吾恥之。」周之，亦可受也，免死而已矣。

從上可知，國君唯有以禮待之，尊重士人，才能留得住士人為其服務。梁啓
超先生分析春秋戰國以來的士人流動情形，說道：「周既不綱，權力四散，游
士學者，各稱道其所自得以橫行於天下，不容於一國，則去而之他而已。故
仲尼干七十二君，墨翟來往大江南北，荀卿所謂『無置錐之地，而王公不能
與之爭名，在一大夫之位，則一君不能獨畜，一國不能獨容』，……豈所謂海
闊從魚躍，天空任鳥飛者耶！」〔註150〕道出了春秋戰國時代，游士的獨立性
格與政治上自由來去的特質。

　　長期戰亂中，諸侯開始意識到用賢和得人之重要，所謂「爭天下者，必
先爭人」，「爭彊之國，必先爭謀」，以及「正四海者，不可以兵獨攻而取也，
必先定謀慮」，〔註151〕所以各國爭士、養士蔚然成風，養士以為智囊團之用，
〔註152〕以鞏固政權，形成「諸侯並爭，厚招游學」的局面，〔註153〕一方面刺
激了私學的擴展，使許多平民紛紛投師從教，以為擠身仕途的捷徑。一方面
造成「處士橫議」，〔註154〕士人得此發展機會，競相奔走各國之間，闡述己之
道術，以干求世主，為春秋戰國的政治注入變動不安的因子。

三、養士之風

　　春秋時已有以養士來培植個人勢力的事，如：齊桓公「養游士八十人」，
採用「匹夫有善，可得而舉也」〔註155〕的政策，遂成霸業。齊田成子「殺一
牛，取一豆肉，餘以食士」，〔註156〕以獲得民心。魯執政大夫季孫「養孔子之

〔註150〕梁啓超：《飲冰室文集》，頁13。
〔註151〕《管子・霸言》（四部叢刊正編，臺北：臺灣商務印書館，1979年），卷九，
　　　　頁8。
〔註152〕《韓非子・外儲說左下》云：「不在所與居，在所與謀也。」卷十二，頁4。
〔註153〕《史記・秦始皇本紀》，卷六，頁51。
〔註154〕《孟子・滕文公下》，卷六下，頁4。
〔註155〕《國語・齊語》，卷六，頁8。
〔註156〕《韓非子・外儲說右上》，卷十三，頁2。

徒，所朝服而與坐者以十數」，〔註157〕以收攬聲譽等等。

迄戰國，養士更是蔚爲風氣，蘇軾云：「春秋之末，至于戰國，諸侯卿相，皆爭養士。自謀夫說客、談天雕龍、堅白同異之流，下至擊劍扛鼎、雞鳴狗盜之徒，莫不賓禮，靡衣玉食以館於上者，何可勝數。越王句踐有君子六千人，魏無忌、齊田文、趙勝、黃歇、呂不韋，皆有食客三千人，而田文招致任俠姦人六萬家於薛，齊稷下談者六千人，魏文侯、燕昭王、太子丹皆致客無數。」〔註158〕其中魏文侯尊賢禮士，不僅使魏國稱譽一時，〔註159〕如《史記・魏世家》云：「文侯受子夏經藝，客段干木，過其閭，未嘗不軾也。秦嘗欲伐魏，或曰魏君賢人是禮，國人稱仁，上下和合，未可圖也。文侯由此得譽於諸侯。」更是直接帶動養士之風。

魏文侯之後，各國紛起納賢，魯繆公優禮曾申、子思、公儀休、泄柳、申詳、墨子、南宮邊、縣子等賢人。〔註160〕燕昭王於破燕之後即位，卑身厚幣以招賢者，樂毅自魏往，鄒衍自齊往，劇辛自趙往，士爭趨燕。〔註161〕田氏也以篡姜齊未久，欲攬賢士收名聲以自固，廣招賢士，成立稷下之學，經桓公〔註162〕、威王，至宣王時大盛。《史記・田敬仲完世家》云：「宣王喜文學遊說之士，自如騶衍、淳于髡、田駢、接予、愼到、環淵之徒七十六人，皆賜列第爲上大夫，不治而議論，是以齊稷下學士復盛，且數百千人。」稷下學術，影響廣遠。

〔註157〕《韓非子・外儲說左下》，卷十二，頁4。

〔註158〕蘇軾：《東坡志林・游士失職之禍》（北京：中華書局，1985年），卷五，頁79。

〔註159〕錢穆先生在〈魏文侯禮賢考〉文中云：「魏文以大夫僭國，禮賢下士，以收人望，邀譽於諸侯，遊士依以發跡，實開戰國養士之風。於先秦學術興衰，關係甚重。」《先秦諸子繫年考辨》（臺北：臺灣商務印書館，1975年），頁149。嚴耕望先生以爲還有早於魏文侯者，他說道：「《韓非子・外儲左上》：『王登爲中牟令，上言於襄主曰："中牟有士曰中章、胥己者，其身甚修，其學甚博，君何不舉之？"主曰："子見之，我將爲中大夫。"……中大夫，晉重列也。……王登一日而見二中大夫，予以田宅，中牟之人棄其田紜，賣宅圃而隨文學者邑之半。』中牟，在今湯陰縣西，時屬趙，時屬魏，而趙、魏又各有襄子，皆在魏文侯之前，不知此爲趙事抑魏事，魏文侯在位時代爲紀元前第五世紀之後半期，則此事要在戰國之初或稍前，可謂君主禮賢激起平民好學最早見之史例。」《嚴耕望史學論文選集》（臺北：聯經出版事業公司，1991年），頁54。

〔註160〕錢穆：《先秦諸子繫年考辨》，頁179。

〔註161〕《史記・燕召公世家》，卷三十四，頁18。

〔註162〕徐幹《中論・亡國》云：「（田）齊桓公立稷下之官，設大夫之號，招致賢人而尊寵之，自孟軻之徒皆遊於齊。」（四部叢刊正編，臺北：臺灣商務印書館，1979年），頁37。

　　士之聚散，成爲權衡一國興衰之表徵，正所謂「得士者彊，失士者亡」，〔註163〕故各國的執政者莫不禮賢下士。如：彭更稱孟子「後車數十乘，從者數百人，以傳食於諸侯。」〔註164〕騶衍「適梁，惠王郊迎，執賓主之禮；適趙，趙平原君側行襒席；如燕，燕昭王擁彗先驅，請列弟子之座而受業，築碣石宮，身親往師之。」〔註165〕諸侯之尊禮如此，足見游士正以一個新生的力量縱橫於天下。得志之士如：商鞅、李斯以個人的主張，改革政治，稱霸圖強。次焉者亦能「因勢而爲資，據時而爲畫，……度時君之所能行，出奇策異智，轉危爲安，運亡爲存。」〔註166〕如：蘇秦、張儀等。至於不得志於政治者，亦都能受到國君優禮，而潛心學術，如：孟軻、荀卿之類。

　　客觀的政治目的，使國君獎掖有能之士。而士人獲此升擢良機，也努力鑽研治術，針對政治局勢立論，以求合於君主之用，二者互爲因果，促成了養士制度的風行。養士之風又進一步促進了私學的發展，有志之士紛紛從師，學作士，學讀書。希望有朝一日能「學而優則仕」。〔註167〕然而諸侯養士不脫競尚豪奢的習氣，以及部分游士罔顧國家大利，以個人私利爲先導的特性，也引發許多政治、社會問題。如《史記・春申君列傳》記載平原君之養士與春申君之間，以養士競奢的情形：

> 趙平原君使人於春申君。春申君舍之於上舍。趙使欲夸楚，爲玳瑁簪、刀劍室以珠玉飾之，請命春申君客。春申君客三千餘人，其上客皆躡珠履以見趙使，趙使大慚。

由此可知，養士已流於當時諸侯公子用以誇耀勢力、互競排場的方式之一。

　　此外，當時的諸侯與貴公子對於養士，通常採取「客無所擇皆善遇之」〔註168〕的態度，更使養士之中，賢人只佔少數，多數是雞鳴狗盜、好劍使氣之徒。如《史記・孟嘗君列傳》載孟嘗君在薛地招致賓客的結果，是使「亡人有罪者，皆歸孟嘗君」，証明了當時諸侯養士的眞相：只是藉人眾壯勢，以競尚豪奢而已。故王安石〈論孟嘗君〉譏之曰：「世皆稱孟嘗君能得士，士以故歸之，而卒賴其

〔註163〕《漢書・東方朔傳》引東方朔語，卷六十五，頁17。
〔註164〕《孟子・滕文公下》，卷六上，頁7。
〔註165〕《史記・孟子荀卿列傳》，卷七十四，頁8。
〔註166〕漢・劉向：《戰國策・書錄序》（四部叢刊正編，臺北：臺灣商務印書館，1979年），頁3。
〔註167〕《論語・子張》子夏曰：「仕而優則學，學而優則仕。」卷十九，頁4。
〔註168〕《史記・孟嘗君列傳》，卷七十五，頁7。

力以脫於虎豹之秦。嗟呼！孟嘗君特雞鳴狗盜之雄耳，豈足以言得士。不然，擅齊之強，得一士焉，宜可以南面而制秦，尚何取雞鳴狗盜之力哉？夫雞鳴狗盜之出其門，此士之所以不至也。」〔註169〕也因為其養士流品繁雜，充斥雞鳴狗盜之徒，對當時及日後的社會也造成許多問題。如《史記‧孟嘗君列傳》載孟嘗君至趙，「趙人聞孟嘗君賢，出觀之。皆笑曰：『始以薛公為魁然也，今視之，乃眇小丈夫耳。』孟嘗君聞之，怒。客與俱者，下斫擊殺數百人，遂滅一縣以去。」僅因鄉人之笑，而滅其一縣，這種強橫暴行，更具體反映養士任意恣行、廢國法，所帶來的嚴重社會問題，而且影響深遠。所以太史公感嘆道：

> 吾嘗過薛，其俗閭里，率多暴桀子弟，與鄒、魯殊。問其故。曰：
> 孟嘗君招致天下任俠、姦人入薛中，蓋六萬餘家矣。（《史記‧孟嘗君列傳》）

養士之弊，由此可見。

同時代的荀子也批評當時的士：「汙漫者也，賊亂者也，恣孽者也，貪利者也，觸抵者也，無禮義而唯權勢之嗜者也。……今之所謂處士者，無能而云能者也，無知而云知者也，利心無足而佯無欲者也，行偽險穢而彊高言謹愨者也，以不俗為俗，離縱而跂訾者也。」〔註170〕法家書籍中更屢見排斥游士的言論，如：

> 諂杅習士、聞識博學之士，能以其智亂法惑上。（《管子‧任法》）
>
> 身無職事，家無常姓，列上下之間，議言為民者，聖王之禁也。……
> 審飾小節以示民，時言大事以動上，遠交以踰群，假爵以臨朝者，
> 聖王之禁也。（《管子‧法禁》）
>
> 君臣釋法任私必亂。……夫倍法度而任私議，皆不知類者也。……
> 是故先王知自議譽私之不可任也。（《商君書‧修權》）
>
> 夫治國捨勢而任說說，則身修而功寡。故事《詩》、《書》談說之士，
> 則民游而輕其君。（《商君書‧算地》）
>
> 國以六蝨授官予爵，則治煩言生，此所謂以治致治，以言致言。則
> 君務於說言，官亂於治邪。……以力攻者，出一取十；以言攻者，

〔註169〕王安石：《臨川先生文集‧論孟嘗君》（四部叢刊正編，臺北：臺灣商務印書
　　　　館，1979年），卷七十一，頁9。
〔註170〕《荀子‧非十二子》，頁86。

出十亡百。(《商君書·靳令》)

今人主之於言也，說其辯，而不求其當焉，……是以天下之眾，其談言者，務為辯而不周於用，……政不免於亂。……故明主之國，無書簡之文，以法為教；無先生之語，以吏為師。(《韓非子·五蠹》)

人主之聽言也，不以功用為的，則說者多棘刺、白馬之說。(《韓非子·外儲說左上》)

這些批評既反映出當時游士「身無職事」，不事生產，又愛「以其智亂法惑上」，逞口舌之快與謀私人之利的種種缺點，也說明法家之士素來排斥游士的具體理由。

第五節　經濟發展

農業是中國立國的基礎，是國家主要的經濟來源。土地則是農業的根本，沒有土地，農業就無法發展。所以春秋戰國時期土地的問題，直接影響當時經濟與社會的變革。在土地制度上，西周時實行與宗法制度相輔的「井田制」，以此做為賦稅的依據。然而隨著人口的增加，貴族政治的崩壞，井田制度無法維持，各諸侯國紛紛廢除井田制，改以土地私有制，鼓勵人民耕種，增加產量，作為兼併戰爭的經濟後盾。除了農業上井田制的改革，手工業上也有長足的發展，冶鐵技術、鑄銅技術、紡織與漆器等工藝日益進步。其中鐵工具的出現，又加速了農業的成長。農業成長帶動人口增加，隨著生產的增進，社會分工漸趨細密，金屬貨幣也隨之出現，商業獲得發展的空間，大商人與都市興起，新興土地所有者也因此出現。從各國變法的內容，可以看出法家之士的主張，多是針對當時經濟問題，所提出的改革。

一、土地私有制度的形成

西周初以井田制劃分土地，分配給人民耕作，並有公、私田之分。〔註171〕井田制的由來應甚早，據出土的殷墟甲骨文，反映出以井字形作土地劃分的情形，商代已有。〔註172〕目前史料中最早談論井田制的是孟子，《孟子·滕文公上》記載：「夏后氏五十而貢，殷人七十而助，周人百畝而徹。」這三種租稅的

〔註171〕《詩經·小雅·大田》：「雨我公田，遂及我私。」卷十四，頁3。
〔註172〕馬宗申：〈井田說剖析〉，《農史研究》第八輯，1985年10月，頁102。

稅率都是十分之一，孟子理想中的分配方式則爲：「野九一而助，國中什一使自賦。卿以下必有圭田，圭田五十畝，餘夫二十五畝。死徙無出鄉，鄉田同井，出入相友，守望相助，疾病相扶持，則百姓親睦。方里而井，井九百畝，其中爲公田；八家皆私百畝，同養公田。公事畢，然後敢治私事。」〔註173〕由於土地貧瘠不一，有些土地可繼續耕種，有些則必須休耕，再配合繁複的田制（助法、徹法、貢法等），所以井田制的實施遠較孟子所說的複雜。齊思和先生認爲：「這種繁難迂複之田制（所謂助法），惟能實行於小規模之農業，至春秋之世，墾地日闢，而卿大夫間又互相吞併，貴族采邑，遂日漸擴大，助法之實行，更爲困難。」〔註174〕說明了隨著農業技術的進步，農業規模的擴大以及土地兼併的結果，昔日西周的井田制度已不符合時宜。

再者，春秋中葉以前，耕種主要以木器〔註175〕與人力，用力多而功效少，一人所耕之面積有限。春秋中葉以後，牛耕與鐵器的運用，〔註176〕農民不惟可以深耕，且可以多耕，工作效率提升，使糧食產量倍增。其後又以水利灌溉方法的改進、施肥技術的進步、運河的開鑿、土壤的分級，荒地的開墾等等，在在都促進農業的發展。〔註177〕農業發展，也進一步促進了人口的增加與工商的發達。

隨著農業與經濟的發展，各國也逐漸以土地私有制度取代封建土地制度。其原因是一則以公田難以配給逐漸成長的人口，亦阻礙人民自由墾種，上位者轉而任農民自由耕種，採計畝賦稅，土地私有制度於是形成。〔註178〕二則以禮治崩解，土地國有制被破壞，土地所有權一變爲諸侯所有，二變爲卿大夫所有，土地買賣、爭奪、轉讓的事常常發生。僅據《左傳》記載，自魯隱公到魯哀公時期，各諸侯領主之間違背井田制，發生爭田、搶田、奪田、賞田、領田、賂田、易田和還田之事，就在三十六件之上，春秋末期，土地的自由買賣普遍盛行，因而產生大量的新興地主階級和自耕農，土地私有制度於焉確立，而新的土地制度與新興地主階級的出現，也使得社會結構發生

〔註173〕《孟子・滕文公上》，卷五上，頁9。
〔註174〕齊思和：《中國史探研》（臺北：弘文館出版社，1985年），頁96。
〔註175〕《易・繫辭傳下》：「斲木爲耜，揉木爲耒。」（四部叢刊正編，臺北：臺灣商務印書館，1979年），卷八，頁2。
〔註176〕齊思和先生認爲：「牛耕與鐵器皆出現於春秋季年。」《中國史探研》，頁97～98。
〔註177〕李劍農：《先秦兩漢經濟史稿》（臺北：華世出版社，1981年），頁41。
〔註178〕有的史家認爲早在周宣王「不籍千畝」就是已經放棄了共耕公田的制度。

根本的改變，直接影響了政治環境。

春秋初，管仲為使「井田疇均」，〔註179〕已開始在齊國實行「相地而衰徵」〔註180〕的制度，按土質好壞和產量多少，以徵收實物，作為地租。繼齊國之後，各國也逐漸開放土地私有制，以實物地租制取代勞役地租制。新的賦稅制度的實行，更加速推進了井田制的崩潰。

春秋各國賦稅型態的改革，據《左傳》所載，舉例如下：

1. 晉惠公二年（645B.C）「作爰（轅）田」〔註181〕

杜預以為爰田是將本來分公田之稅應入於公者，爰之於所賞之眾。服虔、孔晁皆云：「爰，易也。賞眾以田，易其疆畔。」賈逵也云：「轅，易也。為易田之法賞眾，以田易者，易疆界也。或云轅，車也，以田出車賦（韋昭以為以田出車賦，非也）。」〔註182〕以爰田為新的代田之法，〔註183〕也就是配合私田的逐漸開墾，將田地重新劃分給人民，使人民不必易居，不必易疆界，也不必與他人田畝相易，藉以提高農民的耕作意願，大大異於昔日的井田制。

2. 魯宣公十五年（594B.C），「初稅畝」〔註184〕

杜預注：「公田之法，十取其一，今又履其餘畝，復十收其一。」使人民又多增加了田地稅，負擔更為加重。

3. 魯成公元年（590B.C），「作丘甲」〔註185〕

這是在什一而藉和稅畝之外，又以軍賦的形式重複徵收的田租稅制。杜預注曰：「周禮，九夫為井，四井為邑，四邑為丘，丘十六井，出戎馬一匹、牛三頭。四丘為甸，甸六十四井，出長轂一乘、戎馬四匹、牛十二頭、甲士三人、步卒七十二人，此甸所賦。今魯使丘出之。譏重斂，故書。」西周時

〔註179〕《國語・齊語》「井田疇均」，指將田地平均分給農人，並廢除共耕公田制。卷六，頁8。

〔註180〕同上註，管仲相地而衰征，亦即按土地良莠徵收實物稅。

〔註181〕《左傳》僖公十五年，晉惠公作爰田。《國語・晉語三》作「轅田」。

〔註182〕杜預、服虔、孔晁語見《左傳》僖公十五年，卷十四，頁104。賈逵語見《國語・晉語三》，卷九，頁7。

〔註183〕代田制見《漢書・食貨志上》：「民受田，上田夫百畝，中田夫二百畝，下田夫三百畝。歲耕種者為不易上田，休一歲者唯一易中田，休二歲者為再易下田。三歲更耕之，自爰其處。」卷三十四，頁2。

〔註184〕《左傳》宣公十五年，魯「初稅畝，非禮也，穀出不過藉」，卷二十四，頁182。

〔註185〕《左傳》成公元年：「三月作丘甲。」卷二十五，頁186。

期井田制的軍賦中，每一丘只出戎馬和牛，沒有甲，每一甸才有甲。作丘甲就是由原來每一甸中所徵調的軍賦，改爲在每一丘中徵調。四井爲一邑，四邑爲一丘，四丘爲一甸，作丘甲就是將原有的軍賦數量增加了四倍，大大加重了人民之負擔。雖然作丘甲並未改變土地所有制，卻使租稅大大增加，間接的促使井田制的崩解。

4. 楚蔿掩（547B.C）「量入脩賦」〔註186〕

楚國也開始由勞役地租發展爲實物地租，同時增加了軍賦的徵調。〔註187〕

5. 鄭子產（538B.C）「作丘賦」〔註188〕

與魯國作丘甲的性質相同，也是以丘爲單位，徵調賦稅。

6. 魯哀公十二年（483B.C），季孫氏「用田賦」〔註189〕

杜預注曰：「改法重賦。」是魯國繼作丘甲之後，又進一步以井爲單位，徵調軍賦。

此外還有鄭子駟「爲田洫」，〔註190〕齊轅頗「賦封田」〔註191〕等做法，也都一方面加速井田制的破壞，一方面豐厚國君的財力。

進入戰國，魏文侯用李悝行「盡地力之教」，更是企圖以新的土地制度和租稅制度，達到增加產量的目的。而位居西陲的秦國，雖然發展較遲，此時也跟上腳步，開始進行田賦的改革，秦簡公七年（408B.C）實行「初租禾」，秦孝公十二年（350B.C），任用商鞅「爲田開阡陌」，到孝公十四年（348B.C）「初爲賦」，象徵秦國井田制的逐步瓦解，以及新賦稅制度的進一步確立。〔註192〕

齊思和先生討論戰國田制的改革時，認爲大抵在戰國初年，中原諸國業已進入土地私有制：「故魏文侯時李悝作盡地力之教，以爲：『今一夫挾五口，治田百畝，歲收畝一石半，爲粟百五十石，除十一之稅十五石，餘百三十五

〔註186〕《左傳》襄公二十五年，「楚蔿掩爲司馬，子匠使庀賦，……井衍沃，量入脩賦，賦車籍馬，賦車兵、徒卒、甲楯之數。」卷三十六，頁277。

〔註187〕《中國文明史》（上）第二卷，頁234。

〔註188〕《左傳・昭公四年》，卷四十二，頁325。

〔註189〕《左傳》哀公十二年：「春用田賦。」卷五十九，頁454。

〔註190〕《左傳》襄公十年：「初子駟爲田洫，司氏、堵氏、侯氏、子師氏皆喪其田焉。」杜預注：「洫，田畔溝也。子駟爲田洫，以正封疆，而侵四族田。」卷三十一，頁240。

〔註191〕《左傳》哀公十一年：「轅頗爲司徒，賦封田，以嫁公女，有餘以爲己大器。」杜預注：「封內之田，悉賦稅之。」卷五十八，頁450。

〔註192〕《史記・秦本紀》，卷五，頁55。

石。』（《漢書‧食貨志上》）衣食祠祭之費皆取給於是，歲不足四百五十錢。『不幸疾病死喪之費，及上賦斂，又未與此。』（《漢書‧食貨志上》）則助法公田，早已廢除，私有之制，已經成立矣。」〔註193〕到了秦商鞅，明言廢井田，開阡陌。爲鼓勵農戰，而賜田戰士，加上貴族沒落，其土地多半被收回或是出賣，更是直接鼓勵土地私有制的發展。

法家發展土地私有制，是爲了獎勵農業，因爲戰爭攻守之要，首在糧餉，故李悝、商鞅、韓非莫不勸民力農，《商君書‧農戰》云：「百人農，一人居者王；十人農，一人居者彊；半農半居者危。故治國者，欲民之農也。國不農，則與諸侯爭權，不能自持也，則眾力不足也。……聖人知治國之要，故令民歸心於農。」道出農業對一國經濟影響之大。

土地私有化，加速了土地的兼併，其結果有三：

1. 促使公室衰弱與卿大夫崛起。

如：三家分晉，田氏代齊，魯國控制於季孫氏、孟孫氏、叔孫氏三大夫之手。

2. 創造出新興地主階級。〔註194〕

造成「富者田連阡陌，貧者亡立錐之地」〔註195〕的貧富懸殊局面。

3. 賦稅加重。

田賦增加，不惟粟米之徵，尚有布縷之徵與力役之徵，〔註196〕大大加重了農民的負擔。

《左傳》載齊之季世：「民參其力，二入於公，而衣食其一，公聚朽蠹，而三老凍餒，國之諸市，屨賤踊貴，民人痛疾而或燠休之。」〔註197〕「縣鄙

〔註193〕齊思和：《中國史探研》，頁99。

〔註194〕新興地主爲商人或士。因爲商人賤買貴賣，累積豐厚商業資本，可以購買大量土地，於是成爲新興地主階級。士獲得土地一方面是自身本有封地；二是直接從上層貴族獲得土地賞賜，所以得以成爲支配時代的新興地主階級。

〔註195〕《漢書‧食貨志上》引董仲舒《限民名田論》語：「（秦）用商鞅之法，改帝王之制，除井田，民得賣買，富者田連仟佰，貧者亡立錐之地。」卷三十四，頁14。

〔註196〕《荀子‧富國》：「厚刀布之斂以奪之財；重田野之稅以奪之食；苛關市之征以難其事。……百姓曉然皆知，其汙漫暴亂而將大危亡也；是以臣或弒其君，下或殺其上，鬻其城，倍其節，而不死其事者，無它故焉，人主自取之也。」頁176。

〔註197〕《左傳‧昭公三年》，卷四十二，頁320。

之人，入從其政；偪介之關，暴征其私；承嗣大夫，強易其賄。布常無藝，徵斂無度。宮室日更，淫樂不違。內寵之妾。肆奪於市。外寵之臣，僭令於鄙。私欲養求，不給則應。民人苦病，夫婦皆詛。」〔註198〕又，晉之季世：「戎馬不駕，卿無軍行，公乘無人，卒列無長。庶民罷敝，而宮室滋侈；道殣相望，而女富溢尤；民聞公命，如逃寇讎。……政在家門，民無所依；君日不悛，以樂慆憂。」〔註199〕可為當時農民貧困生活作一最好寫照。

二、商業的發展

商朝已有商業，從考古文物的出土，〔註200〕以及〈酒誥〉云：「肇牽車牛遠服賈，用孝養厥父母。」《詩經・衛風・氓》云：「氓之蚩蚩，抱布貿絲。」可知。唯當時商人屬於「工商食官」〔註201〕的限制中，不得自由發展。春秋中葉以後，伴隨著農業與手工業的發展，各地區的物產產量增加，商品交換的機會增多，使商業獲得長足的發展，交通運輸也遠勝已往。

《荀子・王制》載：「北海則有走馬、吠犬焉，然而中國得而畜使之。南海則有羽翮、齒革、曾青、丹干焉，然而中國得而財之。東海則有紫紶、魚鹽焉，然而中國得而衣食之。西海則有皮革、文旄焉，然而中國得而用之。」物產流通之廣，可見一斑。也因為物產交流的需要，商業大都市逐漸形成，都市呈現更多樣化的功能與性質。

商業的發展，創造出新興的商人階級，管仲治理齊國時，就曾把國人分為士、農、工、商四個階級。〔註202〕到了戰國，由於商業的發展，出現了許多大商人，他們除了擁有巨大的財富，對政治上也有不小的影響力。各地商業發展的程度不一，《史記・貨殖列傳》稱：趙人「民俗懁急，仰機利而食」；韓人「好事業，多賈。」又謂：「三河在天下之中，……地小狹，民人眾，都

〔註198〕《左傳・昭公二十年》，卷四十九，頁280。

〔註199〕《左傳・昭公三年》，卷四十二，頁320。

〔註200〕考古發現在河南殷墟的商王朝的中心地區，發現很多非當地產物的東西，如：鯨魚骨、朱砂、鹹水貝等，都是距殷墟很遠的地方的產物，說明商朝與周圍地區的物質交流十分活躍。《中國文明史》（上）第二卷先秦時期，頁237。

〔註201〕《國語・晉語》：「公食貢，大夫食邑，士食田，庶人食力，工商食官，皂隸食職。」卷十，頁十八。說明當時是庶人工商，各守其業，以供其上（貴族）的情況。

〔註202〕《管子・小匡》，卷八，頁5。

國諸侯所聚會，故其俗纖儉習事。」大抵三晉與鄭、衛等居天下之中的國家，交通輻湊，以地狹民眾，又居戰略地位，商業最爲發達。春秋戰國的商業發達，表現在以下幾方面：

（一）人口的增加與大都市的興起

　　商業的發達與人口的增加、都市的興起有密切的關係。春秋以前，各國人口並不多，「城邑之小者至於十家，大者亦不過千室，普通戶數，蓋僅百室而已」，〔註203〕列國之都，「城雖大，無過三百丈者，人雖眾，無過三千家者」，〔註204〕而且國與國之間仍有隙地，各國荒地並未完全開發。然而春秋戰國以降，戰爭頻仍，需要眾多人力資源，所以各國紛紛積極增殖人口，梁惠王曾問孟子：「察鄰國之政，無如寡人之用心者，鄰國之民不加少，寡人之民不加多，何也？」〔註205〕就是想使人口增多的例證。戰國以後，人口快速增加，而有「千丈之城，萬家之邑」。〔註206〕《莊子・胠篋》稱齊國「鄰邑相望」，《戰國策・魏策三》稱魏國「廬田廡舍，曾無所芻牧牛馬之地。人民之眾，車馬之多，日夜行不休，已無以異於三軍之眾。」可見戰國以後，人口密度顯著提高。都市人口的增加，也使各國不得不重新編戶齊民，改以郡、縣、鄉、里、伍等行政編制取代舊有的國鄙制，以管理人民。

　　人口的成長也同時反映在都市性質上，春秋以前都市的功能主要是政治性的，對環繞四周的鄉村起著保護作用，〔註207〕範圍不大，人口不多。一般國家的都城周圍不過九百丈，卿大夫的都邑則多爲國都的三分之一、五分之一或九分之一。〔註208〕及至戰國，農業和手工業的發展，促進了商品的交換。適應交換的需要，金屬貨幣也廣泛流行，稱爲「通貨」或「通施」，〔註209〕各國之間，也常見商品交換。如：北方的走馬、吠犬，南方的羽毛、

〔註203〕齊思和：《中國史探研》，頁104。

〔註204〕《戰國策・趙策三》，卷六，頁52。

〔註205〕《孟子・梁惠王》，卷一上，頁6～7。

〔註206〕同註204。

〔註207〕《吳越春秋》載伍子胥曰：「凡欲安君治民，興霸成王，從近制遠者，必先立城郭，設守備……。」楊家駱主編：《增補中國史學名著・吳越春秋》（臺北：世界書局，1967年），頁74。從此語可見春秋以前的城市主要功用是「築城以衛君，造郭以守民」。

〔註208〕《左傳》隱公元年，祭仲曰：「先王之制，大都不過參國之一，中五之一，小九之一。」卷二，頁16。

〔註209〕黃大受：《中國通史》（臺北：五南圖書出版公司，1992年），頁165。

象牙、丹青，東方的魚、鹽，西方的皮革、文旄等，在中原都可以買到。〔註210〕各地區的往來日益頻繁，帶動了城市的興起，凡居於水陸要衝之地的城市，多半發展成為商業重鎮，人口向都市集中，都市因此由純政治性質演變為兼具經濟、文化的中心。「三里之城，七里之郭」〔註211〕普遍出現，大都市如齊的臨淄、趙的邯鄲、魏的大梁、周的洛陽、秦的咸陽、楚的郢城都聚集了數十萬人。其中又以齊的臨淄最為富盛，蘇秦稱道：「臨淄之中七萬戶，臣竊度之下，戶三男子，三七二十一萬，不待發於遠縣，而臨淄之卒，固已二十一萬矣。臨淄甚富而實，其民無不吹竽、鼓瑟、擊筑、彈琴、鬥雞、走犬、六博、蹋鞠者。臨淄之途，車轂擊，人肩摩，連衽成帷，連袂成幕，揮汗成雨，家敦而富，志高而揚。」〔註212〕當時都市的繁華，由此可見一斑。也因為工商發達，交通便利，都市互通有無，「流通財物粟米，無有滯留，使相歸移也，四海之內若一家」，〔註213〕使各國經濟相互依存，為日後中國的統一奠下基礎。

（二）大商人的出現

春秋中葉以後，商品交換發達，商人囤積居奇，獲取大利，因而有關綽的大商人出現。如：鄭人弦高出其貨品以紓國難。〔註214〕又鄭子產言其國君與商人世有盟誓：「爾無我叛，我無強賈，毋或匄奪，爾有利市寶賄，我勿與知。」〔註215〕以此與商人相保。證明商人已漸脫離「工商食官」的限制。春秋後期，更出現兩位富可敵國的大商人：子贛與范蠡。《史記・貨殖列傳》稱子贛「廢著鬻財於曹魯之間，……結駟連騎，束帛之幣，以聘享諸侯。所至國君，無不分庭與之抗禮。」稱范蠡「治產、積居與時逐，……十九年之中，三致千金。……遂至巨萬，故言富者皆稱陶朱公。」到了戰國，金屬貨幣的確立，便利了商業的交換，商業獲利更高。楊生民先生為戰國以來的商業利潤率作了項統計表，茲列於下，以為參考：

〔註210〕《荀子・王制》，頁150。
〔註211〕《孟子・公孫丑下》，卷四上，頁1。
〔註212〕《戰國策・齊策一》，卷四，頁9。
〔註213〕同註210。
〔註214〕《左傳・僖公三十三年》，卷十七，頁129。
〔註215〕《左傳・昭公十六年》，卷四十七，頁367。

戰國時的商業利潤率簡表〔註216〕

時　　間	利潤率	材　料　來　源	其　　他
春秋末戰國初	10%	《史記・越王句踐世家》:「逐什一之利」。	
戰國後期	20%	《史記・蘇秦列傳》:「逐什二以爲務」。	
戰國後期	100%	《管子・治國》	毛利率
戰國西漢	20%	《史記・貨殖列傳》	農工商的平均利潤率
戰國西漢	30〜50%	《史記・貨殖列傳》:「貪賈三之,廉賈五之」。	

　　由上表可知,戰國以來,利率不斷成長,至戰國後期甚至達到百分之一百的厚利,商人所獲得的利潤之高由此可知,所以戰國時期經商致富的大商人,也遠較春秋爲多,「富商大賈,周流天下,交易之物莫不通,得其所欲」。〔註217〕著名者如:樂觀時變,善於經營穀米和絲漆的白圭。製鹽起家的猗頓。以冶鐵成業,與王者埒富的郭縱、卓氏、程鄭、宛孔氏、曹邴氏。畜牧大王的烏氏倮。守丹穴而擅其利數世的巴郡寡婦清等等。〔註218〕財富多到連君主都敬畏三分。甚者如邯鄲大賈呂不韋,竟能操縱秦國政事。可想見當時工商業之發達,商人財力之雄厚及影響力之大。但是商業提升經濟發展,卻也對農業產生衝擊。商人「蓄積待時,而佴農夫之利」,卻「聚斂倍農,而致尊過耕戰之士」,〔註219〕使農夫「用力最苦,而贏利少,不如商賈、技巧之人」〔註220〕,造成農貧而商富的局面。又,商人遷徙不定,不似農人易於掌控,故商業發達的國家,多開始明訂法令以爲制約,既促進了春秋法治思想之萌生,也促成戰國法家之興起。

　　中國文化經數百年的蓄積醞釀,迄春秋戰國,爲時五百餘年的動盪,使當時的政治、學術、社會與經濟,皆發生迅速且劇烈的變化。賢智之士於焉興起,應當世之需求,亟求解決之道,故能產生「百家爭鳴」的盛況。法家值此亂世而生,針對春秋戰國之政治、社會與經濟問題,都有獨到的見解,其思想影響戰國七雄之變法,關係密切。

〔註216〕楊生民:《中國春秋戰國經濟史》(北京人民出版社,1994年),頁114。
〔註217〕《史記・貨殖列傳》,卷一百廿九,頁16〜17。
〔註218〕同上註,卷一百廿九,頁13〜16。
〔註219〕《韓非子・五蠹》,卷十九,頁7。
〔註220〕《商君書・外內》,卷五,頁6。

第三章　三晉法家的出現

　　顧炎武云：「春秋時猶尊禮重信，而七國絕不言禮與信矣；春秋時猶尊周室，而七國則絕不言王矣；春秋猶言祭祀，重聘享，而七國則無其事矣；春秋猶言宗姓氏族，七國則無一言及之矣；春秋猶言宴會賦詩，而七國則不聞矣；春秋時猶有赴告策書，而七國則無有矣，邦無定交，士無定主。」〔註1〕可知春秋時代去禮治未遠，迄戰國，禮崩樂壞，各國為求富強，故法家人物繼起政壇變法，法家思想於焉成形。至韓非集法家之大成，將法術理論完整化，終使法家獨立為一家之學。

　　陳啓天先生認為：「春秋時代，只是法家起源的時代。各國施政雖有近於法家的一種新趨向，但以守舊的勢力甚大，不易養成純粹的法家。求諸歷史，我們只能發現齊管仲與鄭子產是這個時代的法家，可以算是後來法家的先驅。」〔註2〕王曉波先生則以「變古」的實踐作標準（包括「作新令」、「鑄刑書」等的變法），認為史籍可見之春秋法家，至少有管仲、子產和鄧析三人。〔註3〕胡適先生以為先秦無法家。〔註4〕實則不然，先秦諸子之中，儒、墨最

〔註1〕　明・顧炎武撰，清・黃汝成集釋：《日知錄集釋》（上）卷十三，周末風俗條，頁304。
〔註2〕　陳啓天：《中國法家概論》，頁39。
〔註3〕　王曉波先生說道：「春秋法家也許不止於管仲與子產二人，然今天能有資料記載足以作討論的，倒是只有管仲、子產和鄧析三人最為重要，……（管子、子產）雖有法家傾向，但也不同於戰國時代的法家，……這是一種歷史條件的限制。」《先秦法家思想史論》，頁2。
〔註4〕　胡適先生認為：「古代本沒有什麼『法家』，……中國古代只有法理學，只有法治的學說，並無所謂法家。」《中國古代哲學史》（臺北：遠流出版事業股份有限公司，1994年），頁317。

早成爲學術集團之名，〔註5〕法家之名遲至西漢始見，先秦無正式的「法家」名稱，〔註6〕但不代表先秦無後人所謂法家之人物。本論文所謂法家，即統稱先秦被視爲具有法家思想特質的人物。法家以實際的變法者姿態，立足於政治領域中，遠較其他同時代學術具有更強的時代性與實踐性，不單影響當世，並深深影響了後世的學術思想。

法家之法非僅指法律，實包括國家一切制度，《尹文子‧大道上》云：「法有四呈，……一曰不變之法，君臣上下是也。二曰齊俗之法，能鄙同異是也。三曰治眾之法，慶賞刑罰是也。四曰平準之法，律度權量是也。」〔註7〕這一段文字，可代表法家所謂法的大概。

戰國七雄爭立，競相變法維新，主導變法者國籍以三晉爲多，故三晉爲法家之發源地。本章將討論戰國時期各國的變法運動，以及分析三晉法家產生背景和晉法入秦的發展路線。

第一節　變法運動

中國進入戰國，各國之間兼併更爲激烈，由周初封建而來的國家，所剩無幾，且多衰微，如：魯受制於三桓；衛勢日消，自貶曰侯；吳滅於越；陳蔡滅於楚；鄭滅於韓。即使尊爲春秋五霸的齊、晉、宋、秦四國，也出現內部分裂，如：田氏代齊；三家分晉；宋爲齊、魏、楚所瓜分。最後形成韓、趙、魏、齊、楚、燕、秦七大強國對峙的局面。各國之間又互懷兼併野心，如：齊欲滅燕；魏欲亡秦；楚欲北侵；秦欲東進。加上經濟與軍事的進步，使各國在內外形勢的促使下，爲爭勝圖存，紛紛進行程度不等的政治改革，力謀富強。

一、三晉的變法圖強

晉昭公以後，六卿（趙、魏、韓、知氏、范氏和中行氏）彊而公室卑，有瓜分晉國之勢。〔註8〕晉出公十七年（493B.C），知伯與趙、韓、魏共分范、中

〔註5〕《孟子‧盡心下》：「逃墨必歸於楊，逃楊必歸於儒。」卷十四下，頁1。
〔註6〕《史記‧太史公自序》引司馬談〈論六家要旨〉之言，分先秦學術爲陰陽、儒、墨、名、法、道德六家。卷一百三十，頁7。
〔註7〕陳啓天先生認爲：「《尹文子》雖是僞書，然此段所說，實可表示法家所謂法的大概。」《中國法家概論》，頁4。
〔註8〕《史記‧晉世家》載：「昭公六年卒，六卿彊，公室卑。子頃公去疾立，……

行地以爲邑。晉哀公時，國政皆決於知伯，哀公已徒具虛名。〔註 9〕哀公四年
（453B.C），趙襄子、魏桓子和韓康子共殺知伯，盡并其地，而有「三家分晉」
的局面。戰國初期，魏、韓、趙三國先後實行變法，成爲強國，並於晉烈公十
九年（403B.C），迫使周天子賜命他們爲諸侯。晉靜公二年（349B.C），魏武侯、
韓哀侯和趙敬侯，滅晉後而三分其地，名義上的晉國終於滅亡。韓、趙、魏三
國雖取得了晉國的政權，但晉國舊有的傳統在各方面仍有很深的影響。爲了圖
強，鞏固自己的地位，三國先後都進行了改革，其中又以魏國最先進行變法。

（一）魏文侯用李悝變法

　　魏之先，被周武王封於畢，其後絕封爲庶人。其苗裔事晉，而爲晉之大
夫，封於魏。三家分晉後，魏文侯成爲獨立後的魏國的第一位國君，他在位
期間（445～396B.C），頗能尊賢禮士，優禮田子方、子夏、段干木、西門豹、
李悝、吳起等人，使國人稱仁，並得譽於諸侯，〔註 10〕使魏國成爲戰國初
期的文化中心。〔註 11〕在魏文侯的改革當中，以用李悝爲相，進行變法的成
效最大，太史公曰：「魏用李克（司馬貞以爲李悝之誤），盡地力，爲彊君。
自是之後，天下爭於戰國。」〔註 12〕魏李悝之變法實開啓戰國變法風氣之
先。

　　關於李悝的生平事跡，留下的史料很少。《史記・孟子荀卿列傳》云：「魏
有李悝，盡地力之教。」〈貨殖列傳〉則云：「當魏文侯時，李克務盡地力。」
司馬貞《史記索隱》注曰：「《漢書・食貨志》，李悝爲魏文侯作盡地力之教，國
以富強。今此及《漢書》言『克』，皆誤也。劉向《別錄》則云『李悝』也。」
〔註 13〕郭沫若先生在〈前期法家的批判〉一文中，以爲：「克、悝本一聲之轉，
二人時代相同，地位相同，思想相同，而李悝盡地力之教，在《史記・貨殖列
傳》及〈平準書〉則說：『李克務盡地力』。」〔註 14〕所以李克就是李悝。陳啓

　　　十二年，六卿欲弱公室，乃遂以法盡滅其族，而分其邑爲十縣，各令其子爲
　　　大夫。晉益弱，六卿皆大。」卷三十九，頁 88～89。
〔註 9〕 同上註，出公死，知伯立昭公曾孫驕爲晉君，是爲哀公，所以晉國國政皆決
　　　於知伯，哀公不得有所制。卷三十九，頁 91～92。
〔註 10〕《史記・魏世家》，卷四十四，頁 8～9。
〔註 11〕黃建中：〈先秦學術與環境〉，《大陸雜誌》第十六卷第十期，1958 年 10 月 15
　　　日，頁 292。
〔註 12〕《史記・平準書》，卷三十，頁 46。
〔註 13〕《史記・貨殖列傳》，卷一百廿九，頁 13。
〔註 14〕郭沫若：《十批判書》，頁 318。

天先生亦云「李悝，或稱李克。……李悝、吳起為戰國法家的先導。」〔註15〕不僅以克、悝二人為同一人，更視其為戰國法家的先驅人物。

《漢書・藝文志・諸子略》有《李子》三十二篇，列於法家之首，註云：「名悝，相魏文侯，富國強兵」；儒家類有《李克》七篇，註云：「子夏弟子，為魏文侯相」；兵權謀家有《李子》十篇，沈欽韓《漢書疏證》疑為李悝。〔註16〕但皆亡佚，故不知是否有李悝所作或三者之間可有關連。今論李悝變法，由於李悝無專傳，而傳為李悝所著的《李子》三十二篇和《法經》六篇也都失傳。故僅能從散見古籍中的相關記載，略述其梗概。

李悝變法的內容存於史料中的有四個重點：第一是廢除官爵世襲制。

根據《說苑・政理》記載：他主張「為國之道，食有勞而祿有功，使有能而賞必行，罰必當。」凡事要名實合一，信賞必罰，所謂無功不受祿也。基於此，那些「出則乘車馬衣美裘，以為榮華；入則脩竽瑟鍾石之聲，而安其子女之樂，以亂鄉曲之教。」對國家無所貢獻的貴族，就是國家的「淫民」。對於這些淫民，李悝主張「奪其祿，以來四方之士」。李悝廢除世卿世祿制，正是替新興的知識份子提供有利的條件。這項變法措施，到了秦國的商鞅變法時，也被商鞅所運用。

第二是發展農業。即《史記》與《漢書》所稱「盡地力之教」。李悝認為治田勤謹，可以使農產量大增，〔註17〕所以針對殘存的井田制，提出「廢溝洫」的主張，剷除井田疆界，鼓勵人民自由開墾，以提升農業生產力。後人評價這件事時稱「井田廢，溝澮湮，水利所以作也，本起于魏李悝。」〔註18〕這項舉動，也為後來的各國變法開了先例。此外，李悝也重視農產價格和田稅對民生的影響，認為：「糴甚貴，傷民；甚賤，傷農。民傷則離散，農傷則國貧。故甚貴與甚賤，其傷一也。善為國者，使民毋傷而農益勸。」〔註19〕

〔註15〕 陳啓天：《中國法家概論》，頁48。認為李克即李悝的還有章太炎、稽哲、徐文助等學者。由於克、悝二人史料甚少，郭沫若所云亦言之有理，故本文以二者為同一人。

〔註16〕 但姚明煇《漢志注解》疑兵權謀家的《李子》十篇為李牧所作。《漢書》卷三十，頁60。

〔註17〕 《漢書・食貨志上》載：「李悝為魏文侯作盡地力之教，以為地方百里，提封九萬頃，除山澤邑居，參分去一，為田六百萬畝。治田勤謹，則畝益三升，不勤則損亦如之。」卷二十四上，頁7。

〔註18〕 朱淑瑤、徐碩如：《春秋戰國史話》（臺北：木鐸出版社，1986年），頁113～115。

〔註19〕 《漢書・食貨志上》，卷二十四上，頁7。

李悝因而實行「平糴法」：

> 歲有上中下孰，上孰其收自四餘四百石；中孰自三餘三百石；下孰自
> 倍餘百石。小飢則收百石；中飢七十石；大飢三十石。故大孰則上糴
> 三而舍一；中孰則糴二；下孰則糴一，使民適足貴平則止。小飢則發
> 小孰之所斂；中飢則發中孰之所斂；大飢則發大孰之所斂而糴之。故
> 雖遇饑饉水旱，糴不貴而民不散，取有餘以補不足也。〔註20〕

調整物價，具體的將豐收、歉收、好地、壞地等不同的糧價和產量加以分別，取豐年之有餘，補歉年之不足，使農民不會被商人等剝削。藉以鼓勵農民耕種，增加府庫糧食。「行之魏國，國以富強。」〔註21〕說明了此法在當時取得了相當大的成效。

第三項也是最重要的就是推行法治。《晉書・刑法志》云：「律文起自李悝，悝撰次諸國法，著《法經》。」李悝研究各國的法律後，總結各國的優缺點，制訂出《法經》這部法典。《法經》是目前史書所載，可考的中國第一部完整成文法典。這部法典，是當時魏國加強內政的主要依據，商鞅見其成效，入秦後取《法經》為秦律藍本。〔註22〕之後漢承秦制，《法經》也深深影響了後世的法治。惜《法經》原文已佚，僅存〈盜法〉、〈賊法〉、〈囚法〉、〈捕法〉、〈具法〉、〈雜法〉六篇目名。然其主要內容，現從《晉書・刑法志》、《唐律疏議》的記載中，仍可見其梗概。李悝變法的結果，應可令魏國治安改善，從而使魏國經濟迅速發展，國力逐漸強大，成為戰國初年的強國。

第四是強兵政策。韓非言李悝曾為了強化人民作戰時的射箭能力，而下令斷訟以射，〔註23〕間接強化人民射箭技巧，日後作戰時，果不其然，一舉打敗秦國。

《荀子・議兵》論魏之兵制：「魏氏之武卒，以度取之，衣三屬之甲，操十二石之弩，負服矢五十個，置戈其上，冠軸帶劍，贏三日之糧，日中而趨百里。中試則復其戶，利其田宅。是數年而衰，而未可奪也。」〔註24〕可知

〔註20〕《漢書・食貨志上》，卷二十四上，頁8。

〔註21〕同上註。

〔註22〕《晉書・刑法志》：「悝撰次諸國法，著《法經》。……商君受之以相秦。」唐・房玄齡：《晉書》（北京：中華書局，1985年），卷三十，志第二十，頁922。

〔註23〕《韓非子・內儲說上》：「李悝為魏文侯上地之守，而欲人之善射也，乃下令曰：『人之有狐疑之訟者，令之射的：中之者勝，不中者負。』令下，而人皆疾習射，日夜不休。及與秦人戰，大敗之，以人之善戰射也。」卷九，頁8。

〔註24〕郭沫若先生以為這種常備兵的設置，無疑便是所謂「吳起餘教」了。《十批判

魏兵篩選方式，十分嚴格，士兵要身穿三層盔甲，持重量達十二石的弓箭，背負五十枝箭，外加長矛與劍，攜帶三天的乾糧，一天內跑完一百里路，通過者方能成為士兵。當然人民願意接受這麼嚴格的訓練，必有大利引誘。如荀子所言，一旦考中士兵，就可以免除徭役，田宅也不收稅（一說給他好的田宅），即使日後年老體衰，其所享受的權利卻不會因此被剝奪。魏國執行李悝耕戰政策的結果，不但為魏國創造出大量的自耕農和中小地主階級，並且訓練出強勁的軍隊，屢次擊敗當時尚未進行變法的秦國。〔註25〕

吳起繼之，更是進一步強化魏國的軍事力量。《史記‧孫子吳起列傳》載吳起與田文〔註26〕論功，言己：「將三軍，使士卒樂死，敵國不敢謀。……治百官，親萬民，實府庫。……守西河，而秦兵不敢東鄉，韓、趙賓從。」《呂氏春秋‧執一》則載吳起言己對魏國之功有三，第一、「治四境之內，成馴教，變習俗，使君臣有義，父子有序」；第二、「今日置質為臣，其主安重；今日釋璽辭官，其主安輕」；第三、「士馬成列，馬與人敵，人在馬前，援枹一鼓，使三軍之士，樂死若生。」說明了在吳起主持魏國軍政期間，魏國軍士鬥志之高昂與軍容之壯盛，達到使秦兵不敢東鄉，韓、趙賓從的強盛局面。

魏國因為文侯重用李悝進行變法，為魏國帶來一時的成功，但卻不能持久，終至國勢由強轉弱，原因有二，一是魏國長期以來的外患未除，魏國自晉國分出後，仍與趙、韓等國互相征戰，東有齊國、西有秦國、南有楚國的虎視眈眈，戰事不斷，使國力衰弱。二是魏君態度忽儒忽法，政策擺盪，使變法無法貫徹。魏文侯一面任用李悝變法，以翟璜、吳起、西門豹、樂羊等支持法治的人物為臣；一面尊儒家人物子夏、段干木、田子方為師。師與臣的對比，終於是儒家勢力得勝，法家屈居下風。〔註27〕李悝的變法也就在後繼無人的狀況下，隨人亡而政息了。

書》，頁320。黎彬〈李悝的變法鬥爭和他的法治思想〉，卻引此文以說明李悝的耕戰政策，似乎以此軍制代表李悝的勸戰思想。（原載《光明日報》，1974年6月27日。）

〔註25〕《史記‧魏世家》：「魏文侯十六年（秦靈公十六年），伐秦，築臨晉、元里。十七年……西攻秦，至鄭而還，築雒陰、合陽。……三十二年，伐鄭，城酸棗，敗秦于注。」卷四十四，頁7～12。

〔註26〕郭沫若：《十批判書》，校訂田文為商文，頁320。

〔註27〕《史記‧魏世家》載魏文侯以翟璜、吳起、西門豹等人為臣；尊卜子夏、田子方、段干木三人為師，且任用魏成子為相。由此可看出儒家在魏國的政治地位，高於法家，魏國重儒勝於重法。

（二）趙烈侯與武靈王的改革

　　魏國變法後，趙國也進行政治改革。趙烈侯（409～387B.C）任用公仲連為相，進行改革。尊牛畜為師，以「行仁義，約以王道」為教化之本；以荀欣為中尉，稟持「選練舉賢，任官使能」的原則，選任官吏與指揮作戰；以徐越為內使，本著「節財儉用，察度功德」的原則，徵收田租和考核臣下功績。〔註28〕和魏國一樣，趙國也是儒、法兼用。牛畜主張「行仁義，約以王道」，是儒家政策；荀欣主張「任官使能」和徐越主張「節財儉用，察度功德」，是法家政策。趙國的改革，到了趙敬侯時，更進一步強化軍事與經濟發展，使趙國在戰國初成為一新興強國。

　　趙武靈王時，以「中山在我腹心，北有燕，東有胡，西有林胡、樓煩、秦、韓之邊，而無彊兵之救，是亡社稷」〔註29〕之故，思謀改革，主張「胡服」、「騎射」。騎射是招騎兵；衣胡服有二層意義：一是見北方強悍善戰的胡人，作戰時身著短衣，行動輕便，戰鬥力旺盛。而趙軍，武器雖優，但多為步兵和車兵混合編制的軍隊，且士兵衣寬袍大袖與沈重盔甲，行動十分不便。故決定向胡人學習，以胡服行騎射。二是為同化胡人，泯除夷夏之分。〔註30〕這項舉動遭到趙武靈王叔父與公子們的大力反對，然趙武靈王以「先王不同俗，何古之法？帝王不相襲，何禮之循？……隨時制法，因事制禮，法度制令，各順其宜，衣服器械，各便其用。故禮也不必一道，而便國不必古。……故諺曰：『以書御者，不盡馬之情；以古制今者，不達事之變。』循法之功，不足以高世；法古之學，不足以制今。」〔註31〕說服反對人士，進行胡服改革。改革不到一年，趙國就打敗過去常侵擾邊境的中山國，還在北方開闢了上千里的疆域，使趙國重入強國之林。趙國的胡服改革，在當時產生極大的影響，齊、楚等國均加效法。各國紛紛仿胡服，沖淡了戰國時盛行的夷劣華優觀，大大促進了戰國時期的民族融合，為秦漢一統打下基礎。〔註32〕

〔註28〕《史記‧趙世家》，卷四十三，頁 37。
〔註29〕同上註，卷四十三，頁 50。
〔註30〕魏建震〈趙武靈王胡服騎射改革新研〉曰：「趙武靈王改革的目的，在於繼簡襄之意，計胡狄之力，以長北方。拋棄中原鄙視周邊少數民族文化的世俗觀念，拋棄既不可以使遠方來朝，又使三晉積弱的仁義道德，實行胡服改革，使趙國的服飾接近胡人，以改變長期胡漢對立心理，爭取胡人融合，以為己用。達到可以毋盡百姓之勞，而續往古之勛。」《河北師院學報》，1996 年第四期，頁 102。
〔註31〕《史記‧趙世家》，卷四十三，頁 58、60。
〔註32〕魏建震〈趙武靈王胡服騎射改革新研〉認為：「齊田單攻狄不下，齊國小兒歌

　　趙武靈王衣胡服、招騎射主要是應付外患而做的作戰方式的變革。法家重農戰，趙國當時在「戰」上有極大的成就，而武靈王變古改革的觀點，也是法家所重視的。其後卻因為趙國內部的權力傾軋，公子爭權，使趙國陷入動亂不安的局面。

（三）韓昭侯用申不害脩術行道

　　韓在立國之後，也進行了一些改革，但不如魏、趙。韓昭侯時（362～333B.C）任用申不害為相，實行術治，進行改革。申不害與商鞅同時，較商鞅遲一年死，其掌韓政較商鞅掌秦政晚。申子資料流傳下來的很少，《史記・老子韓非列傳》僅言：「申不害者，京人也，故鄭之賤臣，學術以干韓昭侯。昭侯用為相，內脩政教，外應諸侯。十五年，終申子之身，國治兵彊，無侵韓者。申子之學，本於黃老，而主刑名。著書二篇，號曰《申子》。」申不害是鄭的遺臣，鄭國本是春秋時代施行成文法最早的國家。鄭國子產曾以法刑治理國家，並周旋於晉、楚二霸國之間，唯子產的繼承者不能堅持法治，且國小勢弱，終於為韓所滅。鄭亡後，申不害卻見重於求治的韓昭侯，被委以為相，加強了韓國之君主集權，使韓國的政權穩定一時，國勢也比較強。《史記・韓世家》云：「（韓昭侯）八年，申不害相韓，脩術行道，國內以治，諸侯不來侵伐。」

　　申子對韓國的改革，主要表現在「內脩政教、外應諸侯」〔註33〕上。歷來多稱申子用術，《韓非子・定法》即言申不害用術，而「術者，因任而授官，循名而責實，操殺生之柄，課群臣之能者也，此人主之所執也。」申子之術，以《申子》失傳，已難得其原貌，現存較完整的只有《群書治要》卷三十六所引的〈大體〉篇，餘皆為散見史書的斷章殘句。略言之，其術治學說的主要內容，就是要國君靜觀無為，掌握生殺大權，喜怒不形於色，以此控制群臣。君主之術正是法家所一再強調的。郭沫若先生以為申不害貴「因」，貴「術」，均取自慎子，以法為依歸，以「法制禮籍立公義」，在法之前即人君亦不能「以心裁輕重」，所謂「大君任法而弗躬」，「上下無事，唯法所在」，這也是把李悝、吳起的具體措施理論化。〔註34〕申子雖然重術勝於重法，但畢竟也言法，如《藝文

日：『大冠若箕，修劍拄頤，攻狄不能，下參枯丘。』魯仲子也曾經對田單說：『當今將軍東有夜邑之奉，西有菑上之虞，黃金橫帶，而馳乎淄澠之間。』南方的楚國，戰國末期已有『小腰秀頸，若鮮卑指。』的記載。」凡此等等，都是仿胡服的證據。頁105。
〔註33〕《史記・老子韓非列傳》，卷六十三，頁12。
〔註34〕郭沫若：《十批判書》，頁341～347。

類聚》第五十四引申子曰：「堯之治也，善明法察令而已。聖君任法而不任智，任數而不任說，黃帝之治天下，置法而不變，使民而安不安，樂其法也。」〔註35〕又「君必有明法正義，若懸權衡以稱輕重，所以一群臣也。」〔註36〕然據《韓非子‧外儲說左上》載：「韓昭侯謂申子曰：『法度甚不易行也。』申子曰：『法者，見功而與賞，因能而授官。今君設法度，而聽左右之請，此所以難行也。』……一日，申子請仕其從兄官。」可知申子雖然知道法的重要性，但在施行上，還是不免有徇私枉法之處，這也是為後來韓非所批評的。

　　王曉波先生認為：「申不害的政治學說就是根據在『術』的方法論上的。『因法』是其『術』的運用之一，故有『君必明法正義，若懸權衡以稱輕重，所以一群臣也』的主張。……申不害的『法』具有二層意義：一是聖君任法不任智；二是置法而不變。……所以從政治思想而論，申不害不但是梁啟超所言的術治主義者，實在也是個法治主義者。申不害的法治思想，更是與先秦法家一脈相連，並是重要的一環，而一直影響到韓非。」〔註37〕

　　申不害變法，使韓國在動亂的情勢下享有十五年的安定。但好景不常，申不害死後，韓國又陷入混亂狀況。韓非以為韓國的失敗就在於：一、申不害用術不精到，申子言：「治不踰官，雖知弗言。」韓非以為：「治不踰官，謂之守職也可；知而弗言，是不謁過也。人主以一國目視，故視莫明焉；以一國耳聽，故聽莫聰焉。今知而弗言，則人主尚安假借矣。」〔註38〕二、未能充分發揮法治精神，使當時韓國存在著「晉之故法未息，而韓之新法又生；先君之令未收，而後君之令又下。」〔註39〕良民無所錯其手足；而姦人則「利在故法前令，則道之；利在新法後令，則道之。新故相反，前後相悖，則申不害雖十使昭侯用術，而姦臣猶有所譎其辭矣。」〔註40〕終於導致國家衰亡。

二、齊、楚的變法圖強

　　繼三晉的改革後，齊與楚也進行改革與變法。齊國自春秋時代，在管仲

〔註35〕《藝文類聚‧刑法部》（臺北：中文出版社，1980年），頁969。
〔註36〕同上註。
〔註37〕王曉波：〈申不害的重術思想研究〉，《大陸雜誌》第五十一卷第四期，1975年10月15日，頁428。
〔註38〕《韓非子‧定法》，卷十七，頁5。
〔註39〕同上註。
〔註40〕同註38。

輔佐下成爲五霸首霸後，一直保持強國姿態，所以進入戰國後，國勢仍盛。
威王改革後，國力更壯盛，最爲強國，號令天下。楚國從春秋以來，就一直
想擠入中原政治圈，不斷在政治與經濟文化上加強，迄戰國已成爲雄踞南方
的強國，唯內政時治時亂，至楚悼王時，廣招賢才，重用吳起等人進行改革，
終於使楚國更爲強盛。

　　燕國則以地近北方，屢受山戎侵擾，國力不振，即使改革也無力挽救頹
勢，成爲七雄中改革最失敗的一國，且燕國的改革距與法家思想最遠，故不
在本章討論之列。秦國地處西戎，秦繆公知人善任，勵精圖振，使秦國國力
達於鼎盛。秦孝公時，有意恢復繆公霸業，下召賢令，得商鞅主持變法，使
秦國一躍而爲強國之林，東方六國莫不懼怕。秦孝公死後，商鞅亦見殺，唯
秦君不以人廢法，繼續貫徹商君之法，終至完成兼併六國的大業，秦國的變
法是法家變法中最成功的例子，將留待下章專節討論。

（一）齊威王用鄒忌進行改革

　　齊國任用鄒忌進行改革，和韓國任用申不害進行改革、秦國任用商鞅變法，
幾乎是同時的。田氏得齊民心，宗族益彊，終於取代姜齊。其後傳位至齊威王，
威王即位後，政事不治，委政卿大夫，九年間，韓、趙、魏、魯、衛等國陸續
侵佔齊地，使諸侯並伐，國人不治。〔註41〕大臣淳于髡力勸威王，王始決心整
頓內政外交，對內「賞即墨大夫，烹阿大夫及左右嘗譽之者。」選良吏，黜奸
吏；對外奪回失地，「西擊趙、衛，敗魏於濁澤，而圍惠王，惠王請獻觀以和解，
趙人歸我長城。」威王的改革，不但使齊國震懾，人人不敢飾非，務盡其誠，
齊國大治，更令諸侯聞之，莫敢致兵於齊二十餘年。〔註42〕

　　是時齊威王又用鄒忌爲相。鄒忌承淳于髡之教，進行改革，對國君採取
「謹毋離前」、「謹事左右」的方式；對臣下採取「謹擇君子，毋雜小人其間」、
「謹修法律而督姦吏」的原則；對人民主張「自附於萬民」，〔註43〕並教威王
廣開言路，虛心接受國人的勸諫。〔註44〕使齊國的國勢更加強盛。這些「謹

〔註41〕　《史記・田敬仲完世家》：「齊威王元年，三晉因齊喪，來伐我靈丘。三年，
　　　　　三晉滅晉後，而分其地。六年，魯伐我入陽關，晉伐我至博陵。七年，衛伐
　　　　　我取薛陵。九年，趙伐我取甄。」卷四十六，頁18。
〔註42〕　同上註，卷四十六，頁20。
〔註43〕　同註41，卷四十六，頁22～23。
〔註44〕　《戰國策・齊策一》載威王聽鄒忌勸，下令：「群臣吏民，能面刺寡人之過者，
　　　　　受上賞；上書諫寡人者，受中賞；能謗譏於市朝，聞寡人之耳者，受下賞。」

毋離前」、「謹事左右」與「謹擇君子，毋雜小人其間」、「謹修法律而督姦吏」的政策，無疑都為法家所取。

另一方面，齊威王十分重視人才，《史記·田敬仲完世家》載：「（齊威王）二十四年與魏王會田於郊，魏王問曰：『王亦有寶乎？』威王曰：『無有。』梁王曰：『若寡人國小也，尚有徑寸之珠，照車前後各十二乘者十枚，奈何以萬乘之國而無寶乎？』威王曰：『寡人之所以為寶與王異。吾臣有檀子者，使守南城，則楚人不敢為寇東取，泗上十二諸侯皆來朝。吾臣有盼子者，使守高唐，則趙人不敢東漁於河。吾吏有黔夫者，使守徐州，則燕人祭北門，趙人祭西門，徙而從者七千餘家。吾臣有種首者，使備盜賊，則道不拾遺，將以照千里，豈特十二乘哉？』梁惠王慚，不懌而去。」足見威王之知人善任，莫怪乎「齊最彊於諸侯，自稱為王，以令天下。」〔註45〕

此外，齊威王也獎掖學術，繼齊威王之後的齊君，不但在稷下設學宮，招攬各地人才，並尊禮文學游說之士，使齊稷下之學在齊宣王時達於鼎盛，成為繼戰國初期魏文侯禮賢後，戰國中期的文化中心。〔註46〕然其後卻因燕、秦、楚、三晉合攻之下，齊湣王被殺，齊國勢疲弱；又秦國用張儀連橫之計成功，逐一併滅韓、趙、燕、魏、楚五國，於是齊襄王聽相后勝計，不戰而以兵降秦，天下遂一統於秦。

（二）楚悼王用吳起變法

春秋以來，楚國的經濟文化都有了迅速的發展，但當韓、趙、魏、齊等國都在進行改革時，楚國內政仍掌控於昭、景、屈三大貴族手中，使楚國政騷民疲，內亂不斷。如：楚聲王六年（402B.C），盜殺聲王。〔註47〕楚悼王立（401.B.C～381B.C），內外矛盾更加突出，並接連被三晉和秦打敗。楚悼王為求改變現狀，重用吳起進行變法。〔註48〕吳起者，衛人也，好用兵，嘗學於曾子。為獲功名，母死不歸；又殺妻以為魯將，後以人謗而遭魯君猜忌。去魯至魏。魏文侯以李

　　　卷四，頁5。
〔註45〕《史記·田敬仲完世家》，卷四十六，頁24～27。
〔註46〕《史記·孟子荀卿列傳》云：「齊威王、宣王用孫子、田忌之徒，而諸侯東面朝齊。」又，《史記·田敬仲完世家》云：「宣王喜文學游說之士，自如騶衍、淳于髡、田駢、接子、慎到、環淵之徒，七十六人，皆賜列第為上大夫，不治而議論，是以齊稷下學士復盛，且數百千人。」
〔註47〕《史記·楚世家》，卷四十，頁49。
〔註48〕《史記·孫子吳起列傳》，卷六十五，頁18。

悝言其「用兵，司馬穰苴不能過也」，任以爲將，擊秦兵。又以之爲西河守，拒秦、韓。後以公叔爲相，尚魏公主而害吳起，使魏武侯疑起而弗信之。吳起懼得罪，遂之楚。楚悼王素聞起賢，故以吳起爲令尹，主持變法。〔註49〕吳起在魏國的時間較長，在楚國的時間較短。他在魏所做的貢獻主要是軍事方面，《戰國策·魏策一》載魏公叔痤爲魏將，與韓、趙戰澮北，痤獲勝，魏惠王郊迎，賞田百萬，痤辭曰：「夫使士卒不崩，直而不倚，棟撓而不避者，此吳起餘教也。」惠王遂索吳起之後，賜之田二十萬。郭沫若先生認爲吳起也是法家的一位重要人物，在先秦文獻中，言兵時固然以孫、吳對舉；而言法時則是以商鞅、吳起對舉的。吳起並不是單純的一位兵家，即就兵法來說，應該只是法的一個分枝。〔註50〕

　　吳起入楚後，直言悼王：楚有地千里，兵百餘萬，卻不能稱霸，歸因於「大臣太重，封君太眾」。〔註51〕於是首先對貴族進行壓制，主張「廢公族疏遠者」〔註52〕、「使封君之子孫，三世而收爵祿」，〔註53〕將封君超過三代者以及公族過五輩者，其特權與俸祿取消。令「貴人往實廣虛之地」〔註54〕、「損其有餘而繼其不足」，〔註55〕收回貴族封地，遷貴族於邊遠荒地開墾，取貴族之有餘，以補充人民之不足。這麼做，一方面集權中央，打擊貴族勢力；一方面開發了邊疆，發展了經濟。但是政令剛下達，就遭到保守勢力的反彈，責怪悼王「逆天道，戾人理」，認爲吳起變法是「變其故異其常」，是楚國的「禍人」。〔註56〕

　　內政上，吳起一方面「明法審令，捐不急之官」，〔註57〕強調以法爲治，因能授官，裁汰冗官及其官俸，杜絕官吏互相勾結，以維持國家政治清明。一方面「破馳說之言縱橫者」〔註58〕、「塞私門之請，壹楚國之俗」，〔註59〕禁止縱橫家言與私門請託，使「私不害公，讒不蔽忠，言不取苟合，行不取

〔註49〕《史記·孫子吳起列傳》，卷六十五，頁18。
〔註50〕郭沫若：《十批判書》，頁319。
〔註51〕《韓非子·和氏》，卷四，頁7。
〔註52〕同註49。
〔註53〕同註49。
〔註54〕《呂氏春秋·貴卒》，卷二十一，頁10。
〔註55〕《說苑·指武》，卷十五，頁2。
〔註56〕《淮南子·道應》，卷十二，頁9～10。
〔註57〕同註49。
〔註58〕同註49。
〔註59〕《戰國策·秦策三》蔡澤語，卷三，頁73。

苟容，行義不顧毀譽」，〔註60〕整頓楚國官場歪風。軍事上，吳起「要在彊兵」，〔註61〕把冗官裁撤下來的錢，用來養戰士，獎勵軍功，並強化軍隊作戰能力。〔註62〕務求能屬甲兵以爭於天下，建立一支驍勇善戰的軍隊。據《史記・孫子吳起列傳》載，吳起變法後，「南平百越，北并陳、蔡，卻三晉，西伐秦，諸侯患楚之彊。」

然吳起的改革卻引起貴族們的不滿與憤怒，盡欲害吳起，所以當悼王一死，「宗室大臣作亂而攻吳起，吳起走之王尸而伏之，擊起之徒，因射吳起，并中悼王。……太子立，乃使令尹盡誅射吳起，而并中王尸者，坐射起而夷宗死者，七十餘家。」〔註63〕楚國的法令規定「麗兵於王屍者，盡加重罪，逮三族」，〔註64〕貴族不顧被夷族的懲罰，也要殺吳起，足見吳起變法廢除世襲貴族權力的徹底，與貴族對他怨恨之深。吳起在楚國的變法時間較短，只有十年，〔註65〕所以成效不比商鞅在秦的成功。起死後，楚國雖也成爲強國之一，在政治上有些改革，但軍政大權卻始終掌握在昭、景、屈三家手中，導致政治腐敗。故韓非嘆曰：「楚不用吳起而削亂，秦行商君而富彊。」〔註66〕

從前述各國的改革可見：

（1）從春秋以來禮治敗壞，法治適應時代需要逐步興起，到戰國時期各國爭相變法，都以打擊舊貴族、強調法治、強兵、土地重劃爲主要施政措施，這些都是法家的主張，被法家學者列爲重要施政，說明法家是針對當時政治實際狀況需要而興起的改革實踐派，他們認清了政治的現實是要配合各個時代而有所不同，所謂「治世不一道，便國不必古。」〔註67〕

（2）從戰國諸雄變法結果觀之，各國國君任用主持變法者，多數爲重法之士。表示諸侯國君也注意到在戰國的時代環境中，只有法家理論是最符合當世

〔註60〕 同上註，范雎語，頁71。

〔註61〕 《戰國策・秦策三》，卷三，頁73。

〔註62〕 《韓非子・和氏》：「減百官之祿秩，損不急之枝官……以奉選練之士。」卷四，頁7。

〔註63〕 同註61。

〔註64〕 《呂氏春秋・貴卒》，卷二十一，頁10。

〔註65〕 楊寬先生在討論楚國吳起的變法時，引《韓非子・和氏》云：「悼王行之期年而薨矣，吳起枝解於楚。」認爲其所謂「期年」，應該是十年。《戰國史》（臺北：谷風出版社，1986年），頁209。

〔註66〕 《韓非子・問田》，卷十七，頁4。

〔註67〕 《商君書・更法》，卷一，頁2。

所需，遠勝於道家、儒家、墨家等其他學派的理想過高，不切實際。再者，我們也可以發現能實行法家理論者，在當時多半獲致成功，達到國富兵強的境界。

（3）齊、楚、燕、魏變法，卻未獲致最後的成功，主要原因是由於上位者未能貫徹法治。《韓非子・有度》云：「國無常強，無常弱。奉法者強，則國強；奉法者弱，則國弱。荊莊王并國二十六，開地三千里，莊王之岷社稷也，而荊以亡。齊桓公并國三十，啓地三千里，桓公之岷社稷也，而齊以亡。燕昭王以河爲境，以薊爲國，襲涿方城，殘齊，平中山，有燕者重，無燕者輕，襄王之岷社稷也，而燕以亡。魏安釐王攻趙救燕，取地河東；攻盡陶魏之地；加兵於齊，私平陸之都；攻韓拔管，勝於淇下；睢陽之事，荊軍老而走；蔡召陵之事，荊軍破；兵四布於天下，威行於冠帶之國；安釐死，而魏以亡。故有荊莊、齊桓公，則荊、齊可以霸；有燕襄、魏安釐，則燕、魏可以強。今皆亡國者，其群臣官吏皆務所以亂，而不務所以治也。其國亂弱矣，又皆釋國法而私其外，則是負薪而救火也，亂弱甚矣。」具體說明了國君應貫徹以法治國，只有施行法治才是達到富國強兵的不二法門。

七雄中只有秦國能貫徹商鞅法治，不因人亡而使政息，故能稱霸七雄。

戰國時期各國變法表

人 名	年 份	變法名稱
魏文侯	445B.C	李克（悝）變法
趙烈侯	403B.C	公仲連進行改革
楚悼王	390B.C	吳起變法
秦孝公	359B.C	商鞅變法
韓昭侯	355B.C	申不害政治改革
齊威王	348B.C	鄒忌進行改革
趙武靈王	307B.C	胡服騎射

第二節　三晉出法家原因探微

陳啓天先生在〈韓非及其政治學〉一文中，提到戰國七雄任法的原因在於：「七個新興國家一面要求對外能生存與發展，一面要求對內能改革與統一，以確立君主政治。要完成這種要求，便不得不變法維新。」〔註68〕國際

〔註68〕陳啓天：《增訂韓非子校釋》（臺北：臺灣商務印書館，1994年），頁916。

間動輒兵戎相見，殺人盈野，使諸侯無不以增強國力爲首要目標。相較於儒家倡仁政，言禮樂的高理想性；道家小國寡民，無爲而治的飄渺；墨家刻苦、非攻、兼愛，難於力行；法家從君主立場出發，樹威信、嚴法治、勸農戰，立竿見影的效果，較能獲得各國執政者接受，所以法家思想在戰國大爲風行。劉向在〈戰國策書錄序〉的話，亦可用以說明法家的興起原因：「戰國之時，君德淺薄。爲之謀策者，不得不因勢而爲資，據時而爲（脱字）：故其謀扶急持傾，爲一切之權，雖不可以臨教化，兵革救急之勢也。皆高才秀士，度時君之所能行，出奇策異智，轉危爲安，運亡爲存，亦可喜，皆可觀。」〔註69〕爲轉危爲安，運亡爲存，法家不得不提出強制的法治主張。

《漢書・藝文志・諸子略》記載戰國法家人物之發源地，如下：

魏：李悝、尉繚。

韓：申不害（故鄭之賤臣）、韓非。

趙：處子、慎到。

衛：商鞅、吳起。

楚：李斯。

嚴耕望先生在〈戰國學術地理與人才分佈〉云：「法家重要人物，除李斯外，不但皆爲三晉人（衛鞅在三晉疆域內），且其籍居，南自陽翟、新鄭，北至濮陽、邯鄲，直線距離不過約二百五十公里，東西距離更狹；李斯上蔡人，雖非三晉，但在陽翟、新鄭東南亦不過約一百二十公里。……法家（除李斯外）籍貫皆在三晉核心地帶，大河南北，縱橫範圍不踰三百公里，此一異也。」〔註70〕由地理位置上，可見法家集中於三晉，其原因分述如下。

一、歷史背景

昔日西周東封時，「分魯公以……殷民六族：條氏、徐氏、蕭氏、索氏、長勺氏、尾勺氏，使帥其宗氏，輯其分族，將其類醜，以法則周公，用即命于周，是使之職事于魯，以昭周公之明德。……分康叔以……殷民七族：陶氏、施氏、繁氏、錡氏、樊氏、饑氏、終葵氏，封畛土略，自武父以南，及圃田之北竟，取於有閻之土，以共王職。……命以康誥，而封於殷虛。皆啓

〔註69〕漢・劉向：《戰國策書錄序》（四部叢刊正編，臺北：臺灣商務印書館，1979年），頁3。

〔註70〕嚴耕望：《嚴耕望史學論文選集》，頁46。

以商政，疆以周索。……分唐叔以……懷姓九宗，職官五正。命以唐誥，而封於夏虛。啟以夏政，疆以戎索」〔註71〕是以魯、衛原商地，晉為夏墟。雖然三個國家都非周之本土，人民又多以夏、商的遺民為主，但是魯國是周公的封地，受周化最深（如韓宣子、季札至魯，才得觀昔周禮樂），經濟上也以農為主。衛、晉二國則周化不如魯國深，經濟上也以商為重，因而發展出不同於農業本位的思想。

（一）商業化早

沈剛伯先生在〈從古代禮、刑的運用探討法家的來歷〉一文中，以為法治思想之興與社會商業化有關，因為農業社會，「在井田制度尚未受到人口壓力時，人民與爵主都安土重遷，衣食無缺，正如班孟堅所說：『國籍十世之基，家承百年之業，士含舊德之名氏，農服先疇之畎畝。』爵主的財賦、武力，均出自農民，他因此有愛民之必要。農民平時所種的田地，患難中所期待的救濟保護，俱得自於爵主，也就願意效力。像這樣由利害相關而促成情誼相通，便自然會朝野合作，國泰民安了。」〔註72〕魯國以農為主，加之伯禽始封，變俗革禮，一切從周，又有天子禮樂，故去禮治未遠，所以孔子才想試行「導之以德，齊之以禮」的政治制度。

但在商業相當發達的國家，治術又有所不同了，沈剛伯先生云：「（商業國家）因為一城之中客商雲集，彼此交易而退，各自東西，情感上既無真誠之可言，行為自無秉禮之必要。便是本地商人，無論他是奔走國際以從事商戰，還是囤積居奇以坐謀壟斷，也總是畢生過著掂斤撥兩的生活，不能心安理得的來實行禮讓。況且一切商業行為，諸如貨物的運輸交易，金錢的往來兌換，債務的安排償付，一處與一處的辦法不同，一天比一天的關係複雜，甚至常有涉及國家利益與政治行動者。這些事絕非古昔傳統的質樸禮俗所曾顧到，必須有種種切合實際的契約，對之逐一作很客觀明確的規定，方使雙方遵守不渝。欲契約有效，必非『齊之以刑』不可。晉、鄭、衛等國，或在西周，或在東周，已經先後進入這樣的社會，自然會看得刑重於禮，於是乎法家諸子就在這些國家應運而生。」〔註73〕以下就分別就衛、鄭、晉三國的歷史背景作一論述。

〔註71〕《左傳·定公四年》，卷五十四，頁419～420。

〔註72〕沈剛伯：〈從古代禮、刑的運用探討法家的來歷〉，《大陸雜誌》第四十七卷第二期，1973年8月，頁57。

〔註73〕同上註。

1. 衛

　　武庚亂後，周公以武庚殷餘民，封康叔爲衛君，居河、淇間，故商墟。
〔註 74〕是以衛爲殷之故都，人民亦以殷民爲多數。衛國商業發展甚早，見
《詩經・衛風・氓》云：「抱布貿絲」；《尚書・酒誥》云：「純其藝黍稷，奔
走事厥考厥長。」胡適先生在〈說儒〉篇中，引徐中舒之言，曰：「商人即
殷人之後而爲商賈者」，又曰：「商賈之名，疑即由殷人而起。」〔註 75〕黃
顯功先生以爲殷人經商：「一方面是受當時『敬天保民』思想的影響，經商
是爲了『孝養厥父母』；另一方面是（周人）要被征服的殷商遺民，自食其
力地生活，即『妹土，嗣爾股肱』。因此從西周開始，『商人』就成爲從事商
品買賣人的代名詞，而一直沿用至今。可見，周公讓被征服的民族從事這種
職業的事情本身，就包含著周人有輕視商業的觀念。」〔註 76〕

　　衛承殷墟，殷人本爲游牧民族。〔註 77〕《尚書・酒誥》周公申告衛康叔，
取締殷民酗酒辭中有言：「肇牽車牛遠服賈。」可見衛受封之初，其民經商遠方
者已不在少數。〔註 78〕周人治衛，在普通司法與行政上是「啓以商政」，承襲了
殷之舊法；在經濟上則是「疆以周索」，依照周人的習慣，重劃土地。沒收戰敗
的殷民的土地，轉而分封給周朝的功臣將士。土地重劃後，失去田地憑藉的殷
遺民，爲求生存，更是轉而投身於商業貿易，四處奔走於各地之間。〔註 79〕商

〔註 74〕《史記・衛康叔世家》，卷三十七，頁 3。
〔註 75〕胡適：《胡適文存》第四集（臺北：遠東圖書公司，1979 年），卷一，頁 23。
〔註 76〕黃顯功：〈論戰國"重本抑末"政策產生的歷史必然性與影響〉，《先秦、秦漢
　　　　史》1985 年第十期，頁 47。
〔註 77〕根據《史記・殷本紀》的記載：「成湯自契至湯，八遷。……帝盤庚之時，……
　　　　迺五遷無定處。」說明殷人自始祖契至盤庚定都亳，中間多次遷徙，一直居
　　　　無定處，正符合游牧民族移居的特性。與周人農業民族的特質，截然不同。
　　　　從《詩經・大雅・緜》、〈生民〉和〈公劉〉等篇章，亦可見出周族以農立國
　　　　的本質。薩孟武先生認爲殷人不斷遷徙原因有二：「一是殷商本係遊牧種族，
　　　　故無城郭常處。二是代夏以後，雖由遊牧改爲農耕，但當時鐵器尚未發明，
　　　　在淺耕時代，地力既竭，自當率族移往，改墾新田。」《中國社會政治史》（臺
　　　　北：三民書局，1988 年），頁 17。
〔註 78〕從考古資料上看，在河南殷墟商王朝的中心地區，發現很多鯨魚骨、朱砂、
　　　　鹹水貝、綠松石以及占卜用的龜甲等，都是距離殷墟很遠的地方的產物。同
　　　　時，商王朝的青銅器，又在西至陝西，東至山東，南至江西、湖南，北至河
　　　　北、內蒙的廣大區域內，都有發現。可見商朝的商人行跡已經遍布遠方。《中
　　　　國文明史》（上）第二卷先秦時期，頁 237～238。）
〔註 79〕沈剛伯：〈從古代禮、刑的運用探討法家的來歷〉，頁 58。

人多行巧詐，爲怕官商勾結，以及殷民再次反叛，所以周武王告誡康叔曰：「外事，汝陳時臬司，師茲殷罰有倫」。又曰：「汝陳時臬事，罰蔽殷彝，用其義刑義殺。」孔穎達注曰：「陳是法事，其刑罰斷獄，用殷家眾常法，謂典刑故事。」楊筠如《尚書覈詁》也注曰：「用殷法斷罪也。」〔註80〕故從某一層面而言，衛國不可謂不是因殷遺民眾多且發展商業而導向法治。

周以小邦〔註81〕，而推翻殷人之霸權，爲中原之主，其政權統治基礎並不穩固，所遭遇的反抗也甚大。尤其殷人敗後，更糾合同盟，集合東夷勢力與管蔡二叔，圖謀復興。周王爲求政權之快速穩定，唯有一方面以天命觀念，賦予周朝之正統性。如《尚書・多士》云：「周公初于新邑洛，用告商王士。王若曰：『爾殷遺多士！弗弔，旻天大降喪于殷；我有周佑命，將天明威，致王罰，敕殷命終于帝。肆爾多士，非我小國敢弋殷命；惟天不畀允罔固亂，弼我；我敢求位？惟帝不畀，惟我下民秉爲，惟天明畏。……』」另一方面沿用殷之義刑義殺，其可用者取之，以治殷民。周用殷法，亦可見殷法可取者多，〔註82〕現存史料未見殷法內容，僅《韓非子・內儲說上》有論殷刑棄灰的記載：

> 殷之法，刑棄灰於街者。子貢以爲重，問之仲尼。仲尼曰：「知治之道也。夫棄灰於街，必掩人；掩人，人必怒；怒則鬥，鬥必三族相殘也。此殘三族之道也，雖刑之可也。且夫重罰者，人之所惡也；而無棄灰，人之所易也。使人行之所易，而無離所惡，此治之道也。」
> 一曰：殷之法，棄灰于公道者，斷其手。子貢曰：「棄灰之罪輕，斷手之罰重，古人何太毅也？」曰：「無棄灰，所易也；斷手，所惡也。行所易，不關所惡，古人以爲易，故行之。」

從這段文字可略知殷法之重，僅是棄灰於道，就可能會遭受斷手之重罰，故頗受後人爭議。韓非則借孔子之口說明重刑之原因及其必要性，明殷人已有

〔註80〕《尚書・康誥》，卷八，頁3～4。

〔註81〕《尚書・大誥》周自稱爲「小邦周。」《尚書・召誥》周稱殷爲「大邦殷。」《尚書・多士》周又稱殷爲「天邑商。」屈萬里先生疑作「大邑商」）。因爲周本是商王朝的諸侯之一，卜辭中常有「令周侯」的紀錄，以及周人向商王進貢龜甲、女子，受命從征服役，參與商王田獵活動等。《中國文明史》（上）第二卷先秦時期，頁15。

〔註82〕殷朝歷代君王對刑罰都十分嚴謹慎重，希望藉此督責人民走上正軌。《尚書・酒誥》云：「昔殷先哲王，迪畏天，顯小民，經德秉哲。自成湯咸至于帝乙，成王畏相。惟御事厥棐有功，不敢自暇自逸。……」從湯至帝乙都是明德慎罰的好君主，至紂王時沈迷酒色，才使周人有機可趁，慘遭滅國。

以重刑遏止人民犯罪的觀念。

衛頃侯時德衰，國力漸弱，卻未減其商業之繁榮；進入戰國，偪於三晉。《史記·衛康叔世家》：「三晉彊，衛如小侯屬之。……（衛）懷君三十一年朝魏，魏囚殺懷君，魏更立嗣君弟，是爲元君。元君爲魏婿，故魏立之。」終爲魏所併，然其傳統之刑名之學，反而益爲國人所鑽研，於是乎前有吳起相楚，後有商鞅相秦，使衛國傳統之法學，〔註83〕大顯於世。

2. 鄭

鄭至周宣王時才立國，較春秋諸國爲遲，但其社會與衛國相似，也是很早就商業化。見《左傳·昭公十六年》子產拒絕韓宣子求玉環時言道：「昔我先君桓公與商人皆出自周，……世有盟誓以相信也，曰：『爾無我叛，我無強賈，毋或匄奪。爾有利市寶賄，我無與知。』」鄭君與商人立盟誓，足見商人當時地位之高，對鄭國影響力之大。鄭地在雒之東土，河、濟之南，地近虢、鄶二國。武庚亂後，大部分人民被移往洛邑一帶，遂成廢墟。幽王時，桓公憂王室之亂，聽史伯之言，率眾徙鄭地，成立鄭國。〔註84〕

沈剛伯先生以爲鄭民多爲殷遺民後裔，「那些人的祖先在國滅家亡之後，被迫徙到戰勝者的勢力範圍內，無田可種，只得東奔西走，『逐什二以爲務』。其子孫也就成了世襲的商人，縱能重建故國，卻仍以商爲業。鄭國因此在開始的時候即已商業化，而桓公便不得不『修典刑以守之』，子產也就非尊重盟誓，加以保護不可了。鄭國商人勢力猶勝於衛，乃至常有在國際間從事於政治活動者。如：春秋時，秦師襲鄭，鄭商弦高犒秦軍，挽救鄭國之危，更是證明鄭國當時商人之富，勢力之大。鄭國的商業社會始終不變，所以其治國以典刑爲主的政策，也歷代不改。」〔註85〕

春秋時，鄭有子產鑄刑書、鄧析作竹刑，被視爲法家先聲人物，法家思想漸正成形。春秋中葉以降，國勢漸弱，戰國初，鄭君乙二十一年（375B.C），韓哀侯滅鄭，并其國。但鄭國傳統刑名學並未消失，韓國在滅鄭後，吸收其法治思想，韓昭侯並任用申不害（故鄭之賤臣）爲相，修術行道，使韓國名列當時強國之一。

3. 晉

〔註83〕衛沿用殷之義刑義殺，故衛之傳統法學，必含有殷遺之法。
〔註84〕《史記·鄭世家》，卷四十二，頁3～5。
〔註85〕沈剛伯：〈從古代禮、刑的運用探討法家的來源〉，頁59。

　　昔周公平定唐亂，成王封叔虞於唐，居河、汾之東，方百里，是爲晉侯。
〔註86〕晉是夏民族的故地，西周初年，有不少地方被戎、狄所侵佔。所以要
「啟以夏政，疆以戎索」。這或許是唐叔爲了統治當地，而與戎、狄及夏民族
的妥協，也因此晉國未曾徹底實施周族特有的土地制度。又因常有戎、狄侵
擾，使晉國善戰，故於春秋時期一躍而爲軍事強國，名列五霸之一。

　　除了善戰，沈剛伯先生以爲晉國還受戎狄經商之風影響，因爲「戎、狄
在晉國佔有很重要的地位，而他們是不喜歡種田，專愛經商的。所以魏絳和
戎的主要理由便是因爲『戎、狄荐處，貴貨而易土，予以貨而獲其土。』可
以大獲其利。後來戎、狄受到不斷的經濟壓力與武力吞併，都先後亡國，成
爲晉國之民，也就隨著晉國的霸業開展而擴張其商業勢力。在西元前第六、
七世紀時，絳之富貴，雖然得不到政府的爵祿，卻『能金玉其車，文錯其服，
行諸侯之賄』。這樣大規模的商業活動當然影響到晉國的政法設施。早在西元
前六二一年，趙宣子執政，便『制事典，正法罪，辟刑獄，董逋逃，由質要……
行諸晉國，以爲常法。』彼時所謂『由質要』者，即『用券契』之意，這當
然是商場中所不可少的辦法，……其後商務日繁，民情漸狡，法網不得不密。」
〔註87〕晉國重視法令之強制性，連帶影響晉地法治思想的進步。

　　三家分晉後，主政者與人民，單爲發展商業計，更不能不加講求刑名之
學。所以三晉法家輩出，實所當然。

二、重刑傳統

　　殷遺民的身分，除了使晉、鄭、衛很早就商業化；也帶來較周人嚴峻的
刑罰。這點對於晉、鄭、衛法治思想的發展，也是有重大影響的。儒家多稱
揚周政之仁，長此以往，周政遂爲行仁政之理想。周朝對殷遺民果行仁政？
清末開始引起學者爭議。梁啟超先生引《左傳・昭公六年》叔向云：「夏有亂
政而作禹刑，商有亂政而作湯刑，周有亂政而作九刑，三辟之興，皆叔世也。」
以及《逸周書・嘗麥》云：「維四年孟夏，……王命大正正刑書；……大史筴
刑書九篇，以升受大正」等文字，認爲：「周確有刑書其物者，……觀《逸周
書・世俘》篇，則周初之果於殺戮實可驚。即云其言難盡信，然《尙書》中
〈康誥〉、〈酒誥〉等篇言刑事綦詳，可見其視之甚重。〈酒誥〉云：『厥或告

〔註86〕《史記・晉世家》，卷三十九，頁4。
〔註87〕沈剛伯：〈從古代禮、刑的運用探討法家的來源〉，頁60。

曰：群飲，汝勿佚，盡執拘以歸於周，予以殺！』飲酒細故而科死罪，倘所謂『刑亂國用重典』耶？……雖然周公對於刑罰，固以教化主義為其精神。」〔註88〕

蕭公權先生也以為：「讀《尚書‧大誥》、〈多士〉、〈多方〉、〈康誥〉、〈酒誥〉諸篇，更覺周人開國氣象之中，肅殺之威多於寬厚之德。今日記載闕失，周人統治殷民之詳情已不可考。然以征服者壓制亡國遺民之通例推之，則周初曾實行『刑新國，用重典』之政策，事屬可能。」〔註89〕

沈剛伯先生進一步談論到西周初之衛政，說道：「晉為夏墟，衛原商地，姬周初得天下，派其本家至親去統治那些新被征服的民族。雖暫時『啓以商政』，但必須『疆以周索』；要徹底推行那些新土地社會政策，勢非用『重典』『強民』，不能收效。所以康叔受封往衛的時候，周公指示他的統治方針，一則曰『乃大明服』，再則曰『汝陳時臬』；全篇〈康誥〉的用意，不外乎教他『敬明乃罰』。甚至要他禁止人民飲酒，說：『群飲，汝勿佚，盡執拘以歸于周，予其殺！』這樣禁酒的方法，難道能說不是千古少有的酷刑嗎？」〔註90〕同理可證，統治夏遺民之晉地法治亦必嚴。沈剛伯先生說：「唐叔受封時所受的〈唐誥〉早已失傳，想也是與〈康誥〉性質近似的一種文件。因為孔子曾說：『夫晉國將守唐叔之所受法度，以經緯其民，卿大夫以序守之，民是以能尊其貴，貴是以能守其業；貴賤不愆，所謂度也。』是想用政治的力量，把人民徹底加以組織，好使統治階級永享特權，讓小百姓世世代代服從他們，則唐叔所受於周而行於晉的法度，該是何等的嚴密苛刻。」〔註91〕

周初為鎮壓前朝遺民勢力，鞏固政權，對晉、衛等國施以嚴刑重典，於此政治環境下成長的人民，自然較其他地區人民更具有法治觀念。

三、齊法入晉

《史記‧管晏列傳》云：「管仲夷吾者，潁上人也，……事公子糾。及小白立為桓公，公子糾死，管仲囚焉，鮑叔遂進管仲。管仲既用，任政於齊，

〔註88〕梁啓超：《先秦政治思想史》（臺北：東大圖書股份有限公司，1993 年），頁56〜57。

〔註89〕蕭公權：《中國政治思想史》（臺北：聯經出版事業公司，1993 年），頁67。

〔註90〕沈剛伯：〈法家的淵源、演變及其影響〉，《自由中國》第十七卷第七期，1957 年 10 月 1 日，頁 102。

〔註91〕同上註。

齊桓公以霸，九合諸侯，一匡天下，管仲之謀也。……管仲既任政相齊，以區區之齊在海濱，通貨積財，富國彊兵，與俗同好惡。……管仲卒，齊國遵其政，常彊於諸侯。」陶希聖先生以爲：「管仲之治術，大端有二：其一是『參國伍鄙』的法制；其二是『四民六柄』的政策。」〔註92〕「參國伍鄙」屬於編戶齊民的政策，用以組織人民，以便作內政而寄軍令；「四民」是使士、農、工、商定居，各安其位，各專其業；「六柄」意謂用生殺、貧富、貴賤治民。《國語‧齊語》載管仲語桓公曰：「脩舊法，擇其善者而業用之。」可知其對齊法也略有修正。齊得管仲之政，國富兵彊。

周襄王七年（644B.C），管仲卒。晉公子重耳此時以驪姬之亂，由狄奔齊，齊桓公厚禮重耳，並以女妻之。生活安逸之下，重耳心生安齊以終之意。齊姜知道後，以齊桓公卒，齊境內有豎刁作亂不宜久留，力促重耳歸晉，用管仲的治術以成霸業。見《國語‧晉語四》齊姜言：「鄭詩云：仲可懷也，人之多言，亦可畏也。昔管敬仲有言，小妾聞之，曰：『畏威如疾，民之上也；從懷如流，民之下也；見懷思威，民之中也。』畏威如疾，〔註93〕乃能威民；威在民上，弗畏有刑。從懷如流，去威遠矣，故謂之下，其在辟也。吾從中也。鄭詩之言，吾其從之。此大夫管仲之所以紀綱齊國，裨輔先君而成霸者也。子而棄之，不亦難乎？齊國之政敗矣，晉之無道久矣。從者之謀忠矣，時日及矣，公子幾矣，君國可以濟百姓，而釋之者非人也，敗不可處，時不可失，忠不可棄，懷不可從，子必速行。」齊法之精神及措施，可能因此隨重耳入晉。

晉在春秋，即已有「被廬之法」、「趙宣子之常法」、「士蒍之法」、「范武子之法」、「趙鞅鑄刑鼎」等重視法治之事。

戰國時，韓、趙、魏三家分晉，名列七雄，但其仍深受舊日晉法所影響，故蘊育出後來的法家思想。在這三晉範圍內，成爲多數法家所從出之地。

第三節　地理風俗

法家人物集中三晉之地（鄭并於韓，衛附於魏，周挾于韓、魏之間），故三晉之地理環境，對法家思想的產生也有影響。三晉除重商，其四戰之地的形勢與民風，也是法家思想萌生原因之一。茲將三晉地理風俗分析如下：

〔註92〕陶希聖：《中國法制之社會史的考察》（臺北：食貨出版社，1979年），頁38。
〔註93〕陳啟天以爲「使民畏威如疾」的方法，只有法家才用。《中國法家概論》，頁40。

（一）趙

趙國分得晉北，初期疆域「西有常山，南有河漳，東有清河，北有燕國。」
〔註94〕趙武靈王變法後，疆域擴大，南至山西省太原盆地、大同盆地以北；
北至察哈爾以南；西至綏遠東南；東達太行山麓。〔註95〕《漢書‧地理志》
稱趙：「北有信都、眞定、常山、中山，又得涿郡之高陽、鄚州鄉，東有廣平、
鉅鹿、清河、河間，又得渤海郡之東平舒、中邑、文安、東州、成平、章武，
河以北也，南至浮水、繁陽、內黃、斥丘，西有太原、定襄、雲中、五原、
上黨，上黨本韓之別都也，遠韓近趙，後卒降趙，皆趙分也」。〔註96〕

地理形勢上，趙國封疆較韓、魏完固。北邊與戎翟接壤；東鄰於燕、齊；
西至陝北而南逼秦土（未與秦相接）；南接韓之上黨，魏之河東與河內；東南
與宋、衛交壤。境內以草原居多，故蘇秦說趙肅侯時，稱趙地：「方二千餘里，
帶甲數十萬，車千乘，騎萬匹」。〔註97〕雖農業不盛，但馬種優良，所以趙武
靈王胡服騎射可以獲致成功。趙襄子元年，興兵平代郡。《史記‧貨殖列傳》
謂代郡：「地邊胡，數被寇，人民矜懻忮、好氣、任俠爲姦，不事農商。然迫
近北夷，師旅亟往，中國委輸，時有奇羨。」所謂「用兵之地，資財所聚，
民得以貿易獲利。」〔註98〕趙國兼併代郡，自然也吸收其商業經驗，《史記‧
貨殖列傳》云：「故楊、平陽，陳掾其間得所欲，溫、軹，西賈上黨、北賈趙、
中山。」趙都邯鄲即爲一政治中心兼工商重鎮，又爲冶鐵中心與交通要衝之
地，「邯鄲：漳、河之間一都會也，北通燕、涿；南有鄭、衛。」〔註99〕首都
爲商業大城，更帶動趙國工商發展。

《管子‧水地》言晉地民風，曰：「其民諂諛而葆詐，巧佞而好利。」故趙
俗亦多巧佞，《史記‧貨殖列傳》言趙俗：「（代地）其民羯羠不均，自全晉之時，

〔註94〕《戰國策‧趙策二》蘇秦語，卷六，頁11。

〔註95〕李晃世〈三晉法家思想淵源的剖析〉謂趙地：「即今山西省太原盆地以北之地，
併代國之後，擁有大同盆地以北至於察哈爾南部。趙武靈王二十七年
（298B.C），領將士西北略胡地後，國土拓展到今綏遠東南。滅中山之後，疆
域更東達太行山麓，可謂關東之一泱泱大國。」《國際漢學會議論文集》歷史
考古組，1980年8月，頁320。

〔註96〕《漢書》，卷二十八下，頁5九。李晃世〈論戰國七雄的疆域與地理環境所產
生的影響〉考證以爲：「班氏所述之趙地，除遺漏燕門、代郡外，大致無訛。」
成大《歷史學報》第一期，1974年7月，頁52。

〔註97〕《史記‧蘇秦列傳》，卷六十九，頁11。

〔註98〕《史記‧貨殖列傳》，《考證》引陳子龍語，卷一百廿九，頁19。

〔註99〕《史記‧貨殖列傳》，卷一百廿九，頁21。

固已患其慓悍。而武靈王益厲之，其謠俗猶有趙之風也。……中山地薄人眾，猶有沙丘紂淫地餘民，民俗懁急，仰機利而食，丈夫相聚游戲，悲歌慷慨，起則相隨椎剽，休則掘冢，作巧姦冶，多美物為倡優。女子則鼓鳴瑟跕屣，游媚貴富，入後宮，遍諸侯。」民風如此，蓋與工商發達有關。〔註100〕《漢書·地理志下》以趙地「土廣俗雜，……輕為姦」，或許正因為民俗好姦巧冶，逐利忘禮，所以一方面行「仁義，約以王道」；一方面「選練舉賢，任官使能」，並發揮到作戰上。

（二）魏

《漢書·地理志》言魏分得晉東：「自高陵以東，盡河東、河內，南有陳留即汝南之召陵、隱彊、新汲、西華、長平；潁川之舞陽、郾、許、傿陵，河南之開封、中牟、陽武、酸棗、卷，皆魏分也。」魏惠王時，魏之疆土範圍：「南有鴻溝、陳、汝，南有許、鄢、昆陽、邵陵、舞陽、新郪；東有淮、潁、沂、黃、煮棗、海鹽、無踈；西有長城之界；北有河外、卷、衍燕、酸棗。」〔註101〕有山西省的西南部的河東區，以及河南省東部大梁區，和河南省東北部及河北省南端的河內區。〔註102〕

河東之富庶，常受鄰國覬覦，使魏成為四戰之地，飽受齊、楚、韓與趙等國的侵擾。《戰國策·魏策一》張儀曾對此形勢作過論述：「魏地方不至千里，卒不過三十萬人，地四平，諸侯四通，條達輻湊，無有名山大川之限。從鄭至梁，不過百里；從陳至梁，二百餘里，馬馳人趨，不待倦而至梁。南與楚境，西與韓境，北與趙境，東與齊境。卒戍四方……魏之地勢，故戰場也。魏南與楚而不與齊，則齊攻其東；東與齊而不與趙，則趙攻其北；不合於韓，則韓攻其西；不親於楚，則楚攻其南。此所謂四分五裂之道也。」說明魏地之危。正因為如此，魏人更注重富國強兵之策。

魏國東西二部被韓國上黨完全隔開，地方千里，佔三晉之中最富庶之地；河東河山環繞，形勢險要，又有漁鹽之利；東部平原坦蕩，交通便利，土地肥沃。鴻溝的開鑿，使魏都大梁成為交通要衝之地與商業中心，條達輻湊，「通宋、鄭、陳、蔡、曹、衛，與濟、汝、淮、泗會於楚」，〔註103〕加以魏地居三

〔註100〕嚴耕望：《嚴耕望史學論文選集》，頁100。

〔註101〕《戰國策·魏策一》蘇秦語，卷七，頁12～13。

〔註102〕李晃世：〈三晉法家思想淵源的剖析〉，頁320。

〔註103〕《史記·項羽本紀》，《集解》引文穎語，卷七，頁65。

河之中，「土地小狹，民人眾，都國諸侯所聚會，故其俗纖儉習事。」〔註104〕
故魏地商業亦甚發達。《漢書‧地理志》云魏俗：「其俗剛彊，多豪傑侵奪，
薄恩禮，好生分。」嚴耕望先生在〈戰國時代列國民風與生計〉一文中，認
爲：「（魏）崎嶇諸國之間，……於七國中，地形最爲零碎，故民風亦最複雜。
有晉人之深思儉陋，號稱習事；又有衛人之剛武薄恩；梁宋之重厚君子也。
且北鄰之趙，南鄰之周、韓（鄭）皆習商賈，……西賈秦、翟；北賈種、代。……
《鹽鐵論‧通有》篇且以『魏之溫軹』入『富冠海內』『天下名都』之列，……
是則三晉皆擅商業，《管子》稱晉民『諂諛葆詐，巧佞而好利』殆與重商有關
歟？」〔註105〕是故魏地法治之興，與此仍脫離不了關係。而李悝的盡地力之
教，更是在重商的環境下重農，正是後世法家思想的重點。

（三）韓

　　三晉之中，韓分得晉西，面積最小。《漢書‧地理志》云韓地：「分晉得
南陽郡，及潁川之父城、定陵、襄城、潁陽、潁陰、長社、陽翟、郟；東接
汝南，西接弘農，得新安、宜陽。……鄭國，今河南之新鄭……及成皋、滎
陽、潁川之崇高、陽城，皆鄭分也。……自武公後二十三世，爲韓所滅。」
韓國主要在河南省中西部，佔豫西山地之大部分，向西伸入陝西之雒南、商
縣一帶，與秦境相交錯；北逾河而有山西之桓曲、陽成一帶；再北爲韓之上
黨，上黨在太岳、太行山之間，爲沁、漳二水之源，所謂沁水高原盆地區，
此地楔入魏境，將魏分爲河東與河內二區。東抵河南省中部，迄於今平漢鐵
路附近；南逾伏牛山而有南陽盆地一部分；西南部與秦、楚交界，疆土時有
變遷。〔註106〕韓哀侯滅鄭後（西元前三七五年），據有鄭地，於是徙都新鄭。

　　韓地處秦、楚、魏、趙之間，戰爭最多；且地形貧瘠，農業不盛。《戰國
策‧韓策一》張儀論韓地曰：「險惡山居，五穀所生，非麥而豆，民之所食，
大抵豆飯藿羹，一歲不收，民不厭糟糠，地方不滿九百里，無二歲之所食。」
可見其土壤之貧瘠。然其位處四方險要之地，又是產鐵之地，故爲列強所爭
奪。這種四戰的形勢，促使韓國法家產生重戰思想。

　　李晃世先生以爲三晉商業都市的發展與地理有關：「三晉屬於山原接觸地
區，最易形成一種交通樞紐或交通孔道，都邑之興，勢所必然，山地之東，

〔註104〕《史記‧貨殖列傳》，卷一百廿九，頁19。
〔註105〕嚴耕望：《嚴耕望史學論文選集》，頁103。
〔註106〕李晃世：〈三晉法家思想淵源的剖析〉，頁319。

自北至南，一連串的工商業中心。如：邯鄲、帝丘、大梁、新鄭、洛邑、宛、穰等。」〔註107〕三晉工商大都市的興起，帶來商業的繁榮，也促成三晉有重視法典的傾向。又，三晉位居西秦、南楚、北燕與東齊之間，使其成爲四戰之地。《商君書·徠民》：「今三晉不勝秦四世矣，自魏襄王以來，野戰不勝，守城必拔，小大之戰，三晉之所以亡於秦者，不可勝數也。」戰略的樞紐位置，使三晉爲求生存，爲求自衛，而培養出務力、習戰、用眾與變法圖強的法家思想。此外，三晉地區非山地即高原的地形，使其農業不盛。加以戰爭頻仍，人民無力開墾，使三晉地力未完全開發，而糧食是戰爭致勝中不可或缺的一環，所以三晉法家，如李悝、商鞅、韓非等，多重視「盡地力之教」，鼓勵人民開墾荒地，這也是三晉獨特的地理環境所引伸出的勸農戰思想，成爲日後法家治國獨特的政治主張之一。

三晉地區以其四戰背景與重商傳統，發展出了獨特的重法文化，這點也反映在身爲儒家的荀子身上。儒家素言禮治，但荀子卻「禮法」連稱，把禮的內涵發展至類同法的概念。這一方面代表戰國各家學術思想，正逐漸注意法治；另一方面，也與荀子的祖國——趙國有關。《荀子》中即屢見其對法治的重視，其中不少主張，竟與之後的法家相似，如：《荀子·君道》言：「法者，治之端也」，「隆禮至法，則國有常」。又〈成相〉言：「君法明，論有常，表儀既設民知方，進退有律，莫得貴賤，孰私王。君法儀，禁不爲，莫不說教名不移，修之者榮，離之者辱，孰它師。刑稱陳，守其銀，下不得用輕私門，罪禍有律，莫得輕重威不分……」等，都可代表存在於荀子思想中的法治思想。至於荀子的弟子，李斯、韓非等更是轉而成爲法家的代表人物。法家思想的形成，可謂是歷史必然的趨勢。

〔註107〕李晃世：〈三晉法家思想淵源的剖析〉，頁319。

第四章　法家與秦的結合

　　秦人源於東方（東海之濱，大約在今山東境內），與殷族有密切的關係。
〔註1〕春秋前秦史料付之闕遺，據《史記‧秦本紀》載，夏時，尚無「秦」之
名。伯益助禹治水，始被舜賜姓「嬴氏」。夏之後，秦人以效忠殷主，被賜爲
諸侯。〔註2〕周滅殷後，秦人被遷往西周邊陲。〔註3〕周孝王時，以秦人善牧，
命爲息馬，「分土爲附庸，邑之秦，使復續嬴氏祀，號曰秦嬴」，〔註4〕這才有
了「秦」的稱號，然秦人地位甚低。〔註5〕當西周的疆域越來越拓展，秦人居
住地也隨之越遷越西，迄今甘肅一帶。周宣王時，王室衰弱，不敵戎、翟之
進攻，求援於秦，「命秦仲爲大夫，誅西戎。」〔註6〕秦人才從附庸提升至大
夫。秦仲之後，秦人對西戎的討伐時有所獲，秦人勢力也大爲增加。《國語‧
鄭語》秦襄公五年（773B.C），史伯語鄭桓公曰：「夫國太而有德者近興，秦

〔註1〕　牛世山：〈秦文化淵源與秦人起源探索〉，《考古》第三期，1996年3月25日，
　　　　頁41。林劍鳴先生依據共同的鳥圖騰信仰、共同的經濟生產和墓葬材料，說
　　　　明秦人的祖先與殷人的祖先，早先可能是同一氏族部落或部落聯盟，活動於
　　　　東方區域。《秦史稿》（上海人民出版社，1982年），頁14～20。
〔註2〕　《史記‧秦本紀》：「費昌當夏桀之時，去夏歸商，爲湯御以敗桀於鳴條。……
　　　　自太戊以下、中衍之後，遂世有功，以佐殷國，故嬴姓多顯，遂爲諸侯。」
　　　　卷五，頁4～5。
〔註3〕　林劍鳴先生以爲：「武庚叛亂時，秦人祖先也曾幫助作亂，所以亂平後，被強
　　　　迫遷往各地，一部份遷往黃、淮流域，一部份則被遷往西方。與殷商西陲原
　　　　有的秦人融合成爲一個大部族。」《秦史稿》，頁25。
〔註4〕　《史記‧秦本紀》，卷五，頁9。
〔註5〕　林劍鳴先生說道：「從《詢簋》、《師西殷》二件銅器的銘文來看，在西周末年，
　　　　儘管秦人已有『分土』，但仍有部分人當作奴隸被西周奴隸主役使。」同註3，
　　　　頁27。
〔註6〕　同註4，卷五，頁10。

仲、齊侯，姜、嬴之雋也，且大，其將興乎？」就已將秦與齊並舉。

助周平王東遷後，秦始建國。《史記・秦本紀》云：「秦襄公將兵救周，戰甚力有功。周避犬戎難，東涉雒邑。襄公以兵送周平王，平王封襄公爲諸侯，賜之岐以西之地，……襄公於是始國，與諸侯通使聘享之禮。」建國後，爲與戎、翟爭地，戰爭不斷；又受到東方諸侯的鄙視，國際地位不高。《史記・六國年表》云：「秦始小國僻遠，諸夏賓之，比於戎翟。」至秦獻公，「常雄諸侯」，〔註7〕地位始略提升。秦繆公時有意東進，擴展疆土，卻屢受制於東方的晉國，遂轉而向西發展，《史記・秦本紀》載秦繆公：「用由余謀伐戎王，益國十二，開地千里，遂霸西戎。」秦國於是成爲稱霸西戎的大國。

但是秦繆公死後，秦國陷入內亂不斷的局面，國勢又衰，《史記・秦本紀》云：「秦以往者數易君，君臣乖亂，故晉復彊，奪秦河西地。」位居西戎的秦國與山東諸國相比，政治、經濟和文化都較落後，因此一直被摒除於諸侯集會之外。秦孝公即位力圖振作，下令求賢，廣納人才，適商鞅去魏，因此入秦，爲秦主持變法，秦勢漸強。之後秦王繼續優禮人才，如：秦惠王師事墨者，如唐姑果、腹惑、謝子等；秦昭王優禮荀卿、公孫衍、張儀、范雎等；至秦王政，呂不韋爲相國，更是招致天下賓客游士入秦，於是儒、墨、名、法、道德、陰陽、兵、農諸家多至秦國，咸陽遂成爲文化中心。黃建中先生在〈先秦學術與環境〉一文中，就認爲：「戰國時代有三個文化中心，初期在魏，中期在齊，末期在秦。……法家學術因此濫觴於齊，迤於鄭、衛，溢於三晉，終匯合於秦。」〔註8〕

第一節　商鞅入秦的契機

魏是戰國七雄中最早變法的國家，得力於李悝、吳起等改革政策尤多，惜以後世魏君不能祖述文侯之功，導致人才外流。商鞅本仕魏，頗爲魏相公叔痤所看重，惜以公叔痤病，未及進。魏惠王又以商鞅年少，〔註9〕未加重用。商鞅見在魏國無發展機會，適逢秦孝公求賢，遂攜魏《法經》入秦，謀求發展。得秦孝公賞識，任鞅爲左庶長，卒定變法之令。商鞅變法十分成功，爲

〔註7〕　《史記・六國年表》，卷十五，頁4。
〔註8〕　黃建中：〈先秦學術與環境〉，頁292。
〔註9〕　《史記・商君列傳》記載公叔痤云商鞅：「年雖少，有奇才。」卷六十八，頁2。

秦國帝業打下良好的基礎。錢穆先生以爲商鞅之學，得自魏李悝、吳起甚多，其文云：「商鞅，衛人，與吳起同邦土。其仕魏，事公叔痤，而痤又甚賢起。起之爲治，大仿李克。鞅入秦相孝公，考其行事，則李克、吳起之遺教爲多。……其變法：令民什伍相牧司連坐，此受之於李克之網經也。立木南門，此吳起償表之故智也。開阡陌封疆，此李克盡地力之教也。遷議令者邊城，此吳起令貴人實廣虛之地之意也。」〔註10〕說明商鞅是法家由魏入秦的關鍵人物。

一、魏惠王之失人

　　商鞅生年，未見史書記載，陳啓天先生據商鞅經歷推測，以爲當與孟子同時，約在魏武侯初年。這個時候，正是李悝、吳起在魏實施法家主張已見相當功效的時候，故日後不免受他們的影響。〔註11〕《史記・商君列傳》：

　　　　商君者，衛之諸庶孽子也。名鞅，姓公孫氏，其祖本姬姓也。鞅少
　　　　好刑名之學，事魏相公叔痤，爲中庶子。公叔痤知其賢，未及進。

衛國小力弱，戰國時臣屬於魏，故衛人商鞅事魏。魏惠王即位之初，魏國國力已弱，惠王與公中緩相爭，使韓、趙入侵，魏國險些被韓、趙瓜分爲二。太史公回顧這段歷史時說道：「惠王之所以身不死、國不分者，二家（韓、趙）謀不合也，若從一家之謀，則魏必分矣。」〔註12〕魏國政權不穩，又屢爲齊、秦等國打敗，〔註13〕正是十分需要人才的時刻。魏相公叔痤看重商鞅的奇才，所以病時舉鞅自代，然當時商鞅年紀輕又默默無聞，故惠王誤以痤爲病中囈語，未信之。《史記・商君列傳》載其事曰：

　　　　會痤病，魏惠王親往問病，曰：「公叔病，有如不可諱，將奈社稷何？」
　　　　公叔曰：「痤之中庶子公孫鞅，年雖少，有奇才，顧王舉國而聽之。」
　　　　王嘿然，王且去。痤屏人言曰：「王即不聽用鞅，必殺之，無令出境。」
　　　　王許諾而去。公叔痤召鞅謝曰：「今者王問可以爲相者，我言若，王
　　　　色不許我。我方先君後臣，因謂王，即弗用鞅，當殺之。王許我，
　　　　汝可疾去矣，且見擒。」鞅曰：「彼王不能用君之言任臣，又安能用
　　　　君之言殺臣乎？」卒不去。惠王既去，而謂左右曰：「公叔病甚，悲

〔註10〕錢穆：《先秦諸子繫年考辨，商鞅考》，頁263。
〔註11〕陳啓天：《中國法家概論》，頁52。
〔註12〕《史記・魏世家》，卷四十四，頁15。
〔註13〕同上註，魏惠王三年，齊敗魏於觀。惠王五年，又爲秦所敗。惠王九年，與秦戰少梁，將公孫痤被俘虜。卷四十四，頁15～16。

乎！欲令寡人以國聽公孫鞅也，豈不悖哉！」

魏惠王辜負了公叔極力推薦商鞅的一番苦心，鞅知道後，雖然以「彼王不能用君之言任臣，又安能用君之言殺臣乎？」一語解嘲，卻也明白魏國無他大展鴻圖的機會，所以當痤死，鞅聞秦孝公下求賢令，即刻去魏赴秦，一展長才，秦國得商鞅之助，日漸強盛。反之，魏卻日衰，見《史記·魏世家》載：

魏惠王十六年，與秦孝公會社平，侵宋黃池，宋復取之。

十七年，與秦戰元里，秦取魏少梁。

十九年，諸侯圍魏襄陵。

二十年，魏歸趙邯鄲。

三十年，與齊人戰，敗於馬陵，齊虜魏太子申，殺將軍涓，軍遂大破。

三十一年，秦、趙、齊共伐魏，秦將商君，詐魏將軍公子卬，而襲奪其軍破之。秦用商君，東地至河。而齊、趙數破魏。於是徙都大梁。

魏惠王兵數破於齊、秦，國內空，日以削，上將戰死，太子又被俘虜，國力凋弊。魏惠王恐，乃使使割河西之地獻於秦，以求和。並去安邑，徙都大梁，此時魏惠王才後悔當初沒重用商鞅，《史記·商君列傳》載魏惠王曰：「寡人恨不用公叔痤之言也。」遷都大梁後的魏國，土地面積變小，國力更衰，魏惠王受此教訓，開始重視人才的晉用。《史記·魏世家》載：「惠王數被於軍旅，卑禮厚幣，以招賢者，鄒衍、淳于髡、孟軻皆至梁。」魏惠王一心一意想重振雄風，從他對孟子的問話可知：

梁惠王曰：「寡人不佞，兵三折於外，太子虜，上將死，國以空虛，以羞先君宗廟社稷。寡人甚醜之，叟不遠千里，辱幸至獘邑之廷，將何以利吾國？」（《史記·魏世家》）

雖然魏惠王極力圖振，但是收效不大。魏惠王之後，秦屢侵魏地，魏王不得已西事於秦，[註14] 但最後仍不免為秦所滅。見《史記·魏世家》載：

襄王（惠王子）五年，秦敗我龍賈軍四萬五千于雕陰，圍我焦、曲沃，予秦河西之地。六年，……秦取我汾陰、皮氏、焦。七年，魏盡入上郡于秦，秦降我蒲陽。……十三年，秦取我曲沃、平周。

哀王（襄王子）五年，秦使樗里子伐取我曲沃。……十六年，秦拔

〔註14〕《史記·魏世家》載唐雎言：「夫魏，一萬乘之國也，然所以西面而事秦，稱東藩受冠帶，祠春秋者，以秦彊足以為與也。」卷四十四，頁37。

我蒲阪、陽晉、封陵。

昭王（哀王子）元年，秦拔我襄城。二年，與秦戰，我不利。三年，佐韓攻秦，秦將白起敗我軍伊闕，二十四萬。六年，予秦河東地方四百里。……七年，秦拔我城大小六十一。……九年，秦拔我新垣、曲陽之城。……十三年，秦拔我安城。

安釐王（昭王子）元年，秦拔我兩城。二年，又拔我兩城，軍大梁下。……三年，秦拔我四城，斬首四萬。四年，秦破我及韓、趙，殺十五萬人。……九年，秦拔我懷。……十一年，秦拔我郪丘。

景湣王（安釐王子）元年，秦拔我二十城，以爲秦東郡。二年，秦拔我朝歌。……三年，秦拔我汲。五年，秦拔我垣、蒲陽、衍。

王假（景湣王子）三年，秦灌大梁，虜王假，遂滅魏以爲郡縣。

倘若魏惠王當初用商鞅主政，或不至於如此。故《戰國策・魏策一》評論曰：「公叔痤死，公孫鞅聞之，已葬，西之秦。孝公受而用之，秦果日以強，魏日以削。此非公叔之悖也，惠王之悖也。悖者之患，固以不悖者爲悖。」說明主政者要有知人之明，失人之患，可以魏惠王爲鑑。

二、秦孝公求賢

春秋時，秦繆公用由余計，益國十二，開地千里，稱霸西戎，與齊、晉等國並列。秦繆公後，秦君的世系與戰國大勢〔註15〕如下：

繆公—康公—共公（二年，晉趙穿弒君。三年，楚莊王問鼎中原。）—桓公—景公（四年，晉欒書弒晉厲公。十八年，晉悼公強，爲盟主，敗秦軍。三十六年，楚公子弒君，自立爲靈王。三十九年，楚靈王強，爲盟主。）—哀公（八年，楚公子弒君，自立爲平王。十五年，楚伍子胥奔吳。晉公室卑而六卿強。三十一年，吳王闔閭伐楚，楚申包胥向秦求援，秦發兵救楚。）—夷公—惠公（五年，晉卿范、中行氏反晉，晉使智氏、趙簡子攻之，范、中行氏奔齊。）—悼公（二年，齊臣田乞弒其君，立悼公。六年，齊人又弒悼公，立簡公。九年，吳彊陵中國。十二年，齊田常弒簡公。十三年，楚滅陳。）—厲共公（二十四年，三家分晉。）—躁公—懷公—靈公—簡公（十

〔註15〕秦之世系表，主要依據《史記・秦本紀》與《史記・六國年表》。

八年，魏文侯禮賢下士。二十二年，韓、趙、魏始列爲諸侯。）—
惠公—出子—獻公（十一年，韓、趙、魏滅晉，絕無後。二十三年，
秦與魏戰少梁，虜魏太子。）—孝公

商鞅入秦前，秦國的國勢並不強，君臣乖亂，國君數易位，見《史記·秦本
紀》載：

> 懷公四年，庶長鼂與大臣圍懷公，懷公自殺。懷公太子曰昭子，蚤
> 死。大臣乃立太子昭子之子，是爲靈公。……靈公卒，子獻公不得
> 立，立靈公季父悼子，是爲簡公。……卒，子惠公立。……惠公卒，
> 出子立。出子二年，庶長改迎靈公之子獻公于河西，而立之。殺出
> 子及其母，沈之淵旁。秦以往者數易君，君臣乖亂，故晉復彊，奪
> 秦河西地。

內部政權之不穩，連帶使秦國的國防受到嚴重的威脅。尤其當各國紛紛變法
圖強之際，相較於先變法的魏、楚，秦顯著落後。又，秦雖爲七雄之一，卻
總被東方諸侯視爲夷狄，不得參與中原的會盟，國際地位並不高。《史記·秦
本紀》記載：

> 孝公元年，河山以東，彊國六與。齊威、楚宣、魏惠、燕悼、韓哀、
> 趙成侯並，淮泗之閒，小國十餘。楚魏與秦接界，魏築長城，自鄭
> 濱洛，以北有上郡。楚自漢中，南有巴、黔中。周室微，諸侯力政，
> 爭相併。秦僻在雍州，不與中國諸侯之會盟，夷翟遇之。

秦國僻處西陲，一直想要東進。繆公時東進失敗，加以日後內亂，秦即未再
有東進計畫。獻公時，有心振作，進行社會改革，才初步扭轉屢敗於外敵的
被動局面。〔註16〕獻公見當時三晉內亂，認爲有機可趁，即在櫟陽築城，積
極做東進的準備，但不幸失敗。〔註17〕因而終止東進計畫。直到獻公十九年，
擊潰韓、魏聯軍，〔註18〕信心大增，才又激起秦國東進雄心。秦獻公二十四

〔註16〕《史記·秦本紀》載：「獻公二十一年，與晉戰於石門，斬首六萬。……二十
三年，與魏晉戰少梁，虜其將公叔痤。」《史記·六國年表》也云：「秦始小
國僻遠，諸夏賓之，比於戎翟。至獻公之後，常雄諸侯。」

〔註17〕《史記·秦本紀》載：「獻公二年，城櫟陽。」《史記·貨殖列傳》云櫟陽：「北
卻戎翟，東通三晉，亦多大賈。」可見櫟陽是秦國通往東方的門戶，兼具戰略
與貿易的要樞。秦原都雍，距西河地甚遠，不利於失土的收復。所以獻公遷都
櫟陽（距魏駐有重兵的西河郡，僅一百華里），以爲收復失土與東進之準備。

〔註18〕《史記·魏世家》載：「魏惠王五年，與韓會宅陽，城武堵，爲秦所敗。」卷
四十四，頁16。

年去世（361B.C），孝公即位，爲繼承父親遺業，即刻下令求賢。《史記‧秦本紀》云：

> 孝公於是布惠、振孤寡、招戰士、明功賞，下令國中曰：昔我繆公
> 自岐、雍之閒，修德行武，東平晉亂，以河爲界；西霸戎翟，廣地
> 千里。天子致伯，諸侯畢賀，爲後世開業甚光美。會往者屬、躁、
> 簡公、出子之不寧，國家內憂，未遑外事。三晉攻奪我先君河西地，
> 諸侯卑秦，醜莫大焉。獻公即位，鎮撫邊境，徙治櫟陽，且欲東伐，
> 復繆公之故地，脩繆公之政令。寡人思念先君之意，常痛於心。賓
> 客群臣，有能出奇計彊秦者，吾且尊官與之分土。

秦孝公一面求賢，一面出兵擴大疆土，「出兵東圍陝城，西斬戎之獂王。」
〔註19〕商鞅見秦國勢漸強，孝公又下令求賢，知機不可失，遂入秦，因孝
公寵臣景監以求見孝公。

三、孝公重用商鞅

　　商鞅以景監故，得見秦孝公，爲求用於秦孝公，商鞅前後共入見四次，
分別以帝道、王道、霸道遊說孝公。前二次的遊說，不得孝公回應；第三次
以霸道說孝公，才獲得孝公賞識。商鞅四說秦孝公，爲的是堅定秦孝公變法
的決心，以確定秦國霸政的走向。

> 孝公既見衛鞅，語事良久，孝公時時睡弗聽。罷而孝公怒景監曰：
> 子之客妄人耳，安足用邪？景監以讓衛鞅。衛鞅曰：吾說公以帝道，
> 其志不開悟矣。後五日復求見鞅。鞅復見孝公，益愈，然而未中旨。
> 罷而孝公復讓景監。景監亦讓鞅。鞅曰：吾說公以王道，而未入也，
> 請復見鞅。鞅復見孝公，孝公善之，而未用也。罷而去，孝公謂景
> 監曰：汝客善，可與語矣。鞅曰：吾說公以霸道，其意欲用之矣。
> 誠復見我，我知之矣。衛鞅復見孝公，公與語，不自知膝之前於席
> 也，語數日不厭。（《史記‧商君列傳》）

四說秦孝公之後，商鞅爲了更堅定秦孝公變法的決心，消除反對聲浪，遂與
甘龍、杜摯就變法問題對辯公堂。商鞅認清戰國之際，不但維繫宗法封建的
禮治思想與道德基礎已被破壞，諸侯國之間的對立，也日益尖銳，乏人制衡。

〔註19〕《史記‧秦本紀》，卷五，頁50。

世異事變，治術也要有所調整。《史記・商君列傳》記載商鞅說秦孝公勇敢變法，曰：

> 疑行無名，疑事無功。且夫有高人之行者，固見非於世；有獨知之慮者，必見敖於民。愚者闇於成事，知者見於未萌。民不可與慮始，而可與樂成。論至德者，不和於俗；成大功者，不謀於眾。是以聖人苟可以彊國，不法其故。

雖然甘龍以聖人不異民而教，知者不變法而治，吏習民安，反對變法。但商鞅明白分析變法的原因，出於時勢所需，非變法無以為治。《商君書・更法》〔註20〕曰：

> 三代不同道而王，五霸不同法而霸，故知者作法，而愚者制焉；賢者更禮，而不肖者拘焉。拘禮之人，不足與言事；制法之人，不足與論變。……前世不同教，何古之法？帝王不相復，何禮之循？伏犧神農，教而不誅，黃帝堯舜，誅而不怒，及至文武，各當時而立法，因事而制禮。禮法以時而定，制令各順其宜，兵甲器備各便其用。臣故曰：「治世不一道，便國不必古。」湯武之王也，不循古而興；商夏之滅也，不易禮而亡。

強調法令要隨著時代進步因時制宜。時移事異，社會民情不同，治術也要有所改變。任賢為治，必殆矣；國欲富強，唯有以法為治。《商君書・開塞》〔註21〕曰：

> 天地設而民生之。當此之時也，民知其母而不知其父，其道親親而愛私。親親則別，愛私則險，民眾而以別險為務，則民亂。當此時也，

〔註20〕 〈更法〉中三稱孝公諡號，歷來都被視為偽篇，出自後人所記。然鄭良樹先生以為〈更法〉篇應為當時在場的臣子所記，非假託之言。可視為商鞅主張變法之論。此外，〈更法〉篇的這場辯論與《戰國策・趙策二》〈趙武靈王平晝閒居〉章內容近似，所以屢被懷疑有所抄襲。容肇祖先生、錢穆先生和齊思和先生都認為〈更法〉抄襲《趙策》；劉汝霖先生則認為大約此類語乃當時主張變法的一種公開的主張，本無一定著者主名，故其後歸武靈王或歸之商鞅。鄭良樹先生則從史實前後所展現出來的常情，改革重點所暴露出來的差異，《國策》他章所顯露出來的痕跡，引文詳略所透露出的常理等等理由，認為是《趙策》抄襲〈更法〉。鄭良樹：《商鞅及其學派》（臺北：學生書局，1987年），頁11～27。

〔註21〕 《史記・商君列傳》太史公贊曰：「余嘗讀商君《開塞》、《耕戰》書，與其人行事相類。」陳啟天先生也認為「本篇文字與理論俱像商鞅所為，尋不出後人偽託的證據。即令為戰國末人所作，也足以代表商鞅的思想。」《商鞅評傳》（臺北：臺灣商務印書館，1967年），頁127。故本文引之，以說明商君思想。

> 民務勝而力征。務勝則爭，力征則訟，訟而無正，則莫得其性也。故
> 賢者立中正，設無私，而民說仁。當此時也，親親廢，上賢立矣。凡
> 仁者以愛利爲務，而賢者以相出爲道。民眾而無制，久而相出爲道，
> 則有亂。故聖人承之，作爲土地貨財男女之分。分定而無制，不可，
> 故立禁。禁立而莫之司，不可，故立官。官設而莫之一，不可，故立
> 君。既立君，則上賢廢，而貴貴立矣。然則上世親親而愛私，中世上
> 賢而說仁，下世貴貴而尊官。上賢者，以贏相出也；而立君者，使賢
> 無用也。親親者，以私爲道也，而中正者，使私無行也。此三者，非
> 事相反也，民道弊而所重易也，世事變而行道異也。

將歷史的進程劃分爲三期：「上世親親而愛私；中世上賢而悅仁；下世貴貴而
尊官」。〔註22〕認爲每一世的轉換都是因爲「亂」。撥亂反正是每一世的努力，
今世也就是所謂的下世，需要藉著立官、立君來治理，才能維持社會的秩序。
每一個階段的制度不僅與上一階段不同，甚至互相排斥。這是因爲「民道弊
而所重易也，世事變而行道異也」。所以要變法以適應當時需要。法律不是僵
化的，要隨著時移事異作調整，才能切中時政。此種進化的觀點，是戰國法
家主張變法的基礎。

　　商鞅的變法主張，投合孝公急欲謀治的企圖心，故深獲孝公信賴，被任
以爲左庶長，卒定變法之令。

第二節　商鞅變法的主要內容

　　《史記‧商君列傳》記錄商鞅在秦國二次變法的主要條文：

秦孝公三年（359B.C），商鞅首次變法，下令：

1. 令民爲什伍而相牧司連坐，不告姦者，腰斬；告姦者與斬敵首同賞；
   匿姦者與降敵同罰。
2. 令民有二男以上，不分異者，倍其賦。
3. 有軍功者，各以率上受爵。
4. 爲私鬥者，各以輕重被刑。

〔註22〕馮友蘭先生、羅根澤先生依據此段文字推論先秦以前的社會狀況，認爲春秋
　　　　以前是親親之世，春秋以後至戰國中期是上賢之世，戰國末是貴貴之世。馮
　　　　友蘭：《中國哲學史》，頁287。羅根澤：〈韓非子反古考〉，《古史辨》第六冊
　　　　（臺北：明倫出版社，1970年），頁29〜30。

5. 大小僇力，本業耕織，致粟帛多者復其身，事末利及怠而貧者，舉以
   爲收孥。
6. 宗室非有軍功，論不得爲屬籍。明尊卑爵秩等級，各以差次。名田宅、
   臣妾、衣服，以家次。有功者顯榮，無功者，雖富無所芬華。

第一次變法後，其結果爲「行之十年，秦民大說，道不拾遺，山無盜賊，家給人足，民勇於公戰，怯於私鬥，鄉邑大治。」〔註23〕使秦國治安大好，國力提升。

秦孝公十二年（350B.C），商鞅再次變法，下令：

1. 作爲築冀闕宮庭於咸陽，秦自雍徙都之。
2. 令民父子兄弟同室內息者爲禁。
3. 集小都鄉邑聚爲縣，置令丞，凡三十一縣。
4. 爲田開阡陌封疆，而賦稅平。
5. 平斗桶權衡丈尺。

五年後，「秦人富彊，天子致胙於孝公，諸侯畢賀。」〔註24〕變法的績效顯而易見。連倡導禮樂教化的大儒荀子都不免稱讚：「入境，觀其風俗，其百姓樸，其聲樂不流汙，其服不挑，甚畏有司而順，古之民也。及都邑官府，其百吏肅然，莫不恭儉敦敬，忠信而不楛，古之吏也。入其國，觀其士大夫，出於其門，入於公門；出於公家，歸於其家。無有私事也；不比周、不朋黨，倜然莫不明通而公也，古之士大夫也。觀其朝廷，其朝閑，聽決百事不留，恬然如無治者，古之朝也……故曰：佚而治，約而詳，不煩而功，治之至也，秦類之矣。」〔註25〕

商鞅治秦，爲使全國上下信從法治，曾先後以「徙木立信」與「刑劓太子傅」，取信於民，展現其壹法而治的決心與信賞必罰的魄力。

> 令既具未佈，恐民之不信己，乃立三丈之木於國都市南門募民，有
> 能徙置北門者予十金，民怪之，莫敢徙。復曰能徙者予五十金，有
> 一人徙之，輒與五十金，以明不欺，卒下令。……

〔註23〕《史記·商君列傳》，卷六十八，頁10。
〔註24〕同上註，頁 11～12。齊思和先生以爲：「以上諸法令實包括商君一生施政綱領，……史公加以撮述，乃爲行文便利，非謂諸法令皆於一旦頒佈也。……商君相秦二十年，幾無一年無新改革，其事業至死猶未完畢，故變法絕非一朝一夕之事。惜其先後次第，已多不可考矣。」《中國史探研》，頁 134。
〔註25〕《荀子·彊國》，頁 318。

> 　　太子犯法，衛鞅曰：法之不行，自上犯之，將法太子，太子君嗣也，
> 　　不可施刑。刑其傅公子虔、鯨其師公孫賈。明日秦人皆趨令。……
> 　　（《史記・商君列傳》）

令出必行的結果，使秦國躍居強國之林。商鞅變法之適時適地，功不可沒。商鞅掌握住農戰是國家富強的根本，立強制之法、行連坐之制、壹賞罰之勸，使人民皆儴力爲國，卒使秦臻至富強境地。現存商鞅思想史料僅見《商君書》，《商君書》舊題「商鞅撰」，雖夾雜商鞅後學之作，卻頗能反映商鞅的法治思想，〔註26〕故本節討論時會斟酌引用，配合從政治、經濟、社會以及軍事四方面討論商鞅變法，期能建構出商鞅的政治思想輪廓，作爲下章研究秦政之基礎。

一、政治制度的改革

　　商鞅政治制度的改革，主要可分爲以下幾點：一、廢世官世祿；二、置郡縣；三、行法治。

（一）廢世官世祿

　　第一章已討論過春秋封建宗法制度的敗壞，使世襲貴族的地位日益動搖，但彼等仍握有政治與經濟上的優勢。農業生產的進步與土地私有制的成形，使土地兼併轉劇，也使貴族日益奢靡腐敗，爲滿足私欲而橫征暴斂，民不堪其擾。同時，當戰國致力富國強兵時，這群貴族舊勢力，就成爲變法的最大阻力。故魏李悝變法時，就主張廢除世官世祿制。提出「爲國之道，食有勞而祿有功。」〔註27〕楚吳起變法，也以「大臣太重，封君太衆」〔註28〕阻礙國家發展，主張廢除公族特權，以集權中央。商鞅承之，也以集權中央，廢除世官世祿制，勸民農戰爲施政重點。

　　商鞅廢除世官世祿制，一方面是爲集權中央，一方面是爲勸民農戰。「夫人情好爵祿而惡刑罰」，〔註29〕所以商鞅要用壹賞罰的方式，固定取得官爵與

〔註26〕鄭良樹先生云：「商學派，不必是商鞅親炙的學生，也不需完全是商鞅直系的弟子，只要服膺商鞅的農戰思想，以孝公變法以後秦國的『政治趨勢』和『強國主張』爲主要認同對象，就是商學派了。《商君書》以商鞅思想爲主導，在研究商鞅思想的意義上非常重大。」《商鞅及其學派》，頁3。

〔註27〕《說苑・政理》，卷七，頁14。

〔註28〕《韓非子・和氏》，卷四，頁7。

〔註29〕《商君書・錯法》，卷三，頁4。

職位的途徑，達到勸民農戰的功效。見《商君書・農戰》曰：

> 凡人主之所以勸民者，官爵也。國之所以興者，農戰也。今民求官
> 爵，皆不以農戰，而以巧言虛道，此謂勞民。勞民者，其國必無力，
> 無力者，其國必削。善爲國家者，其教民也，皆作壹而得官爵，是
> 故不官無爵。……民見上利之從壹空出也，則作壹。作壹則民不偷
> 營，民不偷營則多力，多力則國強。……常官則國治，一務則國富，
> 國富而治，王之道也。

如果有人坐享富貴，又如何教民戮力爲國？所以世襲的官爵要廢除，用來獎
賞爲國從事農戰有功的人。此爲一舉兩得的政策。

商鞅開放以軍爵制取代世官世祿制，無論貴賤，獲得爵位方法只有一種：
軍功。《史記・商君列傳》載商鞅之令：「宗室非有軍功，論不得爲屬籍。明
尊卑爵秩等級，各以差次。名田宅臣妾衣服，以家次。有功者顯榮，無功者，
雖富無所芬華。」有軍功者才有爵，無軍功者，雖爲宗室亦不得有秩爵，雖
爲富者亦不得芬華。商鞅的軍爵制，按《韓非子・定法》所述是：

> 商君之法曰：斬一首者爵一級，欲爲官者爲五十石之官。斬二首者
> 爵二級，欲爲官者爲百石之官。官爵之遷與斬首之功相稱也。

以此來獎勵軍功，勸民於戰；秦終於成爲尚首功之國。

《漢書・百官公卿表》謂：秦爵有二十等，起於秦孝公之時，商鞅立此
法以賞戰功：

> 爵：一級曰：公士；二、上造；三、簪褭；四、不更；五、大夫；
> 六、官大夫；七、公大夫；八、公乘；九、五大夫；十、左庶長；
> 十一、右庶長；十二、左更；十三、中更；十四、右更；十五、少
> 上造；十六、大上造；十七、駟車庶長；十八、大庶長；十九、關
> 內侯；二十、徹侯。皆秦制，以賞功勞。

馬端臨《文獻通考・封建考六》解釋說：「按古之所謂爵者，皆與之以土地，如
公、侯、伯、子、男，以至附庸及孤卿大夫，亦俱有世食祿邑。若秦法則惟徹
侯有地。關內侯則虛名而已，庶長以下不論也。……然則秦雖有徹侯之爵，而
受封者蓋少。……蓋秦之法未嘗以土地予人，不待李斯建議而後始罷封建也。」
〔註30〕可見秦爵之異於其他諸國，秦國的爵制絕非封建制度的爵制。

〔註30〕元・馬端臨：《文獻通考》（臺北：臺灣商務印書館，1987 年）卷二百六十五，
頁 2095。

　　齊思和先生在〈商鞅變法考〉文中，引證《左傳》，以爲：「諸爵之名，由來已久。秦官在列國中，自成一系，與他國不同，則其名並非商君自魏所輸入者。或如劉劭所說，至商君而始補足整齊之耶？」〔註 31〕其爵名或非商鞅所創，然以軍功受爵則始自商鞅，這是政治上極重要的變革。自此登庸不以門第而以戰功，貴族之特權被除去。《史記‧商君列傳》云：「宗室貴戚，多怨望者」一語，正表明商鞅此法行之有成。繼起之新貴不與封田而與之祿米，新貴亦遂爲君主之雇員，再無舊日之威勢。政權於是集中於君，使秦國進入中央集權的社會。

（二）置郡縣

　　春秋以前實施封建制，由世襲貴族負責行政，封建既衰，郡縣乃興。馬先醒先生在〈封建、郡縣之論爭與演進〉文中，以爲：「郡縣制與封建制抵觸不相容，封建既爲周文化最大特色之一，故郡縣之興，肇始自被受周文化淺薄之區。」〔註 32〕春秋之初，秦武公十一年（688B.C），初設縣。《史記‧秦本紀》載：「武公十年伐邽冀戎，初縣之，十一年初縣杜、鄭。」根據現存文獻，此爲初縣之始，遠較其後魯僖公三十三年（627B.C）晉縣先茅；魯宣公十一年（598B.C）楚縣陳爲早。馬先醒先生以爲郡縣來源有二：一是滅人國家，拓己疆域，以爲郡縣。二是分采邑以爲縣。縣外又有郡出現，無論郡、縣，均由邊境向內地發展。〔註 33〕

　　初時郡縣無分大小，迄戰國則縣小於郡，且隸屬於郡。馬先醒先生以爲這是因爲：「列國競相拓土之結果，疆域遼闊，僅一級之地方行政區劃，已不適宜，故郡縣由平等並存漸趨於上下隸屬。……地方行政區由一級制改爲二級制時，遂以郡爲一級地方行政單位，而縣降爲二級。」〔註 34〕雖然戰國之世，各國均已有郡縣制，但皆非有計畫的改封建爲郡縣。史上所見眞正有計畫大規模的實施全國皆縣制者，商鞅爲第一人。

　　秦武公時已有縣制，但至秦孝公時，秦既有縣，又有邑聚，雜淆不便管理，所以商鞅合併小邑聚爲縣，整齊秦之地方制度爲縣制，使便於管理。《史

〔註31〕齊思和：《中國史探研》，頁 135。
〔註32〕馬先醒：〈封建、郡縣之論爭與演進〉，《簡牘學報》第一卷合訂本，1975 年 10 月，頁 79。
〔註33〕同上註，頁 80。
〔註34〕同註 32，頁 80。

記‧秦本紀》載孝公十二年，商鞅「作爲咸陽，築冀闕，秦徙都之。并諸小鄉聚，集爲大縣，縣一令，三十一縣。爲田開阡陌。」馬先醒先生以爲遷都咸陽，是爲擺脫舊貴族勢力，作爲廢封建、置郡縣之準備；「爲田開阡陌」則是廢封建、置郡縣之必然結果。〔註35〕《漢書‧食貨志上》云：「及秦孝公用商君，壞井田，開仟佰，急耕戰之賞，雖非古道，猶以務本之故，傾鄰國而雄諸侯，然王制遂滅。」王制即封建，《漢志》這段話，說明了商鞅對封建的打擊。此外，商鞅又令「有軍功者，各以率受上爵；……宗室非有軍功，論不得爲屬籍。」〔註36〕這種以軍功爵制取代世官世祿制度，除更進一步打擊封建制度與舊貴族勢力，也拔擢了新興官吏，助長了郡縣制的發展。〔註37〕

改以郡縣制之後，商鞅又置令、丞爲一縣之長，直接向君主負責，脫離封建制度下的分權統治。貴族無權，君主則集軍、政、經三權於一身，使政出於壹，國家更易於治理，再配合農戰政策，秦遂無敵於天下。馬先醒先生對郡縣制與法家的關係作了如下的說明：「法家思想應乎富國強兵之需要而來，富國必重增產，增產必開阡陌，阡陌開則封疆井田壞。強兵當重用民間優秀份子，以增加兵源；當招徠工商，以提高戰力，故宗法貴賤之制壞。宗法、封建、井田制除之愈速，則國家愈集權，愈富強。此既爲法家者流之基本企求，故法家反封建。封建既除，郡縣代興，故法家與郡縣制密不可分，法家勢愈張，則封建愈貧而郡縣益遍，郡縣益遍者，國力愈集中，益非保守封建者所能敵，終致封建全爲郡縣所取代，法家盡取儒家地位而代之。」〔註38〕秦兼併天下後，盡廢封建，廣設郡縣，加強對地方政權的掌控，以爲君主集權的基礎，都肇始於商鞅的改革。

（三）行法治

前已述及，商鞅信賞必罰，以徙木立信；不畏權貴，太子犯罪，刑劓太子傅，這種重視令出必行的作爲，被後世稱道：「商鞅治秦，法令至行，公平無私，罰不諱強大，賞不私親近。」〔註39〕改革之初，必有貴族的反對、百姓的觀望，所以適時的立信、立威，才能使所有改革措施被確實執行。否則，

〔註35〕 馬先醒：〈封建、郡縣之論爭與演進〉，頁81。
〔註36〕 《史記‧商君列傳》，卷六十八，頁9。
〔註37〕 同註35。
〔註38〕 同註35，頁77～78。
〔註39〕 《戰國策‧秦策一》，卷三，頁1。

措施雖善，亦不能成功。

　　商鞅首重農戰，故法治對軍事也有重要影響，用兵前已有貫徹的法令，確立賞罰的權威，作戰時才能致勝。《商君書・立本》：〔註40〕

　　　　凡用兵，勝有三等：若兵未起，則錯法，錯法而俗成，而用具。此三者必行於境內，而後兵可出也。行三者有二勢：一曰輔法而法行；二曰舉必得而法立。

用兵前一則建立卒伍連坐制度；再則，公布首功之獎勵等級。無怪乎秦兵作戰時，「逐敵危而不卻」，〔註41〕戰果輝煌。

　　商鞅承用李悝《法經》以治秦。《晉書・刑法志》云：「悝撰次諸國法，著《法經》，以爲王者之政，莫急於盜賊，故其律始於〈盜〉、〈賊〉。盜賊須劾補，故著〈網〉、〈捕〉二篇。其輕狡、越城、博戲、借假不廉、淫侈、踰制，以爲〈雜律〉一篇，又以〈具律〉，具其加減，是故所著六篇而已，然而皆罪名之制也。商君受之以相秦。」商君法之具體律文，今不得其詳，但必有存於出土之睡虎地秦墓竹簡中者。至於其執行之方式，則可從文獻中略知一二：如《韓非子・內儲說上》云：

　　　　公孫鞅之法也，重輕罪。重罪者，人之所難犯也；而小過者，人之所易去也。使人去其所易，無離其所難，此治之道。夫小過不生，大罪不至，是人無罪，而亂不生也。一曰：公孫鞅曰：「行刑，重其輕者，輕者不至，重者不來，此謂以刑去刑也。」

裴駰《史記集解》亦云：

　　　　衛鞅，內刻刀鋸之刑，外深鈇鉞之誅，步過六尺者有罰，棄灰於道者被刑。一日臨渭而論囚七百餘人，渭水盡赤，號哭之聲，動於天地。畜怨積讎，比於山丘。〔註42〕

以及《漢書・刑法志》稱鞅於《法經》外，另增肉刑，大辟有鑿顚、抽脅、鑊烹之刑，刑益慘酷，又造參夷之法。〔註43〕可知商鞅對法律之重視，以及其施刑之嚴。至於執行之徹底，由商君之作法自斃，可見一斑。《史記・商君列傳》記載商鞅逃亡時：

〔註40〕陳啓天先生疑〈立本〉、〈兵守〉和〈戰法〉三篇，俱爲商鞅遺作，縱令出於後人，也是描寫商鞅先政後兵的作法。《商鞅評傳》，頁128。故本段引用之。
〔註41〕《韓非子・定法》，卷十七，頁5。
〔註42〕《史記・商君列傳》，卷六十八，頁23。
〔註43〕參夷之法，顏師古注曰：「夷三族。」《漢書・刑法志》，卷二十三，頁12。

至關下，欲舍客舍。客舍人不知其是商君也，曰：「商君之法，舍人無驗者坐之。」商君喟然嘆曰：「嗟乎，爲法之敝，一至此哉。」

二、經濟方面的改革

商鞅以農戰爲富國強兵之基礎，表現於經濟上，就是重農主張。《商君書‧農戰》云：「國之所以興者，農戰也。……國待農戰而安，主待農戰而尊。……故曰：百人農，一人居者，王；十人農，一人居者，強；半農半居者，危。故治國者欲民之專也。國不農，則與諸侯爭權，不能自持也，則眾力不足也。故諸侯撓其弱，乘其衰，大地侵削而不振，則無及已。」農，足民食、資糧餉；戰，強其國、拓疆土。故農戰爲富強之基。商鞅在經濟方面的改革，見於《史記‧商君列傳》的有：「民有二男以上，不分異者，倍其賦」、「大小僇力，本業耕織，致粟帛多者復其身，事末利及怠而貧者，舉以爲收孥」以及「開阡陌封疆而賦稅平」、「平斗桶權衡丈尺」。以下將結合商鞅農戰思想加以論述之：

（一）崇本抑末

中國以農立國，農業是其他技藝的搖籃，當農業發達時，其他技藝才能發展。如《國語‧周語上》西周大臣虢文公所云：「夫民之大事在農。上帝之粢盛於是乎出，民之蕃庶於是乎生，事之共給於是乎在，和協輯睦於是乎興，財用蕃殖於是乎始，敦厖純固於是乎成。是故稷爲大官。」西周設立了許多執掌農事的官吏，如：稻人、草人、司稼[註44] 等，足見其對農業的重視。

第一章已談到進入春秋後，經濟力發展，農穫量成長，商業發達。但戰爭頻仍與土地兼併之下，使得農業雖發展，卻依舊出現「農夫不暇稼穡，婦人不暇紡績織紝」[註45] 以及「饑者不得食，寒者不得衣，勞者不得息」[註46] 的困境。繼起之商人又囤積居奇，「蓄積待時，而侔農夫之利」，[註47] 更使得農民過著短褐不完，含菽飲水的困苦生活，導致「農不如工，工不如商」。[註48] 眼見經商可以致富，農民紛紛棄耕從商。如：三晉人民以地狹人稠，遂盡棄耕

〔註44〕稻人、草人與司稼名，分見《周禮‧地官‧司徒》（四部叢刊正編，臺北：臺灣商務印書館 1979 年），卷三，頁 7～8。

〔註45〕《墨子‧非攻下》（四部叢刊正編，臺北：臺灣商務印書館，1979 年），卷五，頁 10。

〔註46〕《墨子‧非樂上》，卷八，頁 15。

〔註47〕《韓非子‧五蠹》，卷十九，頁 7。

〔註48〕《史記‧貨殖列傳》，卷一百廿九，頁 33。

而經商；周人也「治產業、力工商、逐什二以爲務」，〔註49〕從事工商業蔚爲風氣。從《史記・貨殖列傳》的記載，可知從春秋末葉開始，已逐漸出現稼穡之民少，而商旅之民多，「天下熙熙，皆爲利來；天下壤壤，皆爲利往」〔註50〕的現象。迄戰國之世，農貧商富的情況更爲明顯，嚴重影響農民生產的意願。然兵源與糧食是戰爭勝負與國家存亡的關鍵，所以崇本抑末成爲戰國執政者主要經濟政策之一，而法家尤其強調。《韓非子》一書論述極詳。

李悝首先在魏國進行「盡地力之教」，高度重視農業生產，設法增加農業產量。其辦法是「地方百里，……除山澤邑居參分去一，爲田六百萬畝。治田勤謹，則畝益三斗；不勤，則損亦如之。地方百里之增減，輒爲粟百八十萬石矣。」〔註51〕使農民勤謹耕作，以提高農產量。再配合實施「平糴」法，防止穀賤傷民，使「雖遇饑饉水旱，糴不貴而民不散，取有餘以補不足。」〔註52〕使民安於農。另外，李悝還主張嚴禁技巧，認爲「上不禁技巧，則國貧民侈」，〔註53〕將工商與農業對立，重農抑商。

商鞅承李悝之教，視農業爲國家財富與人民衣食的來源，「國之所以興者，農戰也」，〔註54〕故「農業者寡而游食者眾」〔註55〕是國家貧弱的主因，所以商鞅下令「大小僇力本業耕織，致粟帛多者復其身，事末利及怠而貧者，舉以爲收孥」，〔註56〕以農爲本業，工商爲末業，鼓勵人民務農，有重賞；反之，則有重罰，迫使「民不得無去其商賈技巧而事地利」，〔註57〕以達到增產富國的目的。

此外，在《商君書・墾令》也可見其崇本抑末的思想，〔註58〕由於〈墾

〔註49〕《史記・蘇秦列傳》，卷六十九，頁2。
〔註50〕《史記・貨殖列傳》，卷一百廿九，頁8。
〔註51〕《漢書・食貨志上》，卷二十四上，頁7。
〔註52〕同上註，卷二十四上，頁8。
〔註53〕《說苑・反質》，卷二十，頁8。
〔註54〕《商君書・農戰》，卷一，頁6。
〔註55〕同上註。
〔註56〕《史記・商君列傳》，卷六十八，頁8。
〔註57〕《商君書・外内》，卷五，頁7。
〔註58〕歷來都以〈墾令〉就是〈更法〉篇末記載孝公決定變法後，商鞅「於是遂出墾草令」句中墾草令的簡稱。賀凌虛先生〈商君書及其基本思想析論〉以爲：「〈墾令〉文體簡峻古樸，既不類後人的追述，亦不見假託的痕跡，又篇中內容每條末尾都以『草必墾矣』作結，顯然並非墾草令的本文，卻頗似該令的條陳與說明。劉咸炘《子疏・商鞅》因此謂此篇『或本鞅條上之文』，陳啓天《商君書考證》亦以爲然，故〈墾令〉疑爲商鞅自撰，或可代表商鞅的思想。」賀凌虛：《商君書今註今譯》（臺北：臺灣商務印書館，

令〉篇幅過長，故只舉其大要。

1. 提倡農業的方式

A.「訾粟而稅」，[註59] 根據糧食的收穫量徵稅，統一國家的稅制，使農民的負擔公平，不必擔心官吏的營私取巧，則農民就可以專心務農。

B.「不賤農」，改變人民輕視農業的態度，使人民樂於投入農業生產的行列中。達到「壯民疾農不變，則少民學之不休」，增加農業人口的目的。

C.「農無得糶」，農民不能賣出糧食，則懶惰的農民就必須要勤奮的工作，以獲得足夠的糧食，進而達到提高農產量的目的。

D.「壹山澤」，由國家統一營求山林湖泊之利，使「惡農、慢惰、倍欲之民，無所於食」，人民不能侔山林湖泊之利，只有轉而參加農業生產。

E.「使民無得擅徙」，農民不能擅自遷移，就會安守本分，專心從事農作。

2. 限制商業的方式：

A.「使商無得糴」，使糧商不能買進糧食，讓商人不能從米糧中獲利。

B.「聲服無通於百縣」，聲色器玩和奢侈服飾不准到處流行，使農民看不到它們，不會胡思亂想，專心一意務農。

C.「貴酒肉之價，重其租，令十倍其樸」，加重消費的租稅，使商賈不得奢華，並抑制商業。

D.「廢逆旅」。使商人不能經營旅館，也藉以阻止游士的活動。從另外的角度來看，這點似乎反對人民任意遊動，不鼓勵商人往來，要人民安土重遷，全力務農。

E.「重關市之賦」，加重關口、市場的稅，不使侔大利，農民就不願意經商，商人也會有疑惰之心，自然轉而專心務農。

F.「以商之口數使商，令之斯、輿、徒重者必當名」，按照商人家中的人數給他們派差役，令商人奴僕眾多的一定要按登記造冊的人數服役，使商人的負擔加重，農人的負擔減輕，農逸商勞，良田不荒，農事就會興盛起來。

G.「令軍市無有女子」，且「使軍市無得私輸糧者」。規定軍中市場不能有女子以禁淫逸；並禁止偷盜軍糧販賣之事發生，確保國家糧食安全無虞。

1987 年），頁 219。

〔註59〕《商君書·墾令》，卷一，頁 3。本小節所引文字，未注出處者，均爲《商君書·墾令》之文。

H.「令送糧無取僦，無得反庸，車牛輿設，設必當名」，命令送糧的人不得收取運費，或是私載貨物，使他們的車輛與牲口數，合於造冊所登記的數量，這樣就會往來迅速，送糧時就不會耽誤農事。

商鞅裁抑商人的目的，就是想使人民全心務農。除了抑商，商鞅也嚴令限制官吏和那些不勞而食之人，如博聞辯慧之士與宗室貴族，使農民不生羨慕之心，不好學問，而壹意務農。

3. 其他崇本抑末的主張

A.「無宿治」，要求官吏不拖欠公事，不能從人民身上謀求私利，使農民有較多的時間從事工作，則荒地就會得到開墾。

B.「百縣之治一形」，統一政令、體制，裁汰冗官，禁止文過飾非，反對徵調頻繁，以使農民不會勞困，有更多的時間參與農業生產。

C.「無以外權爵任與官」，不因外國權力的干涉，而影響國內官爵的授與，使遊說之士無用武之地，如此人民就不會重視學問，輕賤農業，而專心務農。

D.「以貴族食口之數，賤而重使之」，貴族俸祿多，吃閒飯的人也多，妨害農民生產的意願，所以要根據貴族人口數收稅，並加重其勞役，使他們不能不勞而食。

E.「無得取庸，則大夫家長不見繕，愛子不惰食，惰民不窳，而庸民無所於食。」規定大夫家長不准雇用庸工，如此大夫家長不能大興土木，農業人口就不會受到妨害。他們的愛子不吃閒飯，惰民、庸民除努力耕作外，也無所於食。如此則農事不傷，荒地也能得到開墾。

F.「國之大臣、諸大夫、博聞、辯慧、游居之事，皆無得為；無得居游於百縣」，不好學問，並禁止大臣、大夫或是博文辯慧之士到處遊說閒居，發表蠱惑人心、不務正業的話，使民心不亂，安心務農。

G.「均出餘子之使令」，取消貴族部分特權，規定他們的餘子要服役，以驅策他們參加農業生產。

H.「重刑而連其罪」，使「褊急之民不鬥，狠剛之民不訟，怠惰之民不游，費資之民不作，巧諛、惡心之民無變」，這些妨害治安和農耕的五種人不存於境內，國家荒地就會得到開墾。

I.「無得為罪人請於吏而饟食之」，不准向官吏請求給罪犯送食物，嚴懲姦民，使人民不敢違法犯紀，專心盡其本分。

商鞅實施「崇本抑末」的結果，使秦國的經濟力量迅速提升，確保了秦國政治的穩定和戰爭的勝利，使秦國數年之內，國富兵強，天下無敵，同時也奠定了以後秦統一中國的根本基礎，正如東漢王充所說：「商鞅相孝公，爲秦開帝業。」〔註 60〕而崇本抑末政策，直到漢世還有重大的影響，賈誼、晁錯就曾先後提出重農抑商的主張。〔註 61〕

二、田制與賦稅的改革

秦國雖俗雜戎翟，核心地區仍以務農爲主。〔註 62〕隨著向西開拓，秦地益廣，爲使荒地開墾，達到地盡其用，商鞅「爲田開阡陌封疆」。〔註 63〕對於商鞅的這項政策，歷來有二種解釋：

一以「開」爲破壞割削之意，如：《史記・范雎蔡澤列傳》稱商鞅：「決裂阡陌」。朱熹〈開阡陌辨〉說明商鞅開阡陌原因爲：「商君……但見田爲阡陌所束，而耕者限於百畝，則病其人力之不盡；但見阡陌之佔地太廣，而不得爲田者多，則病其地利之有遺。又當世衰法壞之際，則其歸授之際，必不免有煩擾欺隱之姦；而阡陌之地近民田，又必有陰據以自私，而稅不入於公上者。是以一旦奮然不顧，盡開阡陌，悉除禁限，而聽民兼併買賣，以盡人力，墾闢棄地，悉爲田疇，而不使其有尺寸之遺，以盡地利。使民有田即爲永業，而不復歸授。以絕煩擾欺隱之姦，使地皆爲田，而田皆出稅，以覈陰據自私之幸。……所謂開者，乃破壞割削之意，而非創置建立之名。所謂阡陌，乃三代井田之舊，而非秦之所置也。」〔註 64〕

一以「開」爲開置、創置之意，開阡陌就是土地私有之後新的土地劃分方式。如：《漢書・食貨志上》云：「秦孝公用商君，壞井田，開仟佰，急耕戰之賞。」杜佑《通典・田制》云：「周文王在岐，用平土之法，以爲治人之道，地著爲本。故建司馬法，六尺爲步，步百爲畝，畝百爲夫。……秦孝公任商鞅，鞅以三晉地狹人貧，秦地廣人寡，故草不盡墾，地利不盡出。於是誘三晉之人，利其田宅，復三代，無知兵事而務本於內，而使秦人應敵於外，故廢井田，制

〔註 60〕《論衡・書解》，卷二十八，頁 12。

〔註 61〕賈誼與晁錯的主張，見《漢書・食貨志上》，卷二十四上，頁 10～15。

〔註 62〕嚴耕望：《嚴耕望史學論文選集》，頁 105。

〔註 63〕《史記・商君列傳》，卷六十八，頁 11。

〔註 64〕宋・朱熹《朱子大全》第九冊（臺北：中華書局，1970 年），卷七十二，頁 4。

阡陌，任其所耕，不限多少，數年之間，國富兵強，天下無敵。」〔註65〕就以
「開阡陌」爲「制阡陌」之意。杜佑又云：「自秦漢以降，即二百四十步爲畝。」
〔註66〕從周制一畝百步，一夫百畝，約當一夫受田萬步。至商鞅擴大爲一畝二
百四十步，一夫百畝，約當一夫受田二萬四千步，平均每夫受田數整整增加了
一萬四千步之多，可見商鞅開阡陌政策，直接擴大了每家的耕種面積。

　　雖然上述二種對「開阡陌」解釋完全相反，但他們都同意商鞅的田制改
革，是廢除井田制，配合人口增加，做土地重劃、重分配，並且擴大農民耕
地面積，實行土地私有制，以盡地力。如徐喜辰先生在〈開阡陌辨疑〉一文
中，所云：商鞅的作法，是迎合時代需求所做的必要改變。因爲「早在春秋
末年以前，就有人改變田制，而且有多種改法，其中趙氏的畝制與商鞅畝制
同爲二百四十步，不是偶然的巧合，而與井田制度的『換土易居』向『自爰
其處』的內部量變相適應，是生產力進步的結果。」〔註67〕

　　除了開阡陌，商鞅還令「民有二男以上不分異者，倍其賦」，〔註68〕確立
以小家庭爲單位，使各自謀生，提高勞動力。李劍農先生以爲這是：「商鞅見
秦之農戶太少，曠地太多，其始則用化大農戶爲小農戶之策，獎勵小家庭之
獨立，以圖農戶之增加。」〔註69〕農戶增加，則荒地墾矣。《漢書・賈誼傳》
評論商鞅此政策的後果，使「秦人家富子壯則出分家，家貧子壯則出贅。」
可見商鞅當時強制執行父子兄弟分家的法令。

　　商鞅認爲人口與土地要有一定的比例，所以強迫分家以達到這個目的。
《商君書・算地》〔註70〕說明人民與土地之間的利用關係：

> 凡世主之患，用兵者不量力，治草萊者不度地，故有地狹而民眾者，
> 民勝其地；地廣而民少者，地勝其民。民勝其地，務開；地勝其民，
> 事來。開則行倍，民過地，則國功寡而兵力少；地過民，則山澤財

〔註65〕唐・杜佑《通典・田制上》（臺北：國泰文化事業有限公司，1977年）卷一，
　　　　頁7。
〔註66〕《通典・田制下》，卷二，頁5。
〔註67〕徐喜辰：〈開阡陌辨疑〉，《吉林大學社會科學學報》第二期，1986年3月15
　　　　日，頁87。
〔註68〕《史記・商君列傳》，卷六十八，頁8。
〔註69〕李劍農：《先秦兩漢經濟史稿》，頁130。
〔註70〕學者多以《商君書・算地》爲後人僞託，但爲戰國時之作品，去鞅未遠。鄭
　　　　良樹《商鞅及其學派》則以爲本篇是商鞅派內親聞師教的學生所爲，頁86。
　　　　故此處引以說明商鞅令民分異的思想大要。

物不爲用。夫棄天物，遂民淫者，世主之務過也，而上下事之，故民眾而兵弱，地大而力小。故爲國任地者，山林居什一，藪澤居什一，谿谷流水居什一，都邑蹊道居什四，此先王之正律也。

商鞅的政策，爲秦國擴大了勞動力的來源。其後秦昭王沿用商君之策，招徠三晉之民入秦耕作，〔註71〕更使秦國府庫充裕，國以富強。

商鞅一方面勸農，一方面統一賦稅與度量衡，《史記·商君列傳》云：「（孝公十三年）爲田開阡陌封疆，而賦稅平。」因爲土地私有後，人民可以佔有土地，也可以買賣土地，爲了方便田地管理以及增加糧倉收入，所以要「壹山澤」，〔註72〕由國家統一管理山川湖泊之利。再分田於民，然後「訾粟而稅，則上壹而民平」〔註73〕。統一地稅制度，無人得免，官吏也不得營私取巧，故賦稅平，農民也可以安心務農。然欲統一賦稅，就必須劃一度量衡，故商鞅也「平斗桶權衡丈尺」。〔註74〕現存青銅器中就有「商鞅方升」，〔註75〕上面有商鞅的銘文，也有秦始皇二十六年統一度量衡的詔書。可見商鞅劃一的度量衡，成爲後來秦始皇統一全國度量衡的標準。商鞅平斗桶權衡丈尺，不僅有助於平均賦稅徵收，也有助於中央集權的鞏固。

三、軍事方面的改革

春秋以來，列國爲爭奪人口與土地，戰爭頻仍，從春秋的一百餘國，到戰國的二十餘國，兼併戰爭之激烈可見一斑。戰爭中，各國爲求生存，不斷擴充軍備，戰爭規模擴大，武器進步，更導致了戰爭型態的改變。由車陣作戰演變爲步騎兵的野戰、包圍戰，戰爭時間也更延長了。此外，各國兵制也有所改革，以徵召更多壯丁加入戰場；還有爲了因應戰爭大量消耗的新軍賦制度的出現。如此一來，無論是對國內的經濟、政治、民生都造成重大的影響。爲求戰爭的勝利，各國首務在於增強國力，取得戰爭優勢。

〔註71〕《商君書·徠民》有云：「徠三晉之民。」（卷四，頁3。）郭沫若先生以爲〈徠民〉篇做成於秦昭王時。《十批判書》，頁325。鄭良樹先生也引羅根澤、容肇祖、胡適、劉汝霖等學者的論證，證明此篇成於秦昭王時。《商鞅及其學派》，頁75～86。）

〔註72〕《商君書·墾令》，卷一，頁4。

〔註73〕同上註，卷一，頁3。

〔註74〕《史記·商君列傳》，卷六十八，頁11。

〔註75〕馬承源先生云：「這個方升是秦孝公十八年（344B.C），商鞅變法時所規定的標準升。」〈商鞅方升與戰國量制〉，《文物》第六期，1972年6月，頁17。

　　《漢書・藝文志・兵書略》載有《公孫鞅》二十七篇，《荀子・議兵》云：
「秦之衛鞅，世俗所謂善用兵者也。」可見商鞅在軍事方面是有所改革或建
樹的，只可惜《公孫鞅》二十七篇早在漢時即已亡佚，今只能藉由《史記》
或《商君書》中的部分記載，以推測商鞅之軍事思想，其軍事思想重點有二：
一是增加兵源；二是加強對軍隊的管制。

（一）增加兵源

　　戰國各國之軍備，多在數十萬以上。《史記・蘇秦列傳》載：

燕：帶甲數十萬，車六百乘，騎六千匹。

趙：帶甲數十萬，車千乘，騎萬匹。

韓：帶甲數十萬。

魏：武士二十萬，蒼頭二十萬，奮擊二十萬，廝徒十萬，車六百乘，騎
　　五千匹。

齊：帶甲數十萬。

楚：帶甲百萬，車千乘，騎萬匹。

　　為了增加兵源，商鞅令「民有二男以上不分異者，倍其賦」〔註 76〕的作
法，不但為增加農業生產，也為了擴充軍力。因為古代出兵，是按田地計算，
而不是按人口比例計算的。〔註 77〕《漢書・刑法志》載：

殷周……因井田而制軍賦，地方一里為井。井十為通，通十為成，
成方十里。成十為終，終十為同，同方百里。同十為封，封十為
畿，畿方千里，有稅有租。稅以足食，賦以足兵。故四井為邑，
四邑為丘。丘十六井也，有戎馬一匹，牛三頭。四丘為甸，甸六
十四井也，有戎馬四匹，兵車一乘，牛十二頭，甲士三人，卒七
十二人。干戈備具，是謂乘馬之法。一同百里，提封萬井，除山
川、沈斥、城池、邑居、園囿、術路三千六百井。定出賦六千四
百井，戎馬四百匹，兵車百乘，此卿大夫采地之大者也，是謂百
乘之家。一封三百一十六里，提封十萬井，定出賦六萬四千井，
戎馬四千匹，兵車千乘。此諸侯之大者也，是謂千乘之國。天子
畿方千里，提封百萬井，定出賦六十四萬井，戎馬四萬匹，兵車

〔註 76〕《史記・商君列傳》，卷六十八，頁 8。

〔註 77〕侯家駒：《先秦法家統制經濟思想》（臺北：聯經出版事業公司，1985 年），頁
　　　　153～156。

萬乘，故稱萬乘之主。

殷周之賦稅制度，是以一丘（十六井，相當十六平方里地）爲一單位，一丘負責出馬一匹、牛三頭，以爲賦稅。而殷周之乘馬法（軍賦制度），就是奠基在此一井田制度上，以四丘（六十四井）爲最小單位「一乘」，除要出戰馬四匹、牛十二頭外，還要出兵車一輛、甲兵三人以及步卒七十二人。而百乘之家，就是指土地面積六百四十井，能出兵車百輛，戰馬四百匹，一千二百頭牛，三百甲兵以及七百二十步兵的大邑。千乘之家、萬乘之家以此類推。

商鞅變法後，同面積土地所出之士卒數目，遠較以前增加。侯家駒先生在〈商鞅的農戰理論與實際〉一文中，分析：「按《漢書‧刑法志》，周制百乘之家，應出甲兵三百人，卒七千二百人，共計士卒七千五百人，現在〈算地〉篇云：『方土百里，出戰卒萬人』，則經商鞅改制後，同一面積之土地上，所出士卒數目，比以前增加三分之一。其所以如此，以前大概是七家共出一兵，現在則是每家出一兵。……吻合〈畫策〉：『舉國而責之於兵』。由此看來，商鞅的兵制是以『家庭』爲單位，所以要數小，而鼓勵小家庭。每一家所受土地，約比以前多五倍，故生活富饒，每家一兵，亦可『干戈備具』，所以說『畝五百，足帶一役』（《商君書‧算地》）。這樣，可使同樣土地，多出三分之一士卒，歸根結底，是由於推行小家庭制度，故曰：『方土百里，出戰卒萬人，數小也』（《商君書‧算地》）。故其基本形式是兵農合一，入則爲農民，出則爲戰士。」〔註78〕則商鞅農戰政策，分異子弟，增加戶數，即增加兵源數目。農戰爲本，兵農合一。此即《商君書‧算地》所謂：「入使民盡力，則草不荒；出使民致死，則勝敵。勝敵草木不荒，富強之功可坐而致也。」

（二）加強對軍隊的管制

除增加兵源，商鞅還妥善運用人力，分民爲三軍，使各有工作，務期人人致力。見《商君書‧兵守》：〔註79〕

> 三軍：壯男爲一軍，壯女爲一軍，男女之老弱者爲一軍，此謂之三

〔註78〕侯家駒：《先秦法家統制經濟思想》，頁153～156。
〔註79〕陳啓天先生認爲：「商鞅以法家而兼兵家，曾任大將，戰勝功取；初主變法，繼乃親征，即是實行〈戰法〉和〈立本〉二篇的主張。秦雖非「四戰之國」，然鞅曾在四戰的魏國作過事，對於〈兵守〉的道理或曾提出。況且凡主兵事的人，未有不計及守法的。三篇行文都簡直。因此我疑這三篇都是商鞅的遺作。縱令出於後人，也是描寫商鞅先政後兵的作法，而此三篇尚不足以完全道出商鞅的兵學。」《商君書考證》，頁128。故本文藉以說明商鞅軍事思想。

> 軍也。壯男之軍，使盛食、勵兵，陳而待敵。壯女之軍，使盛食、
> 負壘，陳而待令；客至而作土以爲險阻及耕格阱；發梁撤屋，給從
> 從之，不洽而燵之，使客無得以助攻備。老弱之軍，使牧牛馬羊彘；
> 草木之可食者，收而食之，以獲其壯男女之食。

商鞅分配：由壯男組成的軍隊，負責準備充足的食物，磨快兵器，擺好陣勢，準備迎擊敵人。由壯女組成的軍隊，既負責準備充足食物，敵人來時，還要馬上在城外堆土做成障礙、挖掘陷阱，並儘速取下屋樑，拆除房子，搬入城內，若來不及拆除，就把它們燒掉，使敵人得不到有助於攻城的工具。由老弱組成的軍隊，就讓他們放牧牛馬羊豬，把草木中可吃的東西，都收來自己吃，從而爲壯男壯女節省一些糧食。

除了建立三軍，商鞅還下令「愼使三軍無相過」，〔註80〕禁止三軍互相來往，理由是：

> 壯男過壯女之軍，則男貴女，而姦民有從謀，而國亡；喜與其恐有
> 蚤聞，勇民不戰。壯男壯女過老弱之軍，則老使壯悲，弱使強憐，
> 悲憐在心，則使勇民更慮，而怯民不戰。故曰：「愼使三軍無相過」，
> 此盛力之道。（《商君書・兵守》）

壯男到壯女軍中去，男女就會有愛戀，而姦邪的人就會從中進行一些陰謀活動，國家就有滅亡的危機。而且男女相處在一起，害怕早日發生戰鬥，勇敢的人也就不肯作戰了。壯男壯女到老弱軍中去，老年人會引起壯年人的悲傷，體弱的會引起體強的悲憐，有了悲憐之心，勇敢的人就會降低鬥志，怯懦的人就不肯作戰，所以要嚴禁三軍不能互相來往。

此外，商鞅還以刑（什伍連坐）賞（首功制）並用的方式，勸民於戰，《史記・商君列傳》云：「有軍功者，各以率受上爵。爲私鬥者，各以輕重被刑。」

什伍制度最早與軍事有關，殷代軍隊的基本單位是「什」，其編制爲十進位，周人襲之。〔註81〕隨著春秋兼併戰爭愈演愈烈，列國爲擴充軍隊，掌握兵源，都開始整編戶籍，「伍」制漸興。如：

> 凡用兵之法，全國爲上，破國次之；全軍爲上，破軍次之；全旅爲
> 上，破旅次之；全卒爲上，破卒次之；全伍爲上，破伍次之。（《孫
> 子兵法・謀攻》）

〔註80〕《商君書・兵守》，卷三，頁7。
〔註81〕杜正勝：《編戶齊民》（臺北：聯經出版事業公司，1992年），頁68。

> 伍有罪，若能身捕罪人，若告之，吏皆構之。若非伍而告知他伍之
> 罪，皆倍其構賞。(《墨子‧號令》)

什伍制度用於對外作戰時，是一種變相的強制人民奮勇殺敵的方式。《商君
書‧境內》對此有進一步的說明：

> 其戰也，五人來簿爲伍，一人羽，而輕其四人，能人得一首，則復。……
> 將短兵四千人，戰及死吏，而輕短兵，能一首，則優。……能得甲
> 首一者，賞爵一級，益田一頃，益宅九畝，一除庶子一人，乃得人
> 兵官之吏。

商鞅的農戰政策，使國人個個竭盡力量從事農業生產與軍事戰爭，終於奠定
秦一統天下的基石。

四、社會方面的改革

　　商鞅在社會方面的改革，可以分爲二大重點：一是立什伍連坐制度；二
是社會習俗的變革。

(一)立什伍連坐制度

　　什伍制度，非始自商鞅。秦獻公時，已有戶籍相伍的紀載。《史記‧秦始皇
本紀》附《秦紀》載獻公十年（375B.C）：「爲戶籍相伍。」商鞅在獻公戶籍什
伍的基礎上，進一步發展出連坐制，「令民爲什伍而相牧司連坐，不告姦者，腰
斬；告姦者與斬敵首同賞；匿姦者與降敵同罰。」在原有社會組織上強化掌控
力量，使統治者無論在政治、軍事或是經濟上，都能更準確的掌控人民。

　　「戶籍」者，合戶多人之身分資料也。〔註82〕杜正勝先生以爲：「傳籍目
的希望有效掌握人力資源，以爲國家使役，只記錄個人的名籍和全家男女皆
錄、老幼靡遺的戶籍制度最大的差別是在徹底控制人力，以保證『有人此有
土，有土此有財』的國家結構穩固完善。……名籍可能很早就存在，（周代的
名籍以宮廷宿衛和軍隊士卒爲主），但戶籍則不會早於春秋中葉以前。……山
東列國最早建立戶籍，楚、晉次之，秦國的政治演進與政治改革都比東方落
後，所以最晚才有戶籍。」〔註83〕戶籍制度一旦建立，「四境之內，丈夫女子

〔註82〕杜正勝先生說道：「單一個人身分資料爲『名籍』；合戶多人之身分資料爲『戶
　　　　籍』。」《編戶齊民》，頁1。
〔註83〕同上註，頁22～25。

皆有名於上，生者著，死者削。」〔註84〕上位者得由此徵調人民服兵役、力役以及徭役之徵，使人力無從隱藏。另一方面，戶籍制也代表著封建制轉化為郡縣制，由封建宗法的血緣繫屬，轉為居住地繫屬，相互之間無階層隸屬關係，人民的法律身分一律平等。

什伍制度最早與軍事有關，齊、鄭等國更將軍隊什伍制轉化為居民組織，如：《管子・立政》云：「十家為什，五家為伍，什伍皆有長焉。」《左傳》襄公三十年（543B.C），子產使「廬井有伍」，杜預注：「廬，舍也；九夫為井，使五家相保。」〔註85〕黎明釗先生認為：「齊、鄭什伍相保制度實際內容不得而知，但不一定是暴戾的連坐制度，否則子產死後，人民不會悲戚如亡親戚，孔子與司馬遷也不會評其為仁愛之人，所以可能只是整編人口的一個制度。戰國以後，各國閭里已普遍部屬什伍。」〔註86〕錢穆先生云：「《通典》引吳起教戰法，亦有『鄰里相比，什伍相保』之文。」〔註87〕則商鞅「令民為什伍，而相牧司連坐」〔註88〕可能即由此沿用而來。所不同者是秦國更強調連坐，嚴格執行法治，使國家統治政策由上而下得以貫徹實行。

連坐之名，始見商鞅治秦；但連坐之實，春秋已有。《左傳》襄公二十三年，「晉人克欒盈於曲沃，盡殺欒氏族黨。」〔註89〕《史記・楚世家》：「靈王三年（楚伐吳）囚慶封，滅其族。」一人犯罪，誅連親人的族刑，可謂連坐之先驅。沈家本先生在《刑制分考》書中，云：「戰國三族之法，各國亦行之。」〔註90〕到戰國時代，列國族誅之刑更為普遍，《史記・秦本紀》載「（秦文公二十年）法初有三族之罪……武公三年，誅三父等而夷三族。」商鞅擷取各國以家族為本位的連坐制度，在獻公「戶籍相伍」的基礎上，進一步發展成「什伍連坐」的居民連坐及告姦制度。

關於商鞅的「什伍連坐」制度，司馬貞《史記索隱》云：「五家為保，十保相連。……牧司，謂相糾發也，一家有罪，而九家連舉發，若不糾舉，則十家連坐。恐變令不行，故設重禁。」張守節《史記正義》云：「或為十保，或為五

〔註84〕《商君書・境內》，卷五，頁1。
〔註85〕《左傳》，卷四十，頁304。
〔註86〕黎明釗：〈秦代什伍連坐制度之淵源問題〉，《大陸雜誌》第七十九卷第四期，1989年4月15日，頁171～172。
〔註87〕錢穆：《先秦諸子繫年考辨・商鞅考》，頁263。
〔註88〕《史記・商君列傳》，卷六十八，頁7、8。
〔註89〕《左傳》，卷三十五，頁270。
〔註90〕沈家本：《刑制分考一・夷三族》（臺北：臺灣商務印書館，1976年），頁8。

保。」〔註91〕許慎《說文解字》云：「伍，相參伍也。」「什，相什保也。」〔註92〕《釋名‧釋州國》解釋較爲詳盡：「五家爲伍，以五爲名也，又謂之鄰。鄰，連也，相連接也。又曰比，相親比也。五鄰爲里，方一里之中也。」〔註93〕說明什伍制是以家爲最小單位，五家爲一組，稱「伍」；十家爲「什」，家家彼此相鄰，互相負有監察的責任。一人有罪，組織中的其他人要舉發；否則也要受到懲罰。以收遏止犯罪之效，讓人民皆成爲天子的耳目，輔助天子監控天下。商鞅推行什伍連坐制的效果，使得道不拾遺，山無盜賊，鄉邑大治。

　　《史記‧商君列傳》記載：秦孝公死，太子繼位，公子虔告商君欲反，發吏捕之，商鞅逃至下關，要投宿旅社時，店主人不知其爲商君，說到：「商君之法：舍人無驗者，坐之。」可見其什伍連坐制在當時確實被認眞執行，什伍連坐施行如此有成效，故鞅死後，秦律中仍有保留，從《睡虎地秦簡‧法律答問》可見。連坐施行的結果，雖使秦國大治，卻也破壞了人倫親愛之情，加深彼此的猜忌，故也是商鞅屢被批評的原因之一。

（二）社會習俗的變革

　　《商君書‧算地》云：「聖人之爲國也，觀俗立法則治。察國事本則宜。不觀時俗，不察國本，故其法立而民亂，事劇而功寡。」可見法家強調統治者要先觀察社會風俗，再來建立法制，如此才能治理好國家。秦地近西戎，雜有戎翟之風，「父子無別，同室而居」，〔註94〕故商鞅變法，即令禁止「父子兄弟同室內息」，〔註95〕建立「男女之別」，〔註96〕嚴防男女之間發生淫亂之事。此法一方面改良風化，一方面也如「民有二男以上不分異者，倍其賦」，〔註97〕直接鼓勵小家庭制度。

　　齊思和先生在〈商鞅變法考〉一文中，以爲：「商君不惟教民分居也，又教孝公焚書。秦之焚書，前人皆以爲始於始皇，實則始皇之前，商君早已焚書矣。《韓非子‧和氏》云：『商君教孝公以連什伍，設告坐之過，燔詩書而明法令，

〔註91〕司馬貞、張守節語，俱見《史記‧商君列傳》，卷六十八，頁7、8。
〔註92〕《說文解字注》，第八篇上，頁十八。
〔註93〕漢‧劉熙：《釋名‧釋州國》（四部叢刊正編，臺北：臺灣商務印書館，1979年），卷二，頁11。
〔註94〕《史記‧商君列傳》，卷六十八，頁15。
〔註95〕同上註，卷六十八，頁11。
〔註96〕同註94。
〔註97〕同註94，卷六十八，頁8。

塞私門之請而遂公家之勞，禁游宦之民，而顯耕戰之士。孝公行之，主以尊安，國以富強。』焚詩書故不始於始皇矣。……法家之主張焚詩書，其目的蓋在統一思想，恐學者執詩書以議法令，故遂焚詩書以明法令也。」〔註98〕

　　此外，《韓非子‧姦劫弒臣》謂秦國故俗是：「有罪可以得免，無功可以得尊顯。」所以人民輕法犯禁之事層出不窮。商鞅執政後，一方面行嚴刑重罰，立連坐之法，「不告姦者，腰斬；告姦者與斬敵首者同賞；匿姦者與降敵同罰」，〔註99〕使人民知道有罪必誅，而不敢輕易違法犯禁，以維護國家治安。另一方面，商鞅以農戰爲獲得官爵的唯一途徑，強調有功者受賞，無功者無賞的必然性，改變人民妄想無功也能獲致尊顯的僥倖心態。《商君書‧農戰》：

> 凡人主之所以勸民者，官爵也。國之所以興者，農戰也。今民求官
> 爵，皆不以農戰，而以巧言虛道，此謂勞民。勞民者，其國必無力，
> 無力者其國必削。善爲國家者，其教民也，皆作壹而得官爵，是故
> 不官無爵。國去言則民樸，民樸則不淫。民見上利之從壹空出也，
> 則作壹。作壹則民不偷營，民不偷營則多力，多力則國強。今境內
> 之民皆曰農戰可避，而官爵可得，是故豪傑皆可變業，務學詩書，
> 隨從外權，上可以得顯，下可以求官爵；要靡事商賈，爲技藝，皆
> 以避農戰。具備，國之危也。

商鞅以農戰爲國家的根本，規定只有從事農戰，才能獲得官爵。爲授官賜爵立下常規，禁止巧言惑眾，使民風歸於純樸，讓人民個個皆樸實專一，致力於農業生產與戰事上，從而使得國富而治。這也就是他所謂的稱王之道：「王道作外，身作壹而已矣。」〔註100〕

　　秦惠王即位，商鞅死於車裂之刑，但他的法令仍繼續沿用不廢。不僅在當時，幫助秦國成爲戰國七雄中最強的一國，最後甚至併滅了其他六國，一統天下，成爲史上最成功的變法。

第三節　商鞅變法成效與後續之秦政

　　戰國時代，各國務求彊國之術，孟子初見梁惠王，王亟問：「叟不遠千里

〔註98〕齊思和：《中國史探研》，頁140。
〔註99〕《史記‧商君列傳》，卷六十八，頁8。
〔註100〕《商君書‧農戰》，卷一，頁8。本語意指稱王天下的途徑沒有別的，不過是國家親自實行重農重戰的政策罷了。

而來，亦將有以利吾國乎？」〔註101〕故《韓非子‧五蠹》云：「上古競於道德，中世逐於智謀，當今爭於氣力。」商鞅變法之成功，除鞅本身具遠見，能看清時勢的趨向，以農戰爲本，以及秦孝公的大力支持外，還有秦本身條件的配合。

一、秦地條件與變法成功的關連

（一）地理優勢

　　秦居西陲，距東方六國甚遠，只有南邊與東邊的一小部分與楚、魏相鄰。地形完固，又扼函谷關之險要，進可攻，退可守，故地理形勢十分優越。麥孟華先生指出：「地理者，建國之第一要素，凡文化、風俗、政治、軍事，皆與有密切之關係者也。……秦國國於黃河上游，與山東諸國相隔絕，其接壤爲鄰者，獨南界於楚，東邊於魏耳。而又扼殽函之險要，一人守隘，則萬夫莫敢敏關。故有事則東向以爭中原，無事則閉關以作內政。顧炎武謂：『秦地華陰，縮轂關河之口，雖足不出戶，而能見天下之人，能聞天下之事。一旦有警，入山守險，不過十里之遙；若志在四方，一出關門，亦有建瓴之勢。』蓋關中之地利，固有控制中原之形勢也；山東諸國，六雄角立，國皆四戰，日尋千戈，疲於奔命，民不得息；而秦則閉關固守，我能往而寇不能來，可以勤修內政，厚內力以承人之敝。……商君實利用此地形，以固帝國之基礎。」〔註102〕《淮南子‧要略》亦謂：「（秦）被險而帶河，四塞以爲固，地利形便，蓄積殷富。孝公欲以虎狼之勢而吞諸侯，故商鞅之法生焉。」可見商鞅變法成功亦藉助於秦地形勢。而秦地理形勢之優越，正是秦國日後能一統天下的重要因素之一。

（二）人民善戰

　　秦地近西戎，深受戎、翟游牧民族的感染，樸質而剽悍，精於騎射。且秦之先祖即以善牧馬著名，馬種的優良與人民的勇武，使秦國的戰鬥力遠勝山東諸國。《淮南子‧要略》謂：「秦國之俗，貪狼強力，寡義而趨利，可威以刑，而不可化以善，可勸以賞，而不可厲以名。」商鞅相秦，以首功制勸戰，使秦人充分發揮其特長。張儀云秦軍之驍勇善戰，爲戰國之冠：

〔註101〕《孟子‧梁惠王上》，卷一上，頁2。
〔註102〕麥孟華：《中國六大政治家‧商君》（臺北：正中書局，1963年），頁3。

　　秦馬之良，戎兵之眾，探前趹後，蹄閒三尋，騰者不可勝數。山東
　　之士，被甲蒙冑以會戰，秦人捐甲徒裼以趨敵，左挈人頭，右挾生
　　虜，夫秦卒與山東之卒，猶孟賁之與怯夫，以重力相壓，猶烏獲之
　　與嬰兒。（《史記‧張儀列傳》）

秦人的習性，商鞅不但瞭解，更充分利用，使其成為一大利器，而成稱霸之
大業。

二、變法成效與後人評論

　　《史記‧商君列傳》云：「令行於民期年，秦民之國都言初令之不便者以
千數。……行之十年，秦民大說，道不拾遺，山無盜賊，家給人足，民勇於
公戰，怯於私鬥，鄉邑大治。」商鞅變法的成效，不惟使國內家給人足，鄉
邑大治，國富兵強；對國外也連戰皆捷，使山東諸國不敢攖其鋒，遂成強國。

　　商鞅對秦國貢獻良多，史籍上一些人物對他的評價，也多半持肯定的態度。
如：韓非在《韓非子》書中，多次稱述商君的功蹟，〈和氏〉云：「商君教秦
孝公以連什伍，設告坐之過；燔詩書而明法令；塞私門之請，而遂公家之勞；
禁游宦之民，而顯耕戰之士。孝公行之，主以尊安，國以富強。」〈姦劫弒
臣〉云：「孝公不聽，遂行商君之法。民後知有罪之必誅，而私姦者眾也，
故民莫犯，其刑無所加，是以國治而兵強，地廣而主尊。」這是法家學者對
他的肯定。

　　《史記‧范雎蔡澤列傳》載蔡澤言商君之功：「夫商君為秦孝公明法令、禁
姦本。尊爵必賞，有罪必罰。平權衡，正度量，調輕重，決裂阡陌，以靜生民
之業，而一其俗。勸民耕農利土，一室無二事，力田畜積，習戰陳之事。是以
兵動而地廣，兵休而國富。」李斯也稱道說：「孝公用商鞅之法，移風易俗，民
以殷勝，國以富彊，百姓樂用，諸侯親服。獲楚、魏之師，舉地千里，至今治
彊。」（《史記‧李斯列傳》）由此可見，商鞅以後，秦國主政者，對他的讚美。

　　杜佑云：「秦自孝公納商鞅策，富國強兵為務，仕進之途，唯闢田與勝敵
而已，以至始皇遂平天下。」〔註103〕

　　鄭良樹先生以商鞅集法、兵、農三家為一身，是影響秦政最重要的人：「對
秦國及秦朝而言，沒有甚麼比商鞅及其學派更重要了。自從秦孝公開始，秦

─────────────
〔註103〕《通典‧選舉一》，卷十三，頁2。

國在政治方面，實際上都無不以商鞅及其學派爲主導思想。」〔註104〕

胡漢民先生在《商君書箋正》書序中曰：「商鞅政治思想之中心，爲農本主義與戰利主義，農本主義之目的在富國，戰利主義之目的在強兵。富國強兵實適應於當時時代之政策，而其資以貫徹此主義者，厥爲嚴格之法治。」〔註105〕

現今出土的《睡虎地秦簡》證明了商君法對秦律的影響，黃中業先生在〈雲夢秦律發現的重大意義〉一文中，即認爲「雲夢秦律是商鞅秦律的繼續」。〔註106〕高敏先生在〈商鞅《秦律》與雲夢出土《秦律》的區別與聯係〉一文中，也指出雲夢秦律是商鞅秦律的直接延續。〔註107〕余宗發先生在〈由《雲夢秦簡》看商鞅的智慧〉文中，更是推崇商鞅能掌握時代脈動爲秦訂定法治的基礎，發展經濟以鞏固秦之國本；尚首功，驅民勇於殺敵。〔註108〕

商鞅變法爲法家在秦國開了先路，也爲秦開創了帝業。商鞅死後，「秦法未敗」。〔註109〕而繼起之法家，也繼續對秦政發揮影響，助秦成帝業，其中以韓非、李斯對秦政影響最大。韓、李二人，皆出荀卿之門，一爲理論家，一爲實踐者。

三、韓非對秦政的影響

「韓非者，韓之諸公子也。」〔註110〕劉寶才先生在〈韓非評傳〉中，推測其生卒年當介於 295B.C～233B.C。〔註111〕韓非生當戰爭激烈的戰國後期，

〔註104〕鄭良樹先生說道：「他吸收了李悝的思想，《漢志》農家類著錄《神農二十篇》，師古引劉向《別錄》說：『疑李悝及商君所託。』可見李悝與商君都和農家有關係，皆以重農爲開發全國經濟的策略，此其一。……《漢志》兵家類著錄有《公孫鞅二十七篇》，《商君書》內就有幾篇論戰的文章，此其二。商鞅兼有法家、兵家、農家三重性格，在先秦的法家系統中，再也沒有第二位這樣的人物了。」《商鞅及其學派》，頁 5。

〔註105〕清・嚴萬里：《商君書箋正》（臺北：廣文書局，1975 年），頁 2。

〔註106〕黃中業：《秦國法制建設・雲夢秦律發現的重大意義》（遼瀋書社，1991 年），頁 88。

〔註107〕高敏：〈商鞅《秦律》與雲夢出土《秦律》的區別與聯係〉，《雲夢秦簡初探》（河南人民出版社，1981 年），頁 2。

〔註108〕余宗發：〈由《雲夢秦簡》看商鞅的智慧〉，《國立僑生大學先修班學報》第一期抽印本，1993 年 7 月，頁 24。

〔註109〕《韓非子・定法》，卷十七，頁 9。

〔註110〕《史記・老子韓非列傳》，卷六十三，頁 14。

〔註111〕張文立：《秦史人物論》（陝西人民教育出版社，1993 年），頁 125。

飽受四戰之苦的韓國，《韓非子·存韓》說到韓國夾在秦與東方諸國之間，主辱臣苦的處境：

> 韓事秦三十餘年，出則爲扞蔽，入則爲席薦，秦特出銳師取韓地，
> 而隨之怨懸於天下，功歸於強秦。……夫韓小國，而以應天下四擊，
> 主辱臣苦，上下相與同憂久矣。

蘇轍《六國論》也以當時的韓國爲天下之戰場：「夫秦之所與諸侯爭天下者，不在齊、楚、燕、趙也，而在韓、魏之郊。夫諸侯之與秦爭天下者，不在齊、楚、燕、趙也，而在韓、魏之野。秦之有韓、魏，譬如人之有腹心之疾也；韓、魏塞秦之衝，而蔽山東之諸侯，故天下之所重者，莫如韓、魏。」〔註112〕韓非早先受學於荀卿，但見韓國之削弱，法壞民亂，韓王昏瞶，權臣專政，賣官鬻爵成風，深感「功勞之臣不論，官職之遷失謬，是以吏偷官而外交，棄事而財親；是以賢者懈怠而不勸，有功者墮而簡其業，此亡國之風也。」〔註113〕於是棄儒從法，汲取前輩法家的理念，提倡以法、術、勢治國，而成爲法家之集大成者。《史記·老子韓非列傳》云：

> （韓）非爲人口吃不能道說，而善著書。……非見韓之削弱，數以
> 書見韓王。韓王不能用，於是韓非疾治國不務脩明其法制，執勢以
> 御其臣下，富國彊兵；而以求人任賢，反舉浮淫之蠹，而加之於功
> 實之上。以爲儒者用文亂法，而俠者以武犯禁。寬則寵名譽之人，
> 急則用介胄之士。今者所養非所用，所用非所養，悲廉直不容於邪
> 枉之臣，觀往者得失之變。於是作〈孤憤〉、〈五蠹〉、〈內外儲〉、〈說
> 林〉、〈說難〉十餘萬言。

劉寶才先生認爲：「韓非之策，雖未被採用，但韓非能『數以書諫韓王』，說明韓非可能有一定官位，曾參與國政。韓王安即位後，曾『與韓非謀弱秦』，可能對韓非的主張給予了較多的重視。」〔註114〕筆者以爲不然，戰國本有養士之風，無官者，亦可以諫言人主；況且韓非貴爲韓公子之身分，異於普通游士，更得數以書諫韓王。且史書上未聞韓非曾與韓政，故韓非其政治主張在韓未必受重視，所以韓非才會憤而著〈孤憤〉、〈五蠹〉、〈內外儲〉、〈說林〉、

〔註112〕《欒城應詔集》（四部叢刊正編，臺北：臺灣商務印書館，1979 年），卷一，
　　　　頁 6。
〔註113〕《韓非子·八姦》，卷二，頁 21～22。
〔註114〕劉寶才：《秦史人物論·韓非評傳》，頁 129。

〈說難〉十餘萬言，以宣己志。

韓非之文章，流傳至秦，秦王政見〈孤憤〉、〈五蠹〉之書，大爲嘆服，曰：「嗟乎！寡人得見此人與之游，死不恨矣。」〔註115〕李斯因言其出自韓非，促使秦急攻韓。秦王政對韓非之賞識，由此可見。現就秦王政所見〈五蠹〉、〈孤憤〉二篇，略論韓非之法治思想，以明其對秦王政可能的影響。

（一）〈五蠹〉篇的法治思想

法家以農戰爲富強之本，厭惡一切不利於農戰的事物。所以韓非在〈五蠹〉篇中，明確指出儒生、俠客、縱橫策士、宦豎近臣和商工之民，這五種人是國家的蠹蟲，是禍亂之根源，要人主摒除於國政之外。因爲這五種人，不事生產，無利於國家，卻坐享財富尊爵，使民起而效尤，如此國危矣。韓非意欲改變這種「無耕之勞而有富之實；無戰之危而有貴之尊」〔註116〕的局面，希望人主獨尊農戰之士。正如當初商鞅主張「皆作壹而得官爵」，〔註117〕只獎賞耕戰之士的用意相同。

1. 五蠹之興

五蠹的產生，在於人主態度的偏差，官爵不從一空出，混淆了私行與公利的分際，使法壞民亂，國力耗損。人主既賞民以戰功，就不該重文輕武；既勸民於耕，就不應尊禮不治而議論之士，使「毀譽賞罰之所加者，相與悖繆」，故法禁壞，而民愈亂，導致國家混亂。如其云：

> 其有功也爵之，而卑其士官也。以其耕作也賞之，而少其家業也。以其不收也外之，而高其輕世也。以其犯禁也罪之，而多其有勇也。毀譽賞罰之所加者，相與悖繆也，故法禁壞，而民愈亂。今兄弟被侵，必攻者，廉也。知友被辱，隨仇者，貞也。廉貞之行成，而君上之法犯矣。人主尊貞廉之行，而忘犯禁之罪，故民程於勇，而吏不能勝也。不事力而衣食，則謂之能。不戰功而尊，則謂之賢。賢能之行成，而兵弱而地荒矣。人主說賢能之行，而忘兵弱地荒之禍，則私行立而公利滅矣。

因爲國家公利（糧食足而兵力厚）與私人的德行修養（廉貞賢能），是互

〔註115〕《史記·老子韓非列傳》，卷六十三，頁27。

〔註116〕《韓非子·五蠹》，卷十九，頁9。本小節引文，未注出處者，均爲〈五蠹〉之文。

〔註117〕《商君書·農戰》，卷一，頁7。

相衝突的，人主想兼二者之利，以求國家之富強，必不可得也。

> 不相容之事，不兩立也。斬敵者受賞，而高慈惠之行；拔城者受爵
> 祿，而信廉愛之說；堅甲厲兵以備難，而美薦紳之飾；富國以農，
> 距敵恃卒，而貴文學之士；廢敬上畏法之民，而養遊俠私劍之屬。
> 舉行如此，治強不可得也。國平養儒俠，難至用介士，所利非所用，
> 所用非所利。是故服事者簡其業，而遊學者日眾，是世之所以亂也。

所以人主態度要堅定，只看重能使國家富強的農戰之士，而不要浪費精力去養無益於治的智巧辯慧與逞勇鬥狠之士，五蠹就無從產生了。

2. 五蠹之危害

儒者以文亂法，因為儒者「稱先王之道以藉仁義，盛容服而飾辯說，以疑當世之法，而貳人主之心。」戰國時儒家學說盛行，儒生不事生產，卻能因為修行義而習文學，受到人主尊禮，受祿顯榮。自然對民心產生莫大影響，眼見農戰之事苦，而習文學可以避勞役，又尊寵加身，人民莫不棄農戰而習文學，如此糧倉就會空虛，國力就會衰弱。

> 修行義而習文學。行義修則見信，見信則受事；文學習則為明師，
> 為明師則顯榮。……無功而受事，無爵而顯榮，為有政如此，則國
> 必亂，主必危矣。

俠者以法犯禁，「聚徒屬，立節操，以顯其名，而犯五官〔註118〕之禁。」俠客逞私人之勇，糾合黨徒，進行私鬥，違反法禁，危害社會治安，卻享有勇敢、俠義等盛名，帶給人民錯誤示範。況且私鬥無益於國家，真正勇者是為國家作戰的戰士們。故商鞅之時，即令「為私鬥者，各以輕重被刑」。〔註119〕韓非此處進一步說明俠客私鬥對國家造成的危害。強調人主欲富強，就要顯農戰，去儒俠。

> 廢敬上畏法之民，而養遊俠私劍之屬。舉行如此，治強不可得也。

談言者「務為辯而不周於用」，利用巧妙的言語，虛偽的設辭，遊走於各國之間，各逞其說，以蠱惑人主，牟取私利。事未成，爵祿已尊；事敗又弗誅。民見其不務農戰卻坐享尊爵，亦心存僥倖，競相務為言談，使游士人數大增。

> 國利未立，封土厚祿至矣；主上雖卑，人臣尊矣；國地雖削，私家

〔註118〕《禮記・曲禮下》云：「天子之五官，曰司徒、司馬、司空、司士、司寇，典司五眾。」（卷四，頁23。）邵增樺先生以為：「五官之禁，猶言政府各機關的禁令。」《韓非子今註今譯》（臺北：臺灣商務印書館，1992年），頁54。

〔註119〕《史記・商君列傳》，卷六十八，頁8。

富矣。事成，則以權長重；事敗，則以富退處。

對內則農地荒廢，國廩空虛；對外則挑起列國戰爭，影響國際和平，危害民生。

患御者「積於私門，盡貨賂，而用重人之謁，退汗馬之勞」。拿錢賄賂當道，或購買官爵，或逃避勞役，一則違反國家之法令，二則形成私人勢力，使朋比為奸者增多，忠心為國的人減少，危害人主地位以及國家安危。所謂：

事私門而完解舍，解舍完則遠戰，遠戰則安。行賄祿而襲當塗者則求得，求得則私安。私安利之所在，安得勿就？是公民少而私人眾矣。

商工之民「修治苦窳之器，聚沸靡之財，蓄積待時，而侔農夫之利」，囤積居奇，賤買貴賣，壓榨農夫，以此聚斂財富。農民見耕作辛苦而獲利少，不如工商之安逸，必棄農而從工商，如此田地荒蕪，國貧矣。韓非說：

今世近習之請行，則官爵可買；官爵可買，則商工不卑也矣。姦財貨賈得用於市，則商人不少矣。聚斂倍農，而致尊過耕戰之士，則耿介之士寡，而高價之民多矣。

此五蠹妨礙農戰，危害國家甚大，韓非認為人主應儘速除之。此外，韓非也提出唯有以法治國，才是國家富強的必勝之術。

3. 務行法治

韓非認為要防止五蠹，使國家走向富強，唯有以法為教，去書簡之文。以吏為師，去先生之語。獎勵農戰，禁私劍之鬥。才能使儒生、俠客、縱橫策士、宦豎近臣、工商之民不生境內。

故明主之國，無書簡之文，以法為教；無先王之語，以吏為師；無私劍之捍，以斬首為勇。是境內之民，其言談者必軌於法，動作者歸之於功，為勇者盡之於軍。是故無事則國富，有事則兵強，此之謂王資。既畜王資，而承敵國之釁，超五帝侔三王者，必此法也。

只有行法治之教，才能夠培養國家的實力，使國家既富且強，完成超越五帝三王的功業。

韓非主張法治的理由有二：第一、從歷史進化的觀點觀之，當今爭於氣力，故非行法治不可。第二、德治不如法治，因為「威勢之可以禁暴，而德厚不足以止亂」。〔註120〕

〔註120〕《韓非子‧顯學》，卷十九，頁17。

（1）歷史的進化

　　韓非和商鞅一樣都認為歷史是不斷向前進展的，古今不同教，各當應時而立法。商鞅分歷史為親親、上賢、貴貴三世，他認為三世治術不同，就是因為時代改變，社會條件變遷，人民習俗也有所不同，所以人主治理人民的方式，也要有所修正。而在紛擾的戰國時期，唯有法治最符合當時政治社會的需求，所以商鞅極力提倡「以法治國」。《商君書‧開塞》說：

> 天地設而民生之。當此之時也，民知其母而不知其父，其道親親而愛私。親親則別，愛私則險，民眾而以別險為務，則民亂。……當此時也，親親廢，上賢立矣。……民眾而無制，久而相出為道，則有亂。故聖人承之，作為土地貨財男女之分。分定而無制不可，故立禁。禁立而莫之司不可，故立官。官設而莫之一不可，故立君。既立君，則上賢廢而貴貴立矣。然則上世親親而愛私，中世上賢而說仁，下世貴貴而尊官。上賢者，以嬴相出也；而立君者，使賢無用也。親親者，以私為道也，而中正者使私無行也。此三者，非事相反也，民道弊而所重易也，世事變而行道異也。

這也就是所謂的「禮、法以時而定，制、令各順其宜。兵甲、器備各便其用。故治世不一道，便國不必古」〔註121〕的道理。

　　韓非和商鞅一樣，他把歷史的發展分為上古、中古、近古三個階段，認為「古今異俗，新故異備」，法令要因時制宜，並進一步肯定時代是不斷進步的。每個時代環境不同，所以需求不同，治理方式自然也要不同，以達到「論世之事，因為之備」。

　　韓非認為當今之世與以往最大的不同在於「人口的增加」。以前地廣人稀，民不事力而養足。現在人民眾而貨財寡，即使努力耕作，亦未必溫飽，所以爭亂起，刑法生。這是社會發展的結果，不是君王賞罰輕重或仁愛暴戾的問題，故云：「事因於世，而備適於事」。那些主張法先王的言論，是不合時宜的，就像是守株待兔的人一般無稽。

　　所以韓非希望人主瞭解「聖人不期脩古，不法常可，論世之事，因為之備」的道理。不要依循舊制，而是衡量當前社會的情勢，實行適當的政治措施。

（2）德治不如法治

〔註121〕《商君書‧更法》，卷一，頁2。

商鞅爲秦變法，「法令至行，公平無私，罰不諱強大，賞不私親近」，〔註122〕使秦國大治。韓非目睹秦之強盛，慕商君之法，又承荀子之性惡說，認爲人性自利，故主張「威勢之可以禁暴，而德厚之不足以止亂」，〔註123〕要人主務爲法治。《韓非子·五蠹》說：

> 今有不才之子，父母怒之弗爲改，鄉人譙之弗爲動，師長教之弗爲變。夫以父母之愛，鄉人之行，師長之智，三美加焉，而終不動其脛毛。州部之吏，操官兵，推公法，而求索姦人，然後恐懼，變其節，易其行矣。故父母之愛，不足以教子。必待州部之嚴刑者，民固驕於愛，聽於威矣。故十仞之城，樓季弗能踰，峭也；千仞之山，跛牂易牧者，夷也。故明主峭其法，而嚴其刑也。

韓非以不才之子爲例，父母的慈愛、鄉人的規勸以及師長的教誨，均不如官府強行的法令，能糾正人的行爲。所以仁愛無益於治，唯有嚴刑能禁民爲非。故要國治民安，唯有嚴其刑，必其誅。就好比「布帛尋常，庸人不釋；鑠金百鎰，盜跖不掇。不必害，則不釋尋常；必害，則手不掇百鎰」的道理。所以韓非主張「信賞必罰」，使賞厚而信，罰重而必，法一而固，施賞不遷，行誅無赦。譽輔其賞，毀隨其罰。如此則國人無論賢不肖都會盡其本分了。

韓非的法治主張與當時貴爲顯學的儒家仁義說法相悖，爲求法之必行，故韓非須先破儒家仁義之說，以使君主頒行法令。韓非以爲仁義之治，只能行於古代，民風尚純樸之時。近世民風輕狡，徒有仁義已不足治。這是因爲「上古競於道德，中世逐於智謀，當今爭於氣力」，所以文王、徐偃王皆行仁義，但文王稱王天下，而徐偃王喪國，就是「仁義用於古，而不用於今」的最好說明。

此外，韓非也認爲仁義訴求的標準過高，非一般人所能爲，即使古代聖王亦未能廢除法治。且仲尼倡仁義之教，但眞正行仁義者，也唯他一人。故必求仁義以治國，不可得也。其言曰：

> 且民者，固服於勢，寡能懷於義。仲尼天下聖人也，脩行明道以游海內，海內說其仁，美其義而爲服役者七十人。蓋貴仁者寡，能義者難也。……今學者之說人主也，不乘必勝之勢，而曰務行仁義，則可以王。是求人主之必及仲尼，而以世之凡民皆如列徒，此必不得之數也。

〔註122〕《戰國策·秦策一》，卷三，頁1。
〔註123〕《韓非子·顯學》，卷十九，頁17。

又，魯君不仁，卻能使孔子稱臣，可見仁義不代表必勝之術，權勢卻可使仁義屈服。這也就是法家所一再強調勢位的重要，「賢人而詘於不肖者，則權輕位卑也；不肖而能服於賢者，則權重位尊也。堯為匹夫，不能治三人；而桀為天子，能亂天下。吾以此知勢位之足恃，而賢智之不足慕也。」〔註124〕是以人主要乘必勝之「勢」，操賞罰二柄，以為治國之道。〔註125〕

（二）〈孤憤〉的法治思想

韓非認為唯有法術之士，對國家才有幫助，但是法術之士卻屢為當朝權臣所不容，而不得進用。這是因為法術之士的特性「必遠見而明察」、「必強毅而勁直」，正與權臣的特性「無令而擅為，虧法以利私，耗國以便家，力能得其君」〔註126〕相對立。權臣的所作所為，正是法術之士所深惡痛絕，欲去之而後快的。法術之士得用，權臣就無立足之地了，所以權臣對法術之士一定會百般排擠。

權臣得勢的原因有二：一擅事要，使外內聽之；二迎合人主，同乎好惡。

1. 擅事要，外內用之

權臣獨掌國家的權柄，使諸侯各國和官吏士民都受他控制。形成「諸侯不因，則事不應，故敵國為之訟。百官不因，則業不進，故群臣為之用。郎中不因，則不得近主，故左右為之匿。學士不因，則養祿薄禮卑，故學士為之談也」的局面。上至諸侯，下至官吏士民，都聽權臣號令，為其美言，蒙蔽人主，使人主無得察姦。故人主愈被蒙蔽，大臣的權愈重。大臣的權愈重，人主所受的蒙蔽則更深，互為因果，愈演愈烈。

2. 逢迎人主，同乎好惡

逢迎君主的心理，本來就是權臣受到人主寵信的方法。權貴既得人主寵幸，更得以經常接近人主，久而受到人主的信任，交與大權。相對之下，法術之士處勢卑賤，無黨孤特，連向人主進言，都找不到機會。卻想和權高位重的大臣相較力，勢必失敗。韓非列出法術之士之所以不敵權臣者，理由有五：

夫以疏遠與近愛信爭，其數不勝也；以新旅與習故爭，其數不勝也；

〔註124〕《韓非子・難勢》引慎子語，卷十七，頁1。

〔註125〕《韓非子・八經》云：「凡治天下，必因人情，人情者有好惡，故賞罰可用。賞罰可用則禁令可立，禁令可立而治道具矣。君執柄以處勢，故令行禁止。柄者，殺生之制也；勢者，勝眾之資也。」卷十八，頁14。

〔註126〕《韓非子・孤憤》，卷四，頁1。

> 以反主意與同好爭，其數不勝也；以輕賤與貴重爭，其數不勝也；
> 以一口與一國爭，其數不勝也。

無論是論親近、爵位、勢力，法術之士無一比得上權臣所佔的優勢，卻因不忍見國家之危，挺身而出，反而遭受權臣的陷害。人主卻還不能領悟，這種情形在各國不斷發生，是法術之士之痛，亦是國家之悲。

韓非以為會發生權臣專政，原因就在於人主聽信左右之言，以致擇用官吏不當。左右之言不可信，因為臣主之利，正是互相對立的：

> 主利在有能而任官，臣利在無能而得事；主利在有勞而爵祿，臣利
> 在無功而富貴；主利在豪傑使能，臣利在朋黨用私。

人主左右非聖賢，所以極有可能為了私利，而害及公利，排擠真正的賢臣，所以信左右之言，就有可能發生「國地削而私家富，主上卑而大臣重，故主失勢而臣得國，主更稱蕃臣，而相室剖符」的局面，人主不得不慎。〈孤憤〉說：

> 人主之左右，行非伯夷也，求索不得，貨賂不至，則精辯之功息，
> 而毀訾之言起矣。治亂之功制於近習，精潔之行決於毀譽，則修治
> 之吏廢，而人主之明塞矣。……左右太信，此人主之公患也。

所以韓非認為人主在任用官吏時，應該按功勞來決定品德和才智的高下，用錯綜考核的方法來推求罪過，而不要誤信左右之言。否則一旦奸人結黨營私，蒙蔽人主，敗壞法紀，使國家危削，想不亡國也難了。此即：

> 大臣挾愚污之人，上與之欺主，下與之收利侵漁，朋黨比周，相與
> 一口，惑主敗法，以亂士民，使國家危削，主上勞辱，此大罪也。
> 臣有大罪，而主弗禁，此大失也。使其主有大失於上，臣有大罪於
> 下，索國之不亡者，不可得也。

韓非明知法術之士處境之危殆，仍孜孜不倦著書立說，闡揚其法術思想。然其在韓國未受重視，赴秦後，又以韓公子之身分，遭始皇猜疑，卒受李斯、姚賈害死獄中。正符合其在〈孤憤〉中所感嘆的「法術之士奚道得進，而人主奚時得悟乎？故資必不勝，而勢不兩存，法術之士焉得不危？其可以罪過誣者，公法而誅之；其不可被以罪過者，以私劍而窮之。是明法術而逆主上者，不僇於吏誅，必死於私劍矣。」堪可告慰的是其法家理念深印秦始皇心頭，觀其後之秦政，無一不是逐步實現韓非之政論，將其法、術、勢思想發揮的淋漓盡致，終於完成席捲天下的統一大業。

四、李斯對秦政的影響

李斯是楚國上蔡人，年少時為郡小吏，見廁鼠、倉鼠之別，有感於權位之重要，於是從師荀卿，學帝王之術，與韓非為同學。李斯認為「六國皆弱，無可為建功者，欲西入秦。」〔註127〕《史記‧李斯列傳》記載李斯熱切求取功名的心態：

> 斯聞得時無怠，今萬乘方爭時，游者主事。今秦王欲吞天下，稱帝而治。此布衣馳騖之時，而游說者之秋也。處卑賤之位，而計不為者，此禽鹿視肉，人面而能彊行者耳。故垢莫大於卑賤，而悲莫甚於窮困。久處卑賤之位，困苦之地，非世而惡利，自託於無為，此非士之情也。故斯將西說秦王矣。

李斯入秦，先做秦相呂不韋的舍人，而得以有機會遊說秦王：「自孝公以來，周室卑微，諸侯相兼，關東為六國，秦之乘勝役諸侯，蓋六世矣。今諸侯服秦，譬若郡縣。夫以秦之彊，大王之賢，由竈上騷除，足以滅諸侯成帝業，為天下一統。此萬世之一時也。今怠而不急就，諸侯復彊，相聚約從，雖有黃帝之賢，不能并也。」〔註128〕李斯以時機難得易失，說動秦王，官拜客卿。

但之後發生了「鄭國開秦」〔註129〕之事，秦王下逐客令，李斯亦在其列。李斯為此上書，舉秦繆公用由余、百里奚、蹇叔、丕豹、公孫支并國二十，稱霸西戎；秦孝公用商鞅，舉地千里，至今治彊；秦惠公用張儀之計，使六國西面事秦；秦昭王用范雎，使秦成帝業為例。說秦王應善用客卿之力，打消秦王逐客念頭。李斯官復原職，後官至廷尉。

秦始皇二十六年（221B.C），秦併天下，以李斯為丞相，對新王朝的創立，決策多所影響，其表現於下列措施者，皆為法家之思想。舉其要者如：

（一）尊主為皇帝〔註130〕

春秋以來君權陵替，為求國家安定，尊君思想應時而生。迄戰國，爭戰連年，國君需要更大權力以致力於富強，尊君觀念更是有增無減。法家意識到君權的重要性，為防止權臣擅權，更提出重術、重勢等主張，以建立君主的絕對

〔註127〕《史記‧李斯列傳》，卷八十七，頁2～3。
〔註128〕同上註，頁4～5。
〔註129〕張守節《史記正義》云：「韓苦秦兵，而使水工鄭國開秦，作注灌渠，令費人工，不東伐也。」同註127，卷八十七，頁5。
〔註130〕同註127，卷八十七，頁11。

權力。所謂「術者，藏之於胸中，以偶眾端，而潛御群臣者也。」〔註131〕又「萬乘之主，千乘之君，所以制天下而征諸侯者，以其威勢也。威勢者，人主之筋力也。今大臣得威，左右擅勢，是人主失力，人主失力而能有國者，千無一人。」〔註132〕而尊君又與法治的推行密切相關，君尊則能保障法令的推行，「君尊則令行」；〔註133〕透過法令也直接教導人民尊君，「民不從令，而求君之尊也，雖堯、舜之智，不能以治。」〔註134〕可見法家對集中君權的重視。而李斯「尊主爲皇帝」，更開啓後世皇帝稱號之風。蕭公權先生認爲皇帝之名，已象徵絕對的專制統治。〔註135〕

（二）廢封建，置郡縣，貫徹中央集權

前文已云商鞅分秦國爲三十一縣，並制縣令等官吏，直接向中央負責，以郡縣制逐漸取代封建制。官吏皆由國君直接任免，只領有俸祿，不享有封邑，且縣內的重大事項都必須報請國君，無權擅自處理，排除昔日封建貴族把持地方政權的弊病，加強中央對地方的控制。此後，秦國實以官吏治理地方，分封僅係名義，如：商鞅被封於商、呂不韋封於洛陽，均未就國，以及公子通被封於蜀，實際政務卻另有蜀國郡守負責，〔註136〕可見其對原有封建制度打擊之大，莫怪乎宗室多怨商鞅。

商鞅後，秦國拓土皆置郡縣，見於《史記・秦本紀》者有：

　　惠文君十年，魏納上郡十五縣。後即置爲上郡。

　　　　十三年，縣義渠。

　　惠王九年，司馬錯伐蜀滅之。後即置爲蜀郡。

　　　　十三年，攻楚漢中，取地六百里，置漢中郡。

　　昭襄王二十二年，蒙武伐齊，河東爲九縣。

〔註131〕《韓非子・難三》，卷十六，頁6。

〔註132〕《韓非子・人主》，卷二十，頁3。

〔註133〕《商君書・君臣》，卷五，頁7。

〔註134〕同上註，卷五，頁7～8。

〔註135〕蕭公權：〈法家思想與專制政體〉，《清華學報》第四卷第二期，1964年2月，頁2。

〔註136〕《史記・秦本紀》載：「公子通封於蜀。」但《華陽國志・蜀志》云：「秦惠王封子通爲蜀侯，以陳壯爲相；置巴郡，以張若爲蜀國守。」（四部叢刊正編，臺北：臺灣商務印書館，1979年），卷三，頁4。又同書〈南中志〉云：「秦并蜀，通五尺道，置吏主之。」卷四，頁1。可見秦實以官吏治蜀，分封只是名義。

二十九年，白起攻楚，取郢爲南郡。

三十年，蜀守若伐楚，取巫郡及江南，爲黔中郡。

三十五年，初置南陽郡。

四十八年，盡有韓上黨。後即置爲上黨郡。

莊襄王元年，秦界至大梁，初置三川郡。

四年，初置太原郡。

秦始皇初併天下後，丞相綰等大臣請始皇重行封建，群臣皆以爲便，李斯獨排眾議說道：「周文、武所封，子弟同姓甚眾。然後屬疏遠，相攻擊如仇讎，諸侯更相誅伐，周天子弗能禁止。今海內賴陛下神靈，一統皆爲郡縣，諸子功臣以公賦稅重賞賜之，甚足易制，天下無異意，則安寧之術也。置諸侯不便。」（《史記・秦始皇本紀》）堅決反對重行封建。《史記・李斯列傳》記載李斯「夷郡縣城，銷其兵刃，示不復用。使秦無尺土之封，不立子弟爲王，功臣爲諸侯者，使後無戰攻之患。」這也正是貫徹商鞅削弱貴族力量的一貫態度。始皇聽從李斯的建議，分天下以爲三十六郡，郡置守尉監，〔註137〕確定了秦國以郡縣取代封建，走向中央集權的道路。

（三）禁私學，以吏爲師

法家思想立足於農戰上，產生出一種排他性，認爲舉凡不利於農戰者皆不利於國，應在禁止之列。故《商君書・農戰》云：「《詩》、《書》、禮、樂、善、修、仁、廉、辯、慧，國有十者，上無使守戰。國以十者治，敵至必削，不至必貧。國去此十者，敵不敢至，雖至必卻，興兵而伐必取，按兵不伐必富。」而韓非言國之五蠹，也將儒生等不務農戰之言談之士，評爲國之蠹蟲。由此可知排斥言談遊說之士是法家的一貫態度。

秦始皇三十四年時，淳于越等儒生勸諫秦王恢復周制，重行封建時，李斯謬其說，絀其辭，認爲他們言論影響人心，危害政治安定，進而主張禁止其思想：「古者天下散亂，莫能相一，是以諸侯並作，語皆道古以害今，飾虛言以亂實，人善其所私學，以非上所建立。今陛下并有天下，辨白黑，而定一尊。而私學乃相與非法教之制，聞令下，即各以其私學議之，入則心非，出則巷議，非主以爲名，異趣以爲高，率群下以造謗。如此不禁，則主勢降乎上，黨與成乎下。禁之便。臣請諸有文學詩書百家語者，蠲除去之。令到，

〔註137〕《史記・秦始皇本紀》，卷五，頁27～28。

滿三十日弗去，黥爲城旦。所不去者，醫藥、卜筮、種樹之書。若有欲學者，以吏爲師。」〔註138〕主張禁私學，以吏爲師，以箝制人民思想。結果秦始皇可其議，遂有焚書坑儒之事，達到法家愚民，使法令無議的目的。

秦始皇焚書一事，王充認爲焚書起於淳于越之諫，坑士起自諸生爲妖言。又始皇焚書時，並非所有的書都燒，而是專門針對儒家書籍：「經書缺滅而不明，篇章棄散而不具。……秦雖無道，不燔諸子，諸子尺書文篇具在，可觀讀以正說，可採掇以示後人。」〔註139〕陳啓天先生也認爲始皇：「所焚之書，只限於『非博士所職』，並非公私全焚。所坑的儒，也不是眞儒，只是那般『文學方術士』，如韓衆、徐市之流而已。」〔註140〕非如後世儒家所批評的殘酷。衛今先生進一步提出始皇焚書，並不是消滅文化，而是另一種保護措施，「兵書、史書、農書、醫書以及法家的書，根本不在被禁之列。……即使儒家的書，也不是全部付之一炬。所焚的是以民間私藏爲限，而博士官所職的除外，也就是說，在國家圖書館裏還有意識的被保留下來。」〔註141〕

至於李斯的另一項建議，以吏爲師，章學誠先生以爲這是恢復古制：「以吏爲師，三代之舊法也。秦人之悖於古者，禁詩書而僅以法律爲師耳。……東周以還，君師政教不合於一，於是人之學術，不盡出於官司之典守。秦人以吏爲師，始復古制。」〔註142〕余英時先生也認爲：「自稷下衰微到秦代統一這段時間，國君養賢的風氣已經過去。……博士制度是稷下學宮的新發展，……秦漢的博士，是太常的屬官，秩比六百石。這不但是古代宗教統轄學術的遺意，而且還是官師合一的復古。……秦的博士制即是『以吏爲師』的制度化。通過博士制的建立，以前自由身份的教書匠（師），便轉化成爲官僚系統中的『吏』了。」〔註143〕

除此外，李斯還參與許多秦國內政，《史記·李斯列傳》云：「明法度，定律令，……同文書，治離宮別館，周遍天下，明年又巡狩、外攘四夷。斯皆有力焉。」足見秦始皇對李斯之寵信。迨始皇駕崩，李斯與趙高僞造詔文，

〔註138〕《史記·李斯列傳》，卷八十七，頁13。

〔註139〕《論衡·書解》（四部叢刊正編，臺北：臺灣商務印書館，1979年），卷二十八，頁14。。

〔註140〕陳啓天：《中國法家概論》，頁67。

〔註141〕衛今：〈從銀崔山竹簡看秦始皇焚書〉，《紅旗雜誌》，1974年第七期，頁119。

〔註142〕章學誠：《文史通義》，卷三，頁8。

〔註143〕余英時：《中國知識階層史論·古代知識階層的興起與發展》，頁73。

立胡亥爲二世皇帝。從《史記・李斯列傳》二世問：「吾願肆志廣欲，長享天下而無害。爲之奈何？」李斯據言申不害、商鞅、韓非之法術，可見李斯之法家思想，乃是承襲商、韓而來。《史記・李斯列傳》載李斯曰：

> 夫賢主者，必且能全道而行督責之術者也。督責之，則臣不敢不竭能以徇其主矣。此臣主之分定，上下之義明。……是故王獨制於天下而無所制也。……故申子曰：有天下而不恣睢，命之曰以天下爲桎梏者，……不能督責之過也。故韓子曰：慈母有敗子，而嚴家無格虜者，何也？則能罰之加焉必也。故商君之法，刑棄灰於道者。夫棄灰，薄罪也；而被刑，重罰也。彼唯明主爲能深督輕罪。夫罪輕且督深，而況有重罪乎？故民不敢犯也。……明主聖王之所以能久處尊位，長執重勢，而獨擅天下之利者，非有異道也。能獨斷而審督責，必深罰。……是以明君獨斷，故權不在臣也。然後能滅仁義之塗，掩馳說之口，困烈士之行，塞聰揜明，內獨視聽。……若此然後可謂能明申、韓之術，而脩商君之法。法脩術明，而天下亂者未之聞也。

李斯認爲一個好的君主，是能「全道而行督責之術者」，也就是能妥善運用法術之治者。以商鞅之法爲例，商鞅重刑輕罪，使民輕罪尚且不敢犯，何況犯重罪？從而達到禁民爲姦的目的。賢主明白以法爲教的道理，自然能貫徹其法治。李斯又舉申不害之術爲例，要人主大權獨斷，勿令左右大臣竊奪賞罰之二柄，以確保王位的鞏固。如此法修術明，國治而強矣。惜二世不明，秦終亡於趙高之手。

李斯爲丞相，治秦三十餘年。後來秦二世聽信趙高的話，治罪李斯。斯上書陳言其七大罪狀，實爲反言，乃言其對秦國的七大貢獻：一是「先王之時，秦地不過千里，兵數十萬，臣盡薄材，謹奉法令，陰行謀臣，資之金玉，使遊說諸侯。陰脩甲兵，飾政教，官鬥士，尊功臣，盛其爵祿。故終以脅韓弱魏，破燕、趙，夷齊、楚，卒兼六國、虜其王，立秦爲天子。」二是「北逐胡貉，南定百越，以見秦之彊。」三是「尊大臣，盛其爵位，以固其親。」四是「立社稷，脩宗廟，以明主之賢。」五是「更剋畫，平斗斛度量文章，布之天下，以樹秦之名。」六是「治馳道，興游觀，以見主之得意。」七是「緩刑罰，薄賦斂，以遂主得眾之心，萬民戴主，死而不忘。」〔註144〕除最

〔註144〕《史記・李斯列傳》卷八十七，頁 41～42。

後一項，與事實不符外，其餘功績，李斯確實皆有力焉。

　　李斯對秦國影響甚巨，司馬遷以爲李斯之功，若去其刻薄一面，庶幾可與周召並舉矣。陳啓天先生亦曰：「李斯這種師古不師今，禁私學，抑游士，以法爲教，以吏爲師的主張，可以說就是《韓非子‧五蠹》篇的一種具體說法。始皇依議實行，於是發生所謂焚書坑儒的事件。這在法家的主張上，就是要做到思想統一的地步，而在當時的形勢上，不如此也不能安定國家。……反對封建，確定郡縣，是制度方面實行法家的主張；以法爲教，以吏爲師，是在思想方面實行法家的主張。所以李斯是在事業上集了法家的大成。如果始皇不早死，或始皇雖死，而李斯不受困於趙高，致晚年有阿順苟合之嫌，並不得善終，則眞將如司馬遷所說：『不然，斯之功，且與周召列矣。』」〔註145〕

〔註145〕陳啓天：《中國法家概論》，頁67。

第五章　睡虎地秦墓竹簡中的法家思想

　　商鞅變法，爲秦國建立了穩固的法治基礎。商鞅死，秦惠文王繼位，仍繼續維持商鞅留下的法治制度。故栗勁先生稱惠文王是位：「既殺害了商鞅，又繼承商鞅變法事業的君主，是秦堅持法治具有決定性作用的一代君主。」〔註1〕繼至秦昭王，更是一位堅持以法治國之君主，〔註2〕《韓非子·外儲說右下》載秦昭王病時，百姓里買牛而家爲王禱，昭王卻人罰二甲，理由是：「夫非令而擅禱，是愛寡人也。夫愛寡人，寡人亦且改法而心與之相循者，是法不立；法不立，亂亡之道也。不如人罰二甲，而復與爲治。」又秦大饑，應侯請開倉賑災，昭王拒絕，理由是：「吾秦法使民有功而受賞，有罪而受誅。今發五苑之蔬果者，使民有功與無功俱賞也。夫使民有功與無功俱賞者，此亂之道也。夫發五苑而亂，不如棄棗蔬而治。」正符合法家重法與賞罰分明的主張。之後的孝文王、莊襄王在位時間雖不長，也堅持著法治傳統。至秦王政更是貫徹法、術、勢之治，立秦於不敗之地。《史記·秦始皇本紀》泰山石刻，辭曰：「皇帝臨位，作制明法，臣下脩飭。」又琅邪石刻，辭曰：「皇帝作始，端平法度，萬物之紀。」從秦孝公至惠文王、武王、昭王、孝文王、莊襄王到秦王政，歷經七代之貫徹法治的結果，使法家理念在秦國逐漸落實，法制建設也漸具規模、日趨完備。

　　然而商鞅變法後至秦統一這段時間，有關秦法的紀錄十分欠缺，中國的法制史料，往往也只溯及漢代，且是斷簡殘編。直到民國 64 年 12 月，在湖北省

〔註1〕　栗勁：《秦律通論》，頁 43。
〔註2〕　同上註，栗勁先生說道：「秦昭王是位堅持法制建設又有法學理論修養的君主，是商鞅學派後學之一，他自己選用的諸如范雎、蔡澤都是對商鞅崇拜的五體投地的商鞅學派的後學。」頁 44。

孝感縣雲夢睡虎地，挖掘出十二座戰國末至秦代的墓葬，其中十一號墓出土大量的秦代竹簡，即所謂睡虎地秦墓竹簡，〔註3〕才是第一次發現秦國的法制史料，也才得以略窺秦法之一二。秦簡內容廣泛，含括戰國末至秦始皇時期的政治、軍事、經濟、教育、文化等各個層面。但其性質，主要以法律、文書爲重，不僅有秦律，而且有解釋律文的問答和有關治獄的文書程式，是我們研究秦國法制建設的第一手史料。簡文內容主要可分爲四大類：第一類是大事年表，有《編年記》一種；第二類是法律文書，有《秦律十八種》、《效律》、《秦律雜抄》、《法律答問》、《封診式》五種；第三類是訓誡官吏的教令，有《語書》、《爲吏之道》二種；第四類是卜筮之書，有《日書》甲種、乙種二種。〔註4〕本章主要以第二、三類秦簡爲研究對象，討論其反映出的法家思想與制度。

第一節　竹簡秦律之年代與源起

睡虎地秦墓竹簡是睡虎地秦墓挖掘出的陪葬物之一，其中唯一有明確年代記載的是《編年記》，從秦昭王元年（306B.C）到始皇三十年（217B.C），前半部逐年記載秦統一全國的戰爭大事，後半部則記錄喜之家族事蹟，類似大事年表與家譜或墓誌混雜爲一類的文書。考古人員從而推測睡虎地秦墓之墓主即爲「喜」。因爲《編年記》載喜生於秦昭王四十五年（262B.C），在秦始皇時歷任安陸御史、安陸令史、鄢令史及鄢的獄史等與司法有關的職務，紀錄止於秦始皇三十年，該年喜四十六歲，根據醫學人員對十一號墓人骨的鑑定，死者恰好是四十多歲的男子。墓中所殉葬者，或即爲墓主生平經歷的一種反映。〔註5〕至於睡虎地秦墓竹簡的作者，就《編年記》而言，高敏先生以爲：「依其措辭來看，作者稱墓主喜及其弟弟都是直呼其名，而稱喜父爲公，故作者應是喜父之晚輩、喜之同輩，很有可能就是喜之弟弟或同族兄弟所作。」〔註6〕但其他篇章則可能是喜所爲，因爲喜在始皇三年至十二年任地方司法官吏，以職務所需，而抄錄秦律於竹簡上，可能死後被當爲陪葬物，以作爲身

〔註3〕　《睡虎地秦墓竹簡》戊午年本之出版說明（臺北：里仁書局，1981 年），頁 269。以其出土地點在湖北省雲夢縣，所以又有人稱爲《雲夢秦簡》。

〔註4〕　只有《語書》、《效律》、《封診式》、《日書》乙種，四種簡上原有書題，其它幾種書題是整理後擬定的。同上註。

〔註5〕　同註3，頁270。

〔註6〕　高敏：《雲夢秦簡初探》（河南人民出版社，1981 年），頁 16。

分的代表。由於是抄錄舊律，故律文產生的年代自然要更早些。大體言之，
竹簡秦律年代可分爲竹簡寫成年代與律文形成年代。

一、竹簡秦律之年代

前已言及，竹簡秦律年代可分爲竹簡寫成年代與律文形成年代，以下分
別舉例說明之。

（一）竹簡秦律的寫成年代

竹簡秦律的寫成年代，當在秦王政時期。舉例如下：

（1）《編年記》在昭王、孝文王、莊王後是「今元年」，這正是秦王政元
　　　年，簡文記載到秦王政三十年（秦王政二十六年統一天下），表明了
　　　簡文書寫的年代在秦王政時期。

（2）《語書》爲秦王政二十年（227B.C）四月初二，南郡的郡守「騰」
　　　頒發給本郡各縣、道的一篇文告，《語書》文中多處避諱「正」字，
　　　如以「矯端民心」代替「矯正民心」；以「端月」代替「正月」等，
　　　以避秦王政諱。證明它是秦王政時期的文件。

（3）《秦律雜抄》、《秦律十八種》和《法律答問》中提到「里正」一職
　　　時，都改稱爲「里典」，以避秦王政諱，至於其中有個別「正」字出
　　　現，李學勤先生以爲可能是由於轉錄律文未能盡避之故。〔註7〕所以
　　　這三種簡顯然也是在秦王政即位爲王後抄成的。《效律》和《秦律雜
　　　抄》係同出一人之手，文中有較多「正」字，應抄成於秦王政即位
　　　前幾年。〔註8〕

（4）《封診式》，其「亡自出」條有「四年三月丁未」的紀事，學者依曆
　　　法推訂，此其年代當指秦王政四年。〔註9〕由上可知秦簡中有關法律
　　　各簡，其寫成年代多爲秦王政即位後抄寫而成。

（二）竹簡秦律的形成年代

竹簡秦律的寫成年代雖然是在秦王政即位後，但其律文之形成年代卻遠

〔註7〕　李學勤：〈秦簡與《墨子》城守各篇〉，《雲夢秦簡研究》（臺北：帛書出版社，
　　　　1986年），頁404。

〔註8〕　同上註。

〔註9〕　《睡虎地秦墓竹簡》戊午年本之《封診式》「亡自出」條，注釋引汪曰楨《歷
　　　　代長術輯要》，推定此爲秦王政四年（243B.C），頁539。

早於此，因爲其所載之秦律，不是秦王政即位後才頒佈的法律，而是集錄戰國末至秦統一之前的法令，舉例說明如下：

(1)《法律答問》律文有稱引「公祠」，解釋的部分則說「王室祠」，可見律文應形成於秦稱王以前。因爲惠文君（孝公子）之前，秦君皆稱公，如：武公、繆公、獻公、孝公。惠文君十三年，始改稱王，爲惠文王，之後秦君皆稱王，如：武王、昭襄王、孝文王、莊襄王以及秦王政。故此條律令很可能是商鞅時期制訂的原文。〔註10〕

(2)《法律答問》中問道：「何謂甸人？」其回答是：「甸人守孝公、獻公冢者也。」〔註11〕獻公（384～362B.C）是孝公（361～338B.C）之父，是秦初的君王。甸人專門守護孝公、獻公之墓，未溯及其他君主，可見此律文的年代當爲孝公之子，即惠文王時所制訂。

(3)《法律答問》中問到：「何謂贄玉？」其回答是：「贄玉，諸侯客即來使入秦，當以玉問王之謂也。」〔註12〕提到諸侯國之間餽玉的禮節，所以必是在秦統一前的法律。

(4)《秦律十八種‧倉律》載：「妾未使而衣食公，百姓有欲叚者，叚之，令就衣食焉。」〔註13〕律中稱民爲百姓，《史記‧秦始皇本紀》載秦始皇二十六年：「更名民曰黔首」，故此律必成於始皇二十六年以前。

從上可知，竹簡秦律之形成年代，是從商鞅變法後，至秦始皇統一六國前這段期間，〔註14〕其間歷史長達一個多世紀，反映出自商鞅變法以後，秦律隨時代增修的痕跡。儘管所載並非全部的秦律，但仍保留了許多秦律的內容，尤其爲商鞅變法前後至始皇統一中國的歷史，提供直接的物證，也爲漢以後諸制度的淵源，提供有力的線索。故秦簡是研究秦國法治制度、秦漢史，或探討傳統中國文化的本源時，不可或缺的第一手資料。

〔註10〕《睡虎地秦墓竹簡》戊午年本之說明部分，頁 425。

〔註11〕同上註，頁 497。

〔註12〕同註10，頁 503。

〔註13〕同註10，頁 330。

〔註14〕高敏先生在〈商鞅《秦律》與雲夢出土《秦律》的區別與聯繫〉一文中，云：「出土《秦律》雖然是商鞅以後逐步發展、補充和積累而成的，但並不包括秦始皇統一六國後到始皇三十年之間這段期間。換言之，出土《秦律》並不是撰寫於秦始皇統一六國後的《秦律》。」《雲夢秦簡初探》，頁 49。

二、秦律之源起

　　秦律上承魏律，因爲商鞅變法，是在魏《法經》的基礎上，衡量秦國實際的社會狀況，再加以修訂而成。戰國初，魏文侯首開變法先例，任李悝主持變法，當其時，李悝除進行一些政治、社會改革，還吸收春秋晚期以來各國的法治經驗，作《法經》六篇，以爲魏文侯治理人民的準則。李悝的變法，使魏國成爲戰國初期的強國，國勢大振，並曾擊敗日後的強秦。商鞅曾仕於魏，距李悝時代未遠，對李悝變法之成效，有深刻的體會。故於赴秦時，攜李悝《法經》而往，作爲日後制訂秦律的基礎。如《晉書・刑法志》云：

> 秦漢舊律，其文起於魏文侯師李悝。悝撰次諸國法，著《法經》。以爲王者之政，莫急於盜賊，故其律始於〈盜〉、〈賊〉。盜賊須劾捕，故著〈網〉、〈捕〉二篇。其輕狡、越城、博戲、借假不廉、淫侈、踰制，以爲〈雜律〉一篇。又以〈具律〉具其加減。是故所著六篇而已，然皆罪名之制也。商君受之以相秦。〔註15〕

《唐律疏議》也云：

> 魏文侯師於李悝，集諸國刑典，造《法經》六篇：一盜法；二賊法；三囚法；四捕法；五雜法；六具法。商鞅傳授，改法爲律。〔註16〕

商鞅入秦，以法爲教，取《法經》六篇爲藍本，受之以相秦。《唐律疏議》提到商鞅改法爲律，《說文解字》云：「律，均布也。」段玉裁注曰：「律者，所以范天下之不一，而歸於一，故曰均布也。」〔註17〕《爾雅・釋詁》也以律爲常法。〔註18〕可見律具有行爲規範的意義。趙映林先生認爲改法爲律，並非始於商鞅，因爲秦簡中有所謂《魏戶律》、《魏奔命律》，可見魏國早有律名。〔註19〕但馬先醒先生認爲此二條律名，是因爲附于秦律上，所以連帶更名爲「律」，而未名之爲「法」。〔註20〕按：二條律文前皆明載廿五年閏再十二月丙午朔辛亥，以曆朔推之，當爲魏安釐王廿五年〔註21〕（252B.C），遲於商鞅變法（359B.C），在無

〔註15〕唐・房玄齡：《晉書》（北京：中華書局，1985年）卷三十，頁922。

〔註16〕唐・長孫無忌：《唐律疏議》（臺北：弘文館出版社，1986年），頁2。

〔註17〕《說文解字注》，第二篇下，頁17。

〔註18〕《爾雅・釋詁上》云：「律矩，則法也。」《疏》云：「則法，常法也。」（十三經注疏，臺北：藝文印書館，1979年）卷一，頁13。

〔註19〕趙映林：《威懾萬民之法》（四川人民出版社，1996年）頁94。

〔註20〕馬先醒：〈簡牘本秦律之律名、條數及其簡數〉，《簡牘學報》第一卷合訂本，1976年，頁135。

〔註21〕《睡虎地秦墓竹簡・爲吏之道》註釋一按汪曰楨《歷代長術輯要》所推曆朔，

更早魏律出土前，筆者以為馬氏說法較是，故仍從《唐律疏議》以商鞅為改法為律的第一人。

商鞅改法為律，不僅在名稱上作改變，且總結戰國各國的法典，以《法經》為主，針對秦國的環境有所修訂，整齊法律，使之更適用於秦社會。鞅後秦法大抵皆以「律」為名。這點可在《睡虎地秦簡·秦律十八種》中得到證明，簡中所載每條法律，均於末尾書有律名之簡稱。如：言農田水利、山林保護、牛馬飼養之《田律》、《廄苑律》；言國家糧食的儲存與發放、貨幣交易、市場流通之《倉律》、《金布律》；言徭役徵發、工程興建、刑徒監管之《徭律》、《司空律》；言官吏任免、軍爵賞賜之《置吏律》、《軍爵律》及言官吏職務之《效律》等各類法律條文，皆不言「法」，而以「律」名之。秦朝以後，後世法律也多以「律」名之。如：漢九章律、北齊律、隋開皇律、唐律、明律、清律。

日人堀毅曾就秦律與魏律之傳承關係多所研究，其於〈秦簡的出土對中國法制史研究的意義〉一文中，舉出二例，證明二者之師承：〔註22〕

例一：《為吏之道》魏安釐王二十五年（252B.C）的二件詔敕上，附記有《魏戶律》及《魏奔命律》，據此可知，在當時的法律制度方面，魏是先進國家，作為後進國的秦，在法律制度不完備的地方，是以魏國的法律作為補充的。在這裏，能夠找到法律從魏到秦的繼承的痕跡。

例二：根據《晉書·刑法志》的記載，魏明帝於太和三年（229B.C）下詔進行刑法改革，在《晉書·刑法志》所引《魏律序略》中保留下來許多作為母法的舊律內容。如果將這些規定和秦簡的規定相比較，就會發現在很多地方，兩者是相一致的。

但是李悝之《法經》內容，未見載於時代較近的《漢書·刑法志》，反見於時代較晚的《晉書·刑法志》，不免啟人疑竇。故引起學界興起《法經》真偽之辨。〔註23〕杜正勝先生以為：「今本《法經》確係偽作，但若以《魏書·刑罰志》只

頁 555。

〔註22〕日·堀毅：《秦漢法制史論考·睡虎地秦墓竹簡概要》（法律出版社，1988年），頁 15～20。

〔註23〕杜正勝先生在〈傳統法典始原—兼論李悝法經的問題〉一文中，曰：「日本中國法制史家仁井田陞數十年前懷疑李悝《法經》，爾後小川（貝塚）茂樹鋪陳其說，從律令目錄學否定《晉志》的記載，由於《漢志》只說『韓任申子，

云：『商君以《法經》六篇入於秦』，未明言李悝；或劉邵《新律序略》只說『秦法經』，未及入秦事，而懷疑李悝《法經》，則疏於古人文理。」〔註24〕他並認為就春秋戰國以來社會環境之變遷，有人出來結集新的法典，毋寧是非常自然之事，所以在沒有更堅實的資料出土前，寧從舊說，〔註25〕李悝著《法經》，商鞅攜之以入秦。

　　《法經》原文今不得見，《晉書·刑法志》言其內容主要有六：〈盜律〉、〈賊律〉、〈網律〉、〈捕律〉、〈雜律〉和〈具律〉。李悝以〈盜律〉、〈賊律〉為首，並曰：「王者之政，莫急於盜、賊。」〔註26〕《法經》六篇中更有四篇與盜、賊有關（〈盜律〉、〈賊律〉、〈網律〉、〈捕律〉），可見當時盜、賊之橫行對國家治安所造成的嚴重影響。盜、賊之義，先秦典籍有別。〔註27〕《左傳》文公十八年，魯太史克引周公〈誓命〉曰：「毀則為賊，掩賊為藏，竊賄為盜，盜器為姦。」杜預認為毀就是壞法，竊賄是偷財。戰國以前，盜的含括範圍比賊廣，「微殺大夫謂之盜，非所取而取之謂之盜，辟中國之正道以襲利謂之盜。」〔註28〕盜與賊的最大區別在於犯罪者之階級，盜指下層階級所作竊盜、傷害之事；賊則專指上層階級所為。隨著封建的解體，盜、賊之階層分際雖漸泯，但其對社會秩序之破壞，對社會安全之危害，並未因此而停止。盜、賊的意義有了新的轉變，「盜」專指對人民財產權的破壞；「賊」專指對人民生命權的危害。〔註29〕更明確的說，〈盜律〉是保護個人生命財

秦用商鞅。』而魏劉邵《新律序略》也僅提『秦法經』，不及李悝，於是乎斥悝《法經》之說為虛妄。五○年代中期以守山閣叢書本為主，另以吳興劉氏嘉業堂刊本參校的董說《七國考》出版，其中魏刑法『法經』條引桓譚《新論》述李悝《法經》大略，比《晉志》猶詳。捷克漢學家鮑格洛因此在東方文獻第二十七期發表〈李悝法經的一個雙重偽造問題〉，討論《晉志》與《七國考》之偽。五年後，日人守屋美都雄著〈關於李悝法經的一個問題〉，辯護明末的董說極可能看到尚未亡佚的桓譚《新論》。一九八○年楊寬《戰國史》增訂版問世，以董說為偽。」許倬雲等著：《中國歷史論文集》（臺北：臺灣商務印書館，1986 年），頁 425～426。）

〔註24〕同上註，頁 426。

〔註25〕同註23，頁 426～427。

〔註26〕《晉書·刑法志》，卷三十，頁 922。

〔註27〕杜正勝先生在討論李悝《法經》與盜、賊時以為：「『賊』多就危害封建秩序而言，其中以下弒上，臣弒君，為賊之大尤。」《編戶齊民》，頁 245。

〔註28〕《穀梁傳·哀公四年》。清·柯劭忞：《春秋穀梁傳注》（臺北：力行書局，1937 年），卷十五，頁 478。

〔註29〕同註 27，頁 248。

產、國家公物的法律；〈賊律〉是保護人身安全，制止殺傷、鬥毆等情事發生的法律；〈網律〉（《唐律疏議》作〈囚法〉）是關於罪犯之羈押、斷罪與量刑的判定；〈捕律〉是關於罪犯之拘留，以及逃亡時的追捕等規定；〈雜律〉更泛指對狂妄狡詐、聚眾賭博、違法借貸、貪污受賄、偷越城垣等等違法行為的處置規範；〈具律〉則是在上述五律的基礎上，再依罪刑輕重而給予輕重不等的懲罰。

董說先生在《七國考・秦刑法》一書中，引《法經》片斷，曰：

> 正律略曰：殺人者誅，藉其家及其妻氏；殺二人及其母氏。大盜戍為守卒，重則誅。窺宮者臏，拾遺者刖，曰為盜心焉。其雜律略曰：夫有一妻二妾其刑臏，夫有二妻則誅；妻有外夫則宮，曰淫禁。盜符者誅，藉其家；盜璽者誅，議國法令者誅，藉其家及其妻氏，曰狡禁。越城，一人則誅，自十人以上，夷其鄉及族，曰城禁。博戲罰金三市，太子博戲則笞，不止，則特笞，不止，則更立，曰嬉禁。群相居一日以上則問，三日、四日、五日則誅，曰徒禁。丞相受金，左右伏誅；犀首以下受金，則誅；金自鎰以下罰，不誅也，曰金禁。大夫之家有侯物，自一以上者族。其減律略曰：罪人年十五以下，罪高三減，罪卑一減；年六十以上，小罪情減，大罪理減。〔註30〕

張晉藩先生因此謂《法經》由正律、雜律、減律所組成。〔註31〕董說先生所引《法經》之眞僞頗有爭議，但其以秦、魏兩國，深文峻法相近，在法制發展史上亦佔有部分眞實，故備而不論。清人《漢學堂叢書・子史鉤沈逸書考》載有李悝《法經》原文，該書雖爲後人僞託，然其內容多輯逸自史書所錄《法經》片斷，多少可想見魏法刑網之詳密以及執行之嚴格。

而出土的睡虎地秦墓竹簡中的《法律答問》，其法律條文與《法經》之〈盜〉、〈賊〉、〈網〉、〈捕〉、〈雜〉和〈具〉法之規範，大致相符，更增加商鞅據《法經》以定秦律的可能性。惜以《法經》的內容早已湮沒失傳，《晉書・刑法志》也只保留了篇目，故無從得知秦律承襲魏律的具體程度。

商鞅承魏律作秦律，鞅死後，秦律也幾經修改，根據出土的睡虎地秦墓竹簡的內容，可以初步判定：它既不是商鞅變法時制訂的秦律原貌，也不是

〔註30〕董說：《七國考》，卷十二，頁521～522。

〔註31〕張晉藩：《中國法制史・秦朝的法律制度》（臺北：五南圖書出版公司，1992年），頁75。

撰寫於秦始皇統一六國後，而是在商鞅所制訂的秦律的基礎上，經過從商鞅死後到秦昭王這段期間逐步累積而撰寫成的秦律。〔註32〕因此就某些意義上而言，竹簡秦律既繼承商鞅秦律之基本精神，又對商鞅秦律作了些修改、增加。如《田律》中許多關於農桑的律文，就是實踐《商君書・墾令》中的主張，符合商鞅令「大小僇力，本業耕織，致粟帛多者復其身」〔註33〕的規定。且秦簡統一度量衡的政策，也與商鞅統一度量衡政策相一致，如《史記・商君列傳》載商鞅：「平斗桶、權衡、丈尺。」《戰國策・秦策三》蔡澤云：「商君為孝公平權衡，正度量，調輕重。」秦簡中的《效律》更明確規定衡制與量制，如核驗時發現與標準不符，負責的官吏就要依所誤差之數，受不等的貲罰。有關秦律的衡量制度，詳見下表：

《睡虎地秦墓竹簡・效律》所載之秦國衡量制度

表一：衡制

權衡單位	誤差	貲罰數目
石（120 斤，1920 兩）	八兩以上	貲一盾
同上	十六兩以上	貲一甲
半石（60 斤，960 兩）	八兩以上	貲一盾
鈞（30 斤，480 兩）	四兩以上	貲一盾
斤（16 兩）	三銖（1/8 兩）以上	貲一盾
黃金衡累	1/2 銖（1/48 兩）以上	貲一盾

表二：量制

度量單位	誤差	貲罰數目
桶（10 斗，100 升）	二升以上	貲一甲
同上	一升以上	貲一盾
斗（10 升）	1/2 升以上	貲一甲
同上	1/3 升以上	貲一盾
半斗（5 升）	1/3 升以上	貲一盾
參（3 又 1/3 升）	1/6 升以上	貲一盾
升	1/20 升以上	貲一盾

〔註32〕高敏：《雲夢秦簡初探》，頁 44。
〔註33〕《史記・商君列傳》，卷六十八，頁 8。

　　將這些規定與秦孝公十八年，商鞅變法時所用的文物「商鞅方升」加以比對，可以發現這些度量制度正可說是商鞅「平斗桶、權衡、丈尺」的具體法律條文，更進一步證明《效律》承商鞅之制。〔註34〕

　　但是睡虎地秦墓竹簡之秦律，與商鞅變法所制定的秦律，還是存有一定的差異，如：《鹽鐵論・刑德》言商鞅有「刑棄灰於道」和「盜馬者死」等法律，均不見於秦簡中。又，商鞅令「不告姦者腰斬」，秦簡中則無如此嚴苛之律文，只云不告姦者，依情況輕重論刑，最重將處與犯者相同的處罰。而且秦律對於真的不知情者，察明後也會酌情從輕量刑或不論刑。如《法律答問》云：

　　　　甲盜錢以買絲，寄乙，乙受，弗知盜，乙論何也？毋論。〔註35〕

說明若收受的乙方真不知情，則不論罪。在這方面秦律又較商君法更為開通、合理，顯示秦律法治精神的進步。

　　再則，商鞅據《法經》六律以作秦律，《唐律疏議》只云商鞅「改法為律」，《漢書・刑法志》也只載：商鞅「連相坐之法」、「造參夷之誅」，增加肉刑，「大辟」有「鑿顛、抽脅、鑊亨」之刑，〔註36〕未言商鞅有增加律名。出土秦簡則明顯不只有六律之名，單是《秦律十八種》中，就包含有十八種律名，可見秦律自商鞅變法後，又有了許多的增訂、修補。

　　高敏先生認為出土秦律與商鞅秦律之間：「既有區別，又有聯繫。二者的區別在於：一是撰寫的時間不同，二是具體內容上有若干差異；至於二者的聯繫，則表現為出土《秦律》是在商鞅《秦律》的基礎上經過發展、補充和積累而成，是商鞅《秦律》的直接延續。」〔註37〕在商鞅及其後的法家努力下，不僅在思想方面豐富了秦國的法家理論；也在制度上徹底實踐了法家政策，使秦律更為完備。故竹簡秦律可作為研究自商鞅變法到秦始皇統一六國前的秦國法制史的重要依據。這也是本章研究的重心所在。

　　秦雖享國不長，但其為後世開啓了以法治國的基礎，秦亡後，漢相蕭何據秦律加以增補，成九章之律。《晉書・刑法志》云：

　　　　悝撰次諸國法，著《法經》。……商君受之以相秦。漢承秦制，蕭何
　　　　定律，……益事律〈興〉、〈廄〉、〈戶〉三篇，合為九篇。〔註38〕

〔註34〕馬承源：〈商鞅方升與戰國量制〉，《文物》第六期，1972年6月，頁17～19。
〔註35〕《睡虎地秦墓竹簡》戊午年本，頁430。
〔註36〕《漢書》，卷二十三，頁12。
〔註37〕高敏：《雲夢秦簡初探》，頁57。
〔註38〕唐・房玄齡：《晉書》，卷三十，頁922。

《唐律疏議》亦云：

> 魏文侯師於李悝，集諸國刑典，造《法經》六篇。……商鞅傳授，
> 改法爲律。漢相蕭何，更加悝所造〈戶〉、〈興〉、〈廄〉三篇，謂九
> 章之律。〔註39〕

秦律訂自商鞅，上承李悝之《法經》，下啓漢代之九章律，由漢而魏，由魏
而晉，中間雖經過南北朝的分歧，終匯集成隋律，作爲唐律的藍本，從唐律
更開啓宋、明、清之律法。《法經》今不傳，更見秦律之於中國法制史之重
要。日人堀毅繪有中國歷代律發展系統表，〔註40〕更可顯見秦律所佔之前導
地位：

法經六篇─秦律─漢律─曹魏律─晉律─梁律─陳律
　　　　　　　　　└─北魏律─後周律
　　　　　　　　　　　　　　└─北齊律─隋律─
─唐律─宋刑統……元條格……明律─清律
　│　＼　　　　：
遼條制……金律……

第二節　秦簡所呈現的法家思想之一──重法治

吳福助先生就睡虎地秦墓竹簡，歸納出嬴秦法律的特質有以下十點：

第一、以法家學派的法治理論爲思想指導。

第二、以刑律爲主，專律爲輔，形式多樣，體系完備，集春秋戰國法
　　　典的大成。

第三、刑事訴訟程序完備。

第四、刑事訴訟文書規範化。

第五、刑事勘察檢驗技術，已達相當的科學水準。

第六、刑事偵查審判注重證據，體現「無罪推定」原則。

第七、刑罰採「重刑主義」政策。

第八、大量運用奴役性的勞役刑，肉刑式微。

第九、經濟法規數量龐大，範圍廣泛。

〔註39〕唐‧長孫無忌：《唐律疏議》，卷第一，頁2。
〔註40〕轉引自吳福助《睡虎地秦簡論考》（臺北：文津出版社，1994年），頁27。

第十、整飭吏治，官吏行政過失多貲以甲盾。〔註41〕

從上述十點，可以顯見秦律以刑律爲主的特質，而其首要特質就是「以法家學派的法治理論爲思想指導」。法家典籍中，《商君書》是由秦國商鞅學派的法家在商鞅變法後到秦始皇統一中國這段期間，陸續撰寫、編輯而成，年代上與睡虎地秦墓竹簡年代最爲相近，故比較二者思想之互通，也最具意義。

吳福助先生以爲《商君書》中的法治思想，主要有十一項：〔註42〕

第一項、以農戰爲本，立法修刑，富國強兵。

第二項、廢除舊有建立在親族血緣關係上的倫常道德，改用法律維護社會的秩序。

第三項、通過立法推進土地占有關係的變革。

第四項、穩定自然經濟，制定經濟法規。

第五項、穩定統治秩序，制定行政法規、軍事法規。

第六項、廢除分封制，實行分縣制，取消世卿世祿制度。

第七項、對官吏設定刑罰和互相監督的制度。

第八項、制定刑律，設置法官，建立司法制度。

第九項、實現「刑無等級」、「一斷於法」的原則，取消和限制貴族特權。

第十項、以賞罰爲柄，家屬、鄰里、職務連坐，輕罪重刑，實踐重刑主義。

第十一項、宣明法制，緣法而治，依法斷罪，實踐罪刑法定主義。

上述這些法治思想，除「刑無等級」與秦律在執行上略有出入外，其餘絕大多數都在睡虎地秦墓竹簡的律文中一一體現，吳福助先生認爲這代表了「商鞅及其學派的法家，在變法實踐中，認眞地把法治理論發展成爲成熟完備的理論，並以此作爲秦國家活動的理論基礎和刑事立法、司法實踐的指導方針。」〔註43〕由此可見法家思想在秦簡所佔的比重之大。

法家認爲「法」是治國的唯一客觀標準，所以「法」在法家思想中佔有極重要的地位。法字在造字之初，其本身就具有一種強制，使合於正的意義。法家堅持用強制性的法來治理國家，換言之，其認爲無法不足以治國。《韓非

〔註41〕吳福助：《睡虎地秦簡論考》，頁3～25。

〔註42〕同上註，頁3～4。

〔註43〕同註41，頁4。

子‧顯學》云：

> 夫嚴家無悍虜，而慈母有敗子，吾以此知威勢之可以禁暴，而德厚
> 不足以止亂也。夫聖人之治國，不恃人之爲吾善也，而用其不得爲
> 非也。恃人之爲吾善也，境內不什數；用人不得爲非，一國可使齊。
> 爲治也用眾而舍寡，故不務德而務法。

說到法是壹民使齊的良方，政治求速效，最好的治理辦法就是採用適合大眾
的方法——法治。而「嚴家無悍虜，慈母有敗子」也說明了威勢比仁德更見
效力。所以上位者不期待施行仁德感化的政治以勸民向善；而以強制性的法
律禁民爲姦。上位者的一切政治措施都是環繞著「法」這個中心議題，如《商
君書‧修權》說到：

> 國之所治者三：一曰法，二曰信，三曰權。法者，君臣之所共操也；
> 信者，君臣之所共立也；權者，君之所獨制也。人主失守則危，君
> 臣釋法任私必亂。故立法明分，而不以私害法則治。權制獨斷於君
> 則威。民信其賞則事功成，不信其刑則姦無端。……夫倍法度而任
> 私議，皆不知類者也。

認爲國治的要件有三：法、信、權。法指法律，是所有國人都要強制遵守的，
也是治理國家最重要的權衡標準；信指信用，在於使民信法，是配合法治的
手段；權指權力，是君主順利推行法令的憑藉。能充分運用三者，則國治民
安，反之則危。其中，信與權又分別是爲行法而生的手段、憑藉，所以上位
者不可以須臾忘法。故《商君書‧愼法》云：

> 故有明主忠臣產於今世，而散領其國者，不可以須臾忘於法。破勝
> 黨任，節去言談，任法而治矣。使吏非法無以守，則雖巧不得爲姦；
> 使民非戰無以效其能，則雖險不得爲詐。夫以法相治，以數相舉，
> 譽者不能相益，訾言者不能相損。民見相譽無益，相管附惡；見訾
> 言無損，習相憎不相害也。夫愛人者不阿，憎人者不害，愛惡各以
> 其正，治之至也。臣故曰：法任而國治矣。

認爲君主以法治國就可以破除姦佞之徒的巧言虛道，使官吏奉公守法，使人
民無從藉言談遊說獲取官爵，轉而專心從戰功以取爵。上位者完全依法行事，
秉公處理，人民見訾言無損，譽言無益，虛浮的言論就會減少，如是則君安
國治。所以《商君書‧定分》認爲任法是國治的必備條件：

> 法令者，民之命也，爲治之本也，所以備民也。爲治而去法令，猶

　　欲無饑而去食也，欲無寒而去衣也，欲東西行也，其不幾亦明矣。
因爲法令是人民的生命，是治國的根本，是用來保護人民的東西。所以治國
卻不用法令，猶如希望不挨餓卻拋棄食物，希望不受凍卻拋棄衣服，希望到
東方去卻往西走一樣達不到目的，所以治國不能背法而治。

　　陳啓天先生歸納法家所謂之「法」，認爲其意義主要有四：一是明分止爭；
二是齊眾使民；三是成文客觀；四是因時制宜。〔註44〕法的這些意義，在睡
虎地秦墓竹簡中都有所發現，可爲法家思想影響秦律之最好證明。茲以《語
書》爲例說明之。首先，《語書》云：

　　　　凡法律令者，以教導民，去其淫僻，除其惡俗，而使之之於爲善也。
〔註45〕
正符合法家所謂：「夫法者，上之所以一民使下也。私者，下之所以侵法亂主也。
故聖君置儀設法而固守之。」（《管子・任法》）以法教育人民，以法齊眾使民之
目的。法家思想之集大成者韓非也再三強調以法教育人民的重要。因爲要民守
法，首先必須教民知法。所以法律必須是成文且公布的，《韓非子・難三》云：
「法者，編著之圖籍，設之於官府，而布之於百姓者也。」如此人民行爲才能
有所依循。而爲了使人民確實守法，不作姦犯科，韓非以爲：「禁姦之法，太上
禁其心，其次禁其言，其次禁其事。」〔註46〕禁其心的最好方法就是：「無書簡
之文，以法爲教；無先王之語，以吏爲師。」〔註47〕一切以法爲依歸。行法治
的最終目標是爲了使：「境內之民，其言談者必軌於法，動作者歸之於功，爲勇
者盡之於軍。」〔註48〕唯有如此才能使國家「無事則國富，有事則兵強。」〔註
49〕立國於不敗之地，進而完成「超五帝、侔三王」〔註50〕的統一大業。

　　其次，《語書》又依據守法與否來區分官吏良莠：

　　　　良吏明法律令，事無不能也；又廉潔敦愨而好佐上；以一曹事不足
　　　　獨治也，故有公心；又能自端也，而惡與人辨治，是以不爭書。惡
　　　　吏不明法律令，不知事，不廉潔，無以佐上，偷惰疾事，易口舌……

〔註44〕陳啓天：《中國法家概論》，頁133～136。
〔註45〕《睡虎地秦墓竹簡》戊午年本，頁297～298。
〔註46〕《韓非子・說疑》，卷十七，頁6。
〔註47〕《韓非子・五蠹》，卷十九，頁5。
〔註48〕同上註。
〔註49〕同註47。
〔註50〕同註47。

　　喜爭書。……若如此者不可不爲罰。〔註51〕

認爲良吏就是知法守法，處事公正廉潔，不爭功勞的人；而惡吏則是不明法律，苟且偷惰，遇事爭功之輩。因此對惡吏主張依法嚴辦。強調官吏若能守法就會產生公心，並能端正行爲，而不會起爭心。這正符合了法家所謂「夫法者，所以興功懼暴也；律者，所以定分止爭也；令者，所以令人知事也。」（《管子・七臣七主》）以法明分止爭的用意。

　　再者，南郡守騰見法令之不行，將法律令、田令和懲辦奸私的法規重新整理出來，公布於眾，使吏民皆知，違者論律嚴懲。《語書》載：

　　　　騰爲是而脩法律令、田令及爲間私方而下之，令吏明布，令吏民皆明知之，毋巨於罪。……今且令人案行之，舉劾不從令者，致以律，論及令、丞。又且課縣官，獨多犯令而令、丞弗得者，以令、丞聞。以次傳；別書江陵布，以郵行。……發書，移書曹，曹莫受，以告府，府令曹畫之。其畫最多者，當居曹奏令、丞，令、丞以爲不直，志千里使有籍書之，以爲惡吏。〔註52〕

南郡守騰這種脩法令，令吏明布，使吏民皆明知之的舉措，與韓非等法家主張法律要成文公布，使民皆知，進而守法的標準相符。《韓非子・定法》云：

　　　　法者，憲令著於官府，刑罰必於民心，賞存乎愼法，而罰加乎姦令者也。

《韓非子・難三》云：

　　　　法者，編著之圖籍，設之於官府，而布之於百姓者也。

從上可知，《語書》已符合法家之「法」所含括的四項基本意義。此外，我們還可以從睡虎地秦墓竹簡的其他篇章中，發現秦律重法治的證據。如《法律答問》紀錄了盜、賊、網、捕、具、雜律等攸關國家行政、治安的律令，並一一就律令做詳細解說。《秦律十八種》與《秦律雜抄》則是將國內經濟、政治和民生瑣事，一一列入法令管理，如有關於農田水利、田獵畜牧和倉庫管理的《田律》、《廐苑律》、《倉律》；有關於貨幣、財物流通的《金布律》；有關於徭役與司徒管理的《徭律》、《司空律》、《傅律》；有關於官吏職責及其任免的《置吏律》、《內史雜》、《尉雜》、《除吏律》；有關於度量衡的《效律》；有關於游士的《游士律》；有關於軍爵賞賜的《軍爵律》；有關於行戍的《戍

〔註51〕《睡虎地秦墓竹簡》戊午年本，頁 301～302。

〔註52〕同上註，頁 298。

律》……，他如《中勞律》、《藏律》、《公車司馬獵律》、《牛羊課》、《敦表律》、《捕盜律》、《傳食律》、《行書》等等，可見秦律涵蓋範圍十分廣泛，從經濟到政治多所涉及，而其條目之多與內容之細，在在說明秦律重法，一切依法行事，以法治國的特色。

第三節　秦簡所呈現的法家思想之二——嚴刑重罰

　　法家任法為治，一斷於法，然其所謂的法，意義並不單純，還兼指法及由法而生的刑。陳啓天先生將法與刑的關係解釋的很好，他說：「法必有刑，刑必依法，法是刑的標準，刑是法的實施。言法，即有刑在其中；言刑，即有法在其先。法與刑已成為兩個不可分離的觀念。」〔註53〕而法家在面對刑的問題時，是主張嚴刑重罰的。因為法家認為唯有嚴刑與重罰才能使人民徹底守法，也才能達到以刑去刑的目的，使令行禁止。故《商君書·畫策》云：

> 國之亂也，非其法亂也，非法不用也。國皆有潛法，而無使法必行
> 之法；國皆有禁姦邪、刑盜賊之法，而無使姦邪盜賊必得之法。為
> 姦邪盜賊者死刑，而姦邪盜賊不止者，不必得；必得而尚有姦邪盜
> 賊者，刑輕也。刑輕者，兼誅也；必得者，刑者眾也。故善治，刑
> 不善而不賞善，故不刑而民善。不刑而民善，刑重也。刑重者，民
> 不敢犯，故無刑也，而民莫敢為非，是一國皆善也。

這段文字明白指出國之不治，非無法之過，而在法不用。所以要治理好國家，就必須要有能保證法令必定能夠確實執行的措施，以創造出一個不能為姦的環境。為達到此要求，只有靠著重刑輕賞來貫徹。輕賞是因為守法是本分，重刑則是為了使人民心生畏懼，而不敢輕犯法網。這也就是《商君書·賞刑》所謂的：「重刑、連其罪，則民不敢試。民不敢試，故無刑也。」《商君書·賞刑》更舉出先王之刑為例，說明重刑出發點是為民好，其文云：

> 夫先王之禁，刺殺、斷人之足，黥人之面，非求傷民也，以禁姦止
> 過也。故禁姦姦止，莫若重刑。刑重而必得，則民不敢試，故國無
> 刑民。國無刑民，故曰：明刑不戮。

說到先王之施行重罰，是為了禁姦止過，出發點是愛民而非傷民。同理，法家主張用重刑且連坐，也是為了維護國家治安，唯有如此，人民才不敢以身

〔註53〕陳啓天：《中國法家概論》，頁3。

試法。沒有違法的人，治安也就無憂了，所以刑罰嚴明，人民就不敢犯法，也就沒有殺戮。法家之所以主張用嚴刑重法控制人民，多少與其認爲人性本惡的論點有關。如韓非就認爲：人民本來就是能夠服從於權勢，而很少能實踐仁義的。所以人主治國一定要制定嚴峻的法令，並施行嚴厲的刑罰。《韓非子・五蠹》云：

> 且民者，固服於勢，寡能懷於義。……故明主峭其法而嚴其刑也。布帛尋常，庸人不釋，鑠金百溢，盜跖不掇。不必害，則不釋尋常；必害手，則不掇百鎰，故明主必其誅也。是以賞莫如厚而信，使民利之；罰莫如重而必，使民畏之；法莫如一而固，使民知之。故主施賞不遷，行誅無赦。譽輔其賞，毀隨其罰，則賢不肖俱盡其力矣。

就認爲人主若能制定嚴峻且統一而固定的法令，且信賞必罰，使人民確實遵守，再用稱譽輔助獎賞，詆毀附隨誅罰，則臣民不論賢不肖，都會爲君主盡力了。

秦國的刑罰是以殘暴出名的，如：《鹽鐵論・非鞅》說商鞅「內立法度，嚴刑飭罰，政教姦僞無所容，……造誹謗，增肉刑。百姓齋栗，不知所措手足也。」裴駰《史記集解》也說商君之法，「內刻刀鋸之刑，外深鈇鉞之誅，步過六尺者有罰，棄灰於道者被刑，一日臨渭而論囚七百餘人，渭水盡赤，號哭之聲動於天地，畜怨積讎比於丘山。」〔註54〕這些可能是漢人爲了政治上的因素所作的誇大之辭，未必可信，栗勁先生在《秦律通論》書中有詳細的說明。睡虎地秦墓竹簡的律文，也爲秦律作了最好的澄清。雖然睡虎地秦墓竹簡中的秦律並不代表全部的秦律，但是其仍不失爲我們研究秦國法律之重要依據。劉海年先生在〈秦律刑罰考析〉一文中，根據史籍及秦簡律文，將秦之刑罰大體分爲十二類：一、死刑；二、肉刑；三、徒刑；四、笞刑；五、髡、耐刑；六、遷刑；七、貲；八、贖刑；九、廢；十、誶；十一、連坐；十二、收。他認爲：「不僅這十二種刑罰輕重不同，在同一種刑罰內，又按處死的方式、對肢體殘害的部位、鞭笞多少、刑期長短、遷徙遠近和貲罰金錢數目等，分爲不同的等級。秦律還規定，各種刑罰既可以單獨使用，也可以兩種、甚至三種結合使用。這樣不同刑種的排列組合，就在秦的司法實踐中，使本來種類已相當多的刑罰更加名目繁多，使本來已很殘酷的刑制更加殘酷。」〔註55〕茲以秦律的輕罪重罰和

〔註54〕《史記・商君列傳》，卷六十八，頁23。
〔註55〕《雲夢秦簡研究》，頁203。

連坐制度爲例，說明秦律之嚴刑重罰。

一、輕罪重罰

關於秦律之輕罪重罰，以《法律答問》所載爲例証明之，如：

> 公祠未闋，盜其具，當貲以下耐爲隸臣。〔註56〕

這是說公室祭祀尚未完畢，將供品盜去，即使是應處貲罰以下的罪，也要處耐爲隸臣之罪。又如：

> 「抉鑰，贖黥。」何論「抉鑰」？抉鑰者，……抉之且欲有盜，弗
> 能啓即去，若未啓而得，當贖黥。抉之非欲盜也，已啓乃爲抉，未
> 啓當貲二甲。〔註57〕

言不論撬開門與否，只要其目的是在竊盜，即使未撬開就離開或未撬開即被拿獲，都要受贖黥的罪責；反之，即便是撬門的目的不在竊盜，且未開，仍應罰貲二甲。又如偷盜他人農作物、牲畜者，其刑也甚重。如：

> 或盜采人桑葉，贓不盈一錢，何論？貲徭三旬。〔註58〕

僅是偷盜桑葉，贓物價值甚至不值一錢，卻要受處罰徭役三十天的處分。至於盜牛者，盜時身高六尺，囚禁一年，隔年再加度量，超過六尺（表示成年），則要受完城旦的勞役之刑：

> 甲盜牛，盜牛時高六尺，繫一歲，復丈，高六尺七寸，問甲何論？
> 當完城旦。〔註59〕

《鹽鐵論·刑德》言：「商君刑棄灰於道而秦民治，故盜馬者死，盜牛者加，所以重本而絕輕疾之資也。」可爲秦嚴刑重罰的最好說明。然從此律亦可發現秦律以犯人身高作爲判罪基準，未達六尺者，屬未成年，或有較輕之處罰，釋文云：「古時一般認爲男子十五歲身高六尺（秦六尺約合今一·三八公尺），可能六尺在判刑時是一種界限。」〔註60〕但是受連坐處罰的家屬則無年齡限制。

尤有甚者，當有下列情事，諸如集體行盜、教唆或預謀行盜發生時，判刑更是從重處理。如《法律答問》云五人爲盜，除處斬趾之刑，還要黥爲城旦：

> 五人盜，贓一錢以上，斬左止，又黥以爲城旦。不盈五人，盜過六

〔註56〕《睡虎地秦墓竹簡》戊午年本，頁435。
〔註57〕同上註，頁438。
〔註58〕同註56，頁429。
〔註59〕同註56，頁428。
〔註60〕同註56，頁429。

百六十錢，黥劓以爲城旦；不盈六百六十到二百廿錢，黥爲城旦；

不盈二百廿以下到一錢，遷之。〔註61〕

集體竊盜之刑責比起普通竊盜，依所盜贓款論刑更重。秦律對於竊盜的懲處
規定如下：人數在五人以下的竊犯，所盜之錢在二百廿以下者，要處流放之
刑；所盜之錢在二百廿以上，六百六十以下者，要處黥爲城旦之刑；所盜之
錢超過六百六十錢者，除處黥劓之刑外，還要服城旦之勞役。至於人數在五
人以上者，已經算一竊盜集團，則不論竊盜多寡，只要贓物價值在一錢以上
的，都要受斬左趾並黥爲城旦的重刑，充分表現出秦律輕罪重罰的精神。

又，教唆犯罪或預謀犯罪者，雖未行犯罪之實，但以其教唆他人犯罪或
預謀罪行，存有犯罪之心，故與犯罪者同罪論處。如《法律答問》云：

人臣甲謀遣人妾乙盜主牛，賣，把錢偕邦亡，出徼，得，論各何也？

當城旦黥之，各畀主。〔註62〕

甲謀遣乙盜，一日，乙且往盜，未到，得，皆贖黥。〔註63〕

前例云：人臣甲教唆人妾乙行竊，則二人同罪，都要處黥刑，再分別交還主
人。後例則云：甲主謀派乙去盜竊，雖然乙尚未走到，未行竊盜之實，就被
拿獲，主謀者甲和執行者乙都要處黥刑，但允許其以錢贖罪。但是秦律的贖
刑並不是那麼容易，秦的贖刑一般是以金、錢、布，且其贖刑甚苛，除非有
錢的地主、有爵之人和王室貴族，一般平民是無力繳納的。秦律又規定無力
繳納者，要以勞役相抵，此外，勞役期間，還要自備伙食，否則，食公家食
者，還要付費，更可見秦律之嚴刻。〔註64〕

預謀犯之從重論罪案例中，又以預謀犯罪並教唆未成年者犯罪，判刑最
重。如《法律答問》云：

甲謀遣乙盜殺人，受分十錢，問乙高未盈六尺，甲何論？當磔。

〔註65〕

說到甲主謀派乙去盜殺人，並分贓得到十錢，由於乙身高不滿六尺，依律未
成年，所以主謀者甲要處以車裂之重刑。這種對於預謀犯罪的加重刑罰，多
少表現出秦律以嚴刑重罰控制人民犯罪動機的萌芽，這正與法家主張以嚴刑

〔註61〕《睡虎地秦墓竹簡》戊午年本，頁426。
〔註62〕同上註，頁428。
〔註63〕同註61，頁427。
〔註64〕劉海年：〈秦律刑罰考析〉，《雲夢秦簡研究》，頁233～236。
〔註65〕同註61，頁452。

峻罰來達到國治的目的相同。如《韓非子‧六反》云：

> 明主之治國也，眾其守而重其罪，使民以法禁，而不以廉止。……
> 凡賞罰之必者，勸、禁也。賞厚，則所欲之得也疾；罰重，則所惡
> 之禁也急。……是故決賢不肖、愚知之筴，在賞罰之輕重。且夫重
> 刑者，非爲罪人也，明主之法揆也。治賊，非治所揆也，所揆也者，
> 是治死人也。刑盜，非治所刑也，治所刑也者，是治胥靡也。故曰：
> 重一姦之罪，而止境內之邪，此所以爲治也。重罰者盜賊也，而悼
> 懼者良民也。欲治者悉疑於重刑！

嚴刑的目的一方面是爲了使令行禁止，另一方面卻也有愛民，嚇阻人民觸法
的目的。如《韓非子‧內儲說上》載董閼于爲趙上地守，一日行山邑中，發
現一深澗，峭如牆，深百仞，卻從來沒有人或獸類掉下去過，不禁有感而發，
嘆道：「吾能治矣，使吾法之無赦，猶入澗之必死也，則人莫之敢犯也。」期
望藉著嚴刑峻法來遏止罪惡的萌生。另外，子產死前也要其繼任者游吉，治
鄭「必以嚴涖人」，因爲「火形嚴，故人鮮灼；水形懦，故人多溺。」〔註66〕
嚴刑有「遂令懲下」（《韓非子‧有度》）的作用，故用嚴刑可以達到止姦，防
止臣下因君上的威寡而侵上的目的。而君令的能否貫徹，臣姦的能否懲止，
也全都在於嚴刑的運用。〔註67〕

然而專任嚴刑亦有其弊，因爲法家雖是以愛民爲出發點，以嚴刑爲手段，
以刑期無刑爲目的，希望達到預期的輕罪重罪一齊去除的理想。但這一切尚
必須視立法、行法時是否已經確守各項原則性的要求而定，否則徒以重刑驅
民於農戰，民智日下，民力日竭，有朝一日民無所逃於刑罰之外時，則不畏
死。〔註68〕老子云：「民不畏死，奈何以死懼之？」〔註69〕民不畏死，即有重
刑亦無力止民於亂，且上位者又不能殺盡天下之人，國家就會陷入危亡。

二、連坐制度

秦律的嚴刑重罰中，最著名的莫過其連坐制度。連坐制度是指一人犯罪，
其親近之人都要連帶受罰的制度，商鞅前已有此一制度，待鞅執政後，更加強

〔註66〕《韓非子‧內儲說上》，卷九，頁5。
〔註67〕徐漢昌：《韓非的法學與文學》（臺北：維新書局，1981年），頁105。
〔註68〕同上註，頁182。
〔註69〕《老子》第七十四章。朱謙之釋，任繼愈譯：《老子釋譯》（臺北：里仁書局，
　　　　1985年），頁289。

連坐制對人民的管控，藉以使人與人互相監督，達到禁民爲姦的目的，所謂：「民不能自治，故爲法以禁之。相坐坐收，所以累其心使重犯法。」〔註70〕《史記‧商君列傳》載商鞅令：「民爲什伍而相連坐，不告姦者腰斬；告姦者與斬敵首同賞；匿姦者與降敵同罰。」《韓非子‧定法》也言商鞅治秦時：「設告相坐而責其實，連什伍而同其罪。賞厚而信，刑重而必，是以其民用力勞而不休，逐敵危而不卻，故其國富而兵強。」故連坐制度是商鞅執行社會控制時的主要手段，其以同居、典、伍爲一個連坐體系，在這個連坐體系中發生的任何罪行，除非有特別規定，否則相關之人都難以推卸責任。

　　連坐之必要，在於統治者必須知臣下之姦。因爲上位者耳目不是全能，所以要以別人的耳目爲耳目，於是告姦者有重賞，這是一種統治術。如《韓非子‧定法》云：「治不踰官，謂之守職也可。知而弗言，是謂過也。人主以一國目視，故視莫明焉；以一國耳聽，故聽莫聰焉。今知而弗言，則人主尙安假借矣。」除了以天下人的耳目爲耳目，人主欲鞏固政權，還需要把持住三大原則：（一）是掌握賞罰的權柄，勿使大權旁落。因爲「人主者，以刑德制臣者也；今君人者釋其刑德而使臣用之，則君反制於臣矣。」〔註71〕（二）是審合形名，以實行賞罰。所謂「人主將欲禁姦，則審核刑名；刑名者，言與事也。爲人臣者陳而言，君以其言授之事，專以其事責其功，功當其事，事當其言，則賞；功不當其事，事不當其言，則罰。……則群臣不得朋黨相爲矣。」〔註72〕（三）是人主要「去好惡」，〔註73〕以免意欲被臣下所利用，進而「有緣以侵其主」。〔註74〕能如此防範臣姦，則人主不蔽，政權也就安定了。

　　由於連坐制的施行十分有成效，所以商鞅死後，後世秦律仍保留此一制度。張晏云秦法：「一人犯罪，舉家及鄰伍坐之。」〔註75〕應劭亦云：「秦法，一人有罪，并坐其家室。」〔註76〕可見這種藉連坐，對人民進行嚴密的層層監督，以杜絕姦僞之法是秦律的主要內容。在睡虎地秦墓竹簡中，有關連坐

〔註70〕《史記‧孝文本紀》，卷十，頁13。
〔註71〕《韓非子‧二柄》，卷二，頁4。
〔註72〕同上註，卷二，頁5。
〔註73〕同註71，頁6。
〔註74〕同上註。
〔註75〕《史記‧高祖本紀》中斐駰《史記集解》引張晏語，卷八，頁35。
〔註76〕《史記‧孝文本紀》中斐駰《史記集解》引應劭語，卷十，頁14。

的案例亦屢見不鮮，大體上可分爲同居連坐，什伍連坐，文武官吏、士兵上下級之間和相互之間連坐，以及保舉人與被保舉人之間的連坐等等。如：

（一）同居連坐

《法律答問》載：

> 何謂「同居」？戶爲「同居」。〔註77〕

> 和謂「室人」？「室人」者，一室，盡當坐罪人之謂也。〔註78〕

「同居」即同居所，《漢書・惠帝紀》注：「同居，謂父母、妻子之外，若兄弟及兄弟之子等，見與同居業者。」《唐律疏議》卷十六云：「稱同居親屬者，謂同居共財者。」故同居即爲同住一個屋簷下的人。然《法律答問》又解「同居」作「獨戶母之謂也」，〔註79〕稱一戶中同母之人，與前文略異。或以律文形成年代時代不同所致。

「室人」，據釋文引《禮記・昏義》謂：「女姑女叔諸婦也。」則同居連坐，亦即就犯人的血緣關係言之，除父母、妻子之外，凡是「兄弟及兄弟之子」，「女姑女叔諸婦」等，都要受到連坐的懲處。秦律中有關同居連坐之律文尤多，說明秦律對家人之間互相監控的重視。此舉深深傷害了家人之情，造成親情倫理的敗壞。《封診式》中就載有父告子，請求官府將其子斷足或處死的法律案件。如：

> 爰書：某里士伍甲告曰：「謁鋈親子同里士伍丙足，遷蜀邊縣，令終身毋得去遷所，敢告。」〔註80〕

> 爰書：某里士伍甲告曰：「甲親子同里士伍丙不孝，謁殺，敢告。」〔註81〕

但法家寧可傷家人之情，也不願廢法，因爲君之直臣，可能成爲父之暴子；父之孝子，也可能成爲君之背臣。如《韓非子・五蠹》云：

> 楚有直躬，其父竊羊而謁之吏，令尹曰：「殺之。」以爲直於君而曲於父。夫君之直臣，父之暴子也。魯人從君戰，三戰三北，仲尼問其故，對曰：「吾有老父，身死莫之養也。」仲尼以爲孝，舉而上之。

〔註77〕《睡虎地秦墓竹簡》戊午年本，頁434。
〔註78〕同上註，頁502。
〔註79〕同註77。
〔註80〕同註77，頁523。
〔註81〕同註77，頁525。

> 夫父之孝子，君之背臣也。故令尹誅而楚姦不上聞，仲尼賞而魯民
> 易降北。上下之利若是其異也。而人主兼舉匹夫之行，而求社稷之
> 福，必不幾矣。

直躬糾舉父親的罪過，就親情上而言，雖屬不孝，未能做到子為父隱的要求。
但就司法而言，卻是位守法不阿的良民。擁有這樣的人民，才能貫徹法治，國
家才能富強。忠孝不能兩全，法家以忠君為依歸，所以告父姦之直躬成為君之
直臣；為孝順父親而屢次逃兵的魯人就是君之背臣了。如此觀之，維護親情只
會造成國家在統治上的困難，故法家寧可傷家人之情，也要落實連坐法。

秦律中有關同居連坐的條文，如下：

> 宵盜，贓值百一十，其妻、子知，與食肉，當同罪。〔註82〕

> 宵盜，贓值百五十，告甲，甲與其妻、子知，共食肉・甲妻、子與
> 甲同罪。〔註83〕

說明丈夫為盜，其妻、子知情並分享贓物者，同罪論處。然秦律雖規定「盜
及諸他罪，同居所當坐。」〔註84〕但其連坐程度還是有依知情與否與所藏錢
數比例而有輕重之別，例如《法律答問》云：

> 夫盜千錢，妻所匿三百，何以論妻？妻知夫盜而匿之，當以三百論
> 為盜；不知，為收。〔註85〕

> 夫盜二百錢，妻所匿百一十何以論妻？妻知夫盜，以百十一為盜；
> 弗知，為守贓。〔註86〕

說到丈夫為盜，將贓錢藏匿於妻子處，妻子若是知情不告，也以同罪論處。
反之，如果妻子不知情，則作「收藏」或「守贓」論。「收」字，《睡虎地秦
墓竹簡》丙辰年本中作「收孥」解，秦律有「收」罪，指因家屬關係連坐而
收為官奴婢。〔註87〕此因丈夫財物突然增加，妻子當疑而未疑，有縱容包庇
之嫌，故連帶受罰。然在《睡虎地秦墓竹簡》戊午年本中則作「收藏」罪解，
〔註88〕因為秦律另有「守贓」之罪，釋文云：「本條妻所藏錢數比例較大，以

〔註82〕《睡虎地秦墓竹簡》戊午年本，頁502。
〔註83〕同上註，頁433。
〔註84〕同註82，頁434。
〔註85〕同註82，頁431。
〔註86〕同註82，頁432。
〔註87〕《睡虎地秦墓竹簡・法律答問》丙辰年本，頁201。
〔註88〕同註82，頁431。

守贓論處，可能比一般的收藏處理更重。」〔註89〕似乎秦律又分收藏贓物的處分爲收藏與守贓二種，依藏匿錢數比例多寡論罪。

以上是丈夫未告知妻子的情況，若是丈夫竊盜後，告知妻子，妻子仍未揭發，也要受罰，說明連坐與告姦是相對的。如《法律答問》云：

> 夫盜三百錢，告妻，妻與共飲食之，何以論妻？非前謀也，當爲收；
> 其前謀，同罪。〔註90〕

但是同居中又有依主從地位不同，連坐情形隨之有所差別。奴婢有罪，主人當連帶受罰；主人犯罪，奴婢卻不用受罰。這是因爲奴婢算是主人財產之一部分，主人有義務要照管好；但奴婢地位低下，不能干預主人言行，故主人犯罪，奴婢得免其罪。秦律從最近的同居人開始落實連坐制，是爲了禁姦止過，從小處預防犯罪，以維護國家政權的穩固與社會治安的安定。

（二）什伍連坐

《法律答問》載：

> 律曰「與盜同法」，又曰「與同罪」，此二物其同居、典、伍當坐之。
> 云「與同罪」，云「反其罪」者，弗當坐。〔註91〕

明言凡法律上規定與罪犯者同法或同罪者，除同居者外，這二類罪犯的里典和同伍之人也都要受連坐之法。「典」即典正，與伍老俱爲秦地方組織的負責人，相當於後世的保甲長。「伍」指伍人，《史記·商君列傳》云：「令民爲什伍。」《漢書·尹賞傳》注「伍」云：「五家爲伍，伍人者，各其同伍之人也。」又《法律答問》云：「何謂『四鄰』？」「『四鄰』即伍人謂也。」〔註92〕所以伍人亦即四鄰，凡是律文上說「與盜同罪」、「與盜同法」，就表示一旦出事，犯罪者的同居、里典和同伍的人都要連帶受罰。藉事後同罰，以收預防犯罪和事發告姦之效。如《秦律雜抄·傅律》載：

> 匿敖童，及占癃不審，典、老贖耐。百姓不當老，至老時不用請，
> 敢爲詐僞者，貲二甲；典、老弗告，貲一甲；伍人，戶一盾，皆遷
> 之。〔註93〕

〔註89〕《睡虎地秦墓竹簡》戊午年本，頁432。
〔註90〕同上註，頁432。
〔註91〕同註89，頁433。
〔註92〕同註89，頁463。
〔註93〕同註89，頁417。

戶口登記不確實，里典、伍老以及伍人要受連坐處分，這是因為精準的戶籍登記是連坐制度的基礎。按秦律規定，男子凡年滿十七，就要傅籍，辦理成年的登記手續，國家再按此戶籍登記徵調人民服徭役。故凡「匿戶」者，就要依罪論處。如《法律答問》云：

> 何謂「匿戶」及「敖童弗傅」？匿戶弗徭、使，弗令出戶賦之謂也。
> 〔註94〕

只要是隱藏人戶，意圖逃避徭役與戶賦者，就是犯了匿戶之罪，如經查獲，其里典、伍老要處贖耐之刑。至於申報廢疾不確實，或是百姓免老登記有造虛弄假者，不只其里典、伍老要受處貲刑，其同伍之人也要連帶受罰，除罰金一盾外，還會被流放，其刑不可謂不重。

伍連坐同時還具有社區守望相助的功能，如《法律答問》云：

> 賊入甲室，賊傷甲，甲號寇，其四鄰、典、老皆出不存，不聞號寇，
> 問當論不當？審不存，不當論；典、老雖不存，當論。〔註95〕

秦律規定有盜賊入侵時，四鄰及其里典、伍老等地方保甲長，都要守望相助，否則即以律論處。尤其里典、伍老等地方保甲長，責任較四鄰尤大，事情發生時，若四鄰不在家，尚可以不論罪，但里典、伍老卻不能以不在家為由推卸責任，仍要為其疏於職守受罰。這種動輒連坐的方式，使社會人情淡薄，為了避免受到連坐的處罰，每個人都勇於揭發他人，一切情與義消逝無蹤。更不會去主動關懷他人，如《法律答問》云：

> 有賊殺傷人衝術，皆旁人不援，百步中比野，當貲二甲。〔註96〕

連見到身旁之人有危難，都不願主動救助，還要在法律規定之下強迫行之，可見當時人際關係之冷漠。這也是過度執行連坐法，忽視人性價值之後，所產生的最直接弊端。

（三）官吏上下之間以及保舉人、被保舉人之間的連坐

官吏上下級之間也以職務上的關係，受到不等的連坐法規範，如《效律》載：

> 尉計及尉官吏即有劾，其令、丞坐之。如它官然。〔註97〕

〔註94〕《睡虎地秦墓竹簡》戊午年本，頁487。
〔註95〕同上註，頁463。
〔註96〕同註94，頁464。
〔註97〕同註94，頁397。

明言縣尉的會計及縣尉官府中的史如犯有罪刑時，其上級官吏（該縣的令、丞）應承擔罪責，受連坐處罰，像其他官府一樣，如：「司馬令史掾苑計，計有劾，司馬令史坐之，如令史坐官計劾然。」〔註98〕會計有罪，司馬令史也同擔罪責一般。

《效律》還規定官吏雖然各有所職責與掌管區域，分別承擔其罪責，但萬一有所失誤，即使已經去官，也不能免去其刑責，同時其上級的縣令、丞也要連帶受罰。其云：

> 同官而各有主也，各坐其所主。官嗇夫免，縣令令人效其官，官嗇夫坐效以貲，大嗇夫其丞相除。縣令免，新嗇夫自效也，故嗇夫及丞皆不得除。〔註99〕

余宗發先生以爲：「律文中所謂『各坐其所主』，應該就是指『連坐』而言。所以下文說：『官嗇夫免，縣令令人效其官，官嗇夫坐效以貲，大嗇夫其丞相除。』」〔註100〕

此外，爲防止官吏之間私心自用，隨意保舉不適任人選，保舉人與被保舉人之間也受連坐法規範，如《秦律雜抄·除吏律》云：

> 任廢官者爲吏，貲二甲。〔註101〕

任者，保舉也。可知在秦律中，有因被保舉之人有罪，而使保舉人連帶受罰的條文。此即《史記·范雎蔡澤列傳》所謂：「秦之法，任人而所任不善者，各以其罪罪之。」再據《法律答問》載：

> 任人爲丞，丞已免，後爲令，今初任者有罪，令當免不當？不當免。
> 〔註102〕

可知欲免除保舉人與被保舉人之間的連坐，除非保舉人的官位提升，否則是不能免除連坐之責的。

除了上述的情形適用連坐法，軍隊中也有連坐法，甚至在預防傳染病，如癘（痲瘋病）時，也適用連坐法，以鼓勵人民互相偵察。但其中還是以政治犯罪的連坐範圍最廣，懲罰最重。如秦始皇九年、十一年，分別坐嫪毐、

〔註98〕《睡虎地秦墓竹簡》戊午年本，頁397。
〔註99〕同上註，頁392。
〔註100〕余宗發：《嬴秦資料研究二題·由雲夢秦簡看秦治下之社會現象》，《國立僑生大學先修班學報》第二期，1994年7月，頁34。
〔註101〕同註98，頁403。
〔註102〕同註98，頁479。

呂不韋的官吏、屬僚多達幾千家。但秦律的連坐範圍雖廣，還是有依其犯罪性質、情節輕重和人員身分地位而有所不同。尤其是若能向官府告發別人的犯罪行為，則其刑可免，所以連坐與告姦互為表裡。〔註103〕

因此商鞅在令民「為什伍而相牧司連坐」後，又令「不告姦者腰斬，告姦者與斬敵首同賞，匿姦者與降敵同罰。」〔註104〕《商君書‧開塞》云：「王者刑用於將過，則大邪不生；賞施於告姦，則細過不失。治民能使大邪不生，細過不失，則國治。國治必強。」說明告姦目的是在於把刑罰用於罪犯萌芽的階段，以防止大姦產生；賞賜揭發姦邪的人，則即使是細小的罪過都不會漏失。如此國家就能治理得好，國家治理好了，必然就會強大起來。所以商鞅十分注重告姦對政治安定的重要性，出土秦律中關於告姦之例，亦俯拾皆是。如《法律答問》載：

> 或捕告人奴妾盜百一十錢，問主購之且公購？公購之。〔註105〕

購，獎賞也，說明若私家奴婢竊盜一百一十錢，有人捕獲告官，則官府會給予獎賞。除了他人告，盜自告，也會有酌量減刑的優待。如《法律答問》云：

> 司寇盜百一十錢，先自告，何論？當耐為隸臣，或曰貲二甲。〔註106〕

根據《法律答問》另條記載竊盜：「不盈二百廿以下到一錢，遷之。」〔註107〕可見司寇本應處以流放之刑，但因其自告，所以減免刑責為耐為隸臣或是貲二甲的罰金而已，為秦律獎勵告姦之一例。但是秦律對於知姦不告者，則採取重罰處分，如《法律答問》云：

> 甲盜，臟值千錢，乙知其盜，受分臟不盈一錢，問乙何論？同論。
> 〔註108〕

說到甲竊盜，臟值一千錢，乙知情不報，還接受分臟，即使分臟所得僅一錢，也要受到與甲相同的刑責處罰。

而連坐制度，一直到漢代還未廢，《漢書‧尹翁歸傳》載：「縣以有名籍，盜賊發其比伍中。」〔註109〕可見這種嚴密保甲的制度，雖過於嚴苛、不近人

〔註103〕《雲夢秦簡研究》，頁240。
〔註104〕《史記‧商君列傳》，卷六十八，頁8。
〔註105〕《睡虎地秦墓竹簡》戊午年本，頁478。
〔註106〕同上註，頁429。
〔註107〕同註105，頁426。
〔註108〕同註105，頁430。
〔註109〕《漢書》，卷七十六，頁3208。

情，卻是十分利於統治者控制人民的措施。

第四節　秦簡所呈現的法家思想之三——重吏治

　　自從商鞅變法，行郡縣，廢世卿世祿，確立「有軍功者，各以率受上爵」〔註110〕的制度，就逐漸爲秦國建立了官吏的行政體系。其行政之基礎理論在於：一切以法治爲最高指導原則，即君主立法→官吏執法→人民守法，由上而下，君治吏而吏治民。一旦法令確立，上至君主下至百姓都不得逾法。而在這樣的行政體制中，官吏佔非常重要的關鍵地位，故法家對官吏的要求自是十分嚴格。如《商君書·定分》云：

> 故聖人必爲法令置官也，置吏也，爲天下師，所以定名分也。名分定，則大詐貞信，民皆愿愨，而各自治也。……故聖人爲法，必使之明白易知，……爲置法官，置主法之吏，以爲天下師，令萬民無陷於險危。

設置官吏的目的是爲了實行法治，並爲百姓師表。吏執行法令，以確定事物的名分。名分確定後，狡詐的人會變得正直誠信，大盜賊也會變得謹愼忠誠，而且懂得自治。所以希望人主能以官吏做爲天下人民的導師，教導人民瞭解法令，使人民都能知道自己應該躲避什麼，追求什麼，主動避開禍害，追求幸福，並能根據法令自己管理自己，進而使國家在人民自治的基礎上，邁向天下大治的理想境界。《韓非子·五蠹》也說：「明主之國，無書簡之文，以法爲教；無先生之語，以吏爲師。」主張以官吏作爲人民的導師。法家重視以法治吏，甚於以法治民。因爲：「聞有吏雖亂，而有獨善之民，不聞有亂民而有獨治之吏。故明主治吏不治民。」（《韓非子·外儲說右下》）官吏是親民的長官，直接掌握與操縱人民的生命財產，所以國君行法先要使大臣小吏都能奉公守法：「官不敢枉法，吏不敢爲私」（《韓非子·八說》），而都成爲堪作霸王之佐的忠臣。〔註111〕商鞅之官吏法，今雖不得見，但可由其後之睡虎地秦墓竹簡看秦國吏治的發展。

一、秦簡中的官吏法規及爲吏條件

　　秦簡中對官吏的規範，除《爲吏之道》以專文明列對官吏行爲之規範外，

〔註110〕《史記·商君列傳》，卷六十八，頁8。
〔註111〕徐漢昌：《韓非的法學與文學》，頁120。

還有其他散見於各篇的官吏法規，如：

1. 《司空律》，釋文云：「司空，關於司空職務的法律。」〔註112〕

2. 《置吏律》，釋文云：「關於任用官吏的法律。」〔註113〕

3. 《效律》，雖此律是關於核驗官府物資財產的法律，但由於其關係到官吏的責任歸屬及作爲判定官吏罪責的依據，所以也將之列爲官吏法之一。

4. 《內史雜》，釋文云：「關於掌治京師的內史職務的各種法律規定。」〔註114〕栗勁先生認爲秦律應當還有《內史律》，因爲：「《內史雜》律應是《內史律》以外的與內史職務有關的行政法規。」〔註115〕

5. 《尉雜》，釋文云：「尉，這裡指廷尉，《漢書・百官表》：『廷尉，秦官，掌刑辟。』是司法的官。尉雜，關於廷尉職務的各種法律規定。」〔註116〕栗勁先生云：「秦律中一定有《尉律》，應是規定廷尉這個機構進行職務活動的法規。」〔註117〕

6. 《除吏律》，釋文云：「關於任用官吏的法律。」〔註118〕

7. 《除弟子律》，釋文云：「關於任用弟子的法律。按秦以吏爲師，本條是關於吏的弟子的規定。」〔註119〕

其他還有包含於《倉律》、《廄苑律》、《金布律》、《徭律》、《牛羊課》和《戍律》中，對官吏考課、處罰等法律規定。其領域包含了國家的行政、農牧、徭役工程、經濟和軍事等各層面，由此可見，只要有國家行政事務存在的領域，就有官吏的管理；只要有官吏的管理，就有相應的法律將他們的活動限制在國家利益許可的範圍之內。從此更可具體的理解秦貫徹以法治國的內容：國家的法律是由官吏執行的，而官吏的行爲又受法律之控制。〔註120〕

秦國如此重視吏治，故其在選擇官吏的問題上，也會有所堅持。秦律選擇官吏的條件，主要有下列幾點：

〔註112〕司空，官職的一種，見《睡虎地秦墓竹簡・秦律十八種》戊午年本，頁358。

〔註113〕同上註，頁370。

〔註114〕同註112，頁379。

〔註115〕栗勁：《秦律通論》，頁350。

〔註116〕同註112，頁383。

〔註117〕同註112，頁349。

〔註118〕《睡虎地秦墓竹簡・秦律雜抄》戊午年本，頁404。

〔註119〕同上註，頁406。

〔註120〕安作璋、陳乃華：《秦漢官吏法研究》（山東齊魯書社，1993年），頁16。

1. 不用罪人

《除吏律》規定：「任廢官者爲吏，貲二甲。」〔註 121〕栗勁先生以爲把受過刑罰的人排除在任官的範圍之外，是法家的傳統主張。〔註 122〕如《商君書·算地》云：「聖人之爲治也，刑人無國位，戮人無官任。」

2. 官稱其能

《除吏律》規定：「除士吏、發弩嗇夫不如律，及發弩射不中，尉貲二甲。發弩嗇夫射不中，貲二甲，免，嗇夫任之。駕驂除四歲，不能駕御，貲教者一盾；免，償四歲傜戍。」〔註 123〕凡達不到其職務所要求的標準者，都要受罰。

3. 知法守法

《語書》云：「良吏明法律令，事無不能也；又廉潔敦愨而好佐上；以一曹事不足獨治也，故有公心；又能自端也，而惡與人辨治，是以不爭書。惡吏不明法律令，不知事，不廉潔，無以佐上，偷惰疾事，易口舌……喜爭書。」〔註 124〕以明法律令以及守法與否區分官吏良莠，並要求官吏之間互相監督，檢舉不法之官，否則連帶受罰。

4. 品行端正

《語書》言良吏既明法律令，「又能自端」，端正自我言行。《爲吏之道》更列舉出官吏應具備的德行，如其云：「凡爲吏之道，必精潔正直，愼謹堅固，審悉無私，微密纖察，安靜毋苛，審當賞罰。……」〔註 125〕又針對官吏之行爲，列舉出吏之五善與吏之五失，以爲官吏參考守則。可見其對官吏行爲之重視及要求之高。由於《爲吏之道》還包含有法家以外的思想，如儒、道、墨等，故留待下章論秦國法家與百家學的關係時，再作詳細分析。

除了這四點以外，栗勁先生認爲秦國在任用官吏時，在年齡條件上也有一定的規定，一般而論，只有壯年才有任官的資格。〔註 126〕如《內史雜》規定：「除佐必當壯以上，毋除士伍新傅。」〔註 127〕釋文云：「壯，壯年，古時一般指三十歲。」而傅，指傅籍，是男子成年時的登記手續，據《編年記》

〔註 121〕《睡虎地秦墓竹簡·秦律雜抄》戊午年本，頁 403。
〔註 122〕栗勁：《秦律通論》，頁 361。
〔註 123〕同註 121，頁 406。
〔註 124〕同註 121，頁 301～302。
〔註 125〕同註 121，頁 544。
〔註 126〕同註 122，頁 360。
〔註 127〕《睡虎地秦墓竹簡·秦律十八種》戊午年本，頁 380。

載喜於十七周歲時傅籍，所以秦律可能規定男子十七歲要傅籍。本條律令就明確說道任佐（官職名）必須用壯年以上的人，不要用剛傅籍的人。佐尚且如此，其他更高級的官職亦必有其年齡限制。

至於《史記‧淮陰侯列傳》載韓信少時，「貧、無行，不得推擇爲吏。」「無行」應是指品行的不端正。「貧」，則可能是出身不高了。惟秦簡中無此文字。至漢，「良家子」仍是任公職基本的條件，恐沿自秦制。

二、秦律對官吏犯法或失職時的懲處

《法律答問》中有許多對官吏的懲處條文，我們可以從其中進一步體會秦律治吏之嚴。在秦律的規定之下，官吏做了法律禁止的事就是觸犯法令，叫做「犯令」；而官吏於職責所當做之事卻未做，就是瀆職，叫做「廢令」：

> 律所謂者，令曰勿爲，而爲之，是謂「犯令」。令曰爲之，弗爲，是
> 謂「廢令」也。〔註128〕

如果官吏觸犯「犯令」或「廢令」任一條，就是於法不容，就要受罰。即使是已經調任或免職者，也要加以追究刑責，如《法律答問》云：

> 廢令、犯令，還免、徙不還？還之。〔註129〕

尤其朝廷任用官吏的目的，就在於替政府監督百姓，爲民表率，倘若身爲官吏，卻知法犯法，將何以治百姓？故秦律對官吏身爲執法人員卻知法犯法，將從重量刑，加重處罰。如《法律答問》云：

> 害盜別徼而盜，加罪之。〔註130〕

> 求盜盜，當刑爲城旦，問罪當加如害盜不當？當。〔註131〕

「害盜」和「求盜」都是秦之巡捕盜賊之專職人員。身爲政府巡盜官，非但未能盡忠職守，反而利用職權上之便利，貪贓枉法，論罪當罪加一等。同時，若是官吏弄虛作假，不以官職爲事，成日盡幹壞事，也要依法加以嚴處。如《法律答問》云：

> 廷行事吏爲詛僞，貲盾以上，行其論，又廢之。〔註132〕

〔註128〕《睡虎地秦墓竹簡‧法律答問》戊午年本，頁478。
〔註129〕同上註，頁479。
〔註130〕同註128，頁426。
〔註131〕同註128，頁427。
〔註132〕同註128，頁448。

嗇夫不以官爲事，以奸爲事，論何也？當遷。〔註133〕

前例說明官吏作假被發現，其罪在貲盾以上者，不但要受貲盾之刑，並要被撤職，永不錄用。後例說明嗇夫（秦地方官）不以官職爲事，卻專幹壞事，要處流放的重刑。

再則，官吏失職時，其處分亦不輕，例如：

（一）糧食管理方面

《法律答問》云：

實官戶關不致，容指若抉，廷行事貲一甲。實官戶扇不致，禾稼能出，廷行事貲一甲。〔註134〕

空倉中有薦，薦下有稼一石以上，廷行事貲一甲，令史監者一盾。廷行事鼠穴三以上貲一盾，二以下辭。〔註135〕

糧食攸關民生，所以若是因爲官吏疏忽，未能將倉庫門窗緊閉，使門窗得以撬開，或倉庫內的穀物能從裡面漏出，又空倉中發現有餘糧一石以上，或穀倉中發現有老鼠洞者，負責官吏都要因爲其未盡保管糧食之責，而受貲刑。

而官吏在發放糧食時，也要注意不得將高價糧食取代低價糧食發放，否則也要受貲刑。如《法律答問》云：

有稟菽、麥，當出未出，即出禾以當菽、麥，菽、麥價賤禾貴，其論何也？當貲一甲。〔註136〕

至於不該發放糧食，仍私自發放時，更會被當作竊盜罪論處。如《法律答問》云：

吏有故當止食，弗止，盡稟出之，其論何也？當坐所贏出爲盜。

〔註137〕

由上可見秦律對官吏在處理與民生息息相關的糧食方面的問題之重視。

（二）斷案方面

秦律規定官吏斷案不公時，以「不直」罪或「縱囚」罪論處。如《法律答問》云：

〔註133〕《睡虎地秦墓竹簡》戊午年本，頁449。
〔註134〕同上註，頁481。
〔註135〕同註133，頁482。
〔註136〕同註133，頁482。
〔註137〕同註133，頁483。

論獄【何謂】「不直」？何謂「縱囚」？罪當重而端輕之，當輕而端
重之，是謂「不直」。當論而端弗論，及傷其獄，端令不致，論出之，
是謂「縱囚」。〔註138〕

因為官吏作為執法官，必須執法公正，才能得百姓信服，法律也才具有效力。

　　故若官吏斷案時，不能公正，輕罪重判或重罪輕判，都當以「不直」罪
論處。至於應當論罪者，為官者卻故意減輕其刑，使犯人夠不上判刑標準，
而獲無罪釋放，這樣就要以「縱囚」罪論處。舉例如下：

士伍甲盜，以得時值贓，贓值過六百六十，吏弗值，其獄鞫乃值為
贓，贓值百十一，以論耐，問甲及吏何論？甲當黥為城旦；吏為失
刑罪，或端為，為不直。〔註139〕

士伍甲盜，以得時值贓，贓值百十一，吏弗值，獄鞫乃值贓，贓值過
六百六十，黥甲為城旦，問甲及吏何論？甲當耐為隸臣；吏為失刑罪。
〔註140〕甲有罪，吏知而端重若輕之，論何也？為不直。〔註141〕

前二例都在說明官吏在捕獲盜賊後，判刑時，未能符合其當初所犯之罪，因
此不僅對竊者要重新量刑，即使執法官吏本身也要依用刑不當受罰。第三例
則說明若是官吏明知犯人有罪，卻不稟公處理，而故意從重或從輕判刑，則
應以不公罪論處。

　　此外，若是官吏在押送犯人時，讓犯人逃脫了，將代替犯人受刑。如：

將上不仁邑里者而縱之，何論？當繫作如其所縱，以須其得；有爵，
作官府。〔註142〕

說到官吏押送在鄉里作惡的人時，卻故意將他放走，則官吏應當受到像他所
放走的罪犯那樣的拘禁勞作，直到犯人被重新捕獲為止。除非是有爵位的人，
才可以在官府中服勞役代替受刑。因為法家重農戰，有重賞，故秦之爵，來
自軍功。《韓非子‧定法》云：「商君之法曰：『斬一首者，爵一級，欲為官者，
為五十石之官。斬二首者，爵二級，欲為官者，為百石之官，官爵之遷與斬
首之功相稱也。』」故此等人可以用其爵抵罪。由此觀之，秦律仍符合商鞅等
法家「刑無等級」的主張。

〔註138〕《睡虎地秦墓竹簡》戊午年本，頁461。
〔註139〕同上註，頁439。
〔註140〕同註138，頁439～440。
〔註141〕同註138，頁440。
〔註142〕同註138，頁450。

　　從上述的官吏法規，我們可以充分看出秦律治吏之嚴，完全符合法家主張明主治吏，而後治民，「以法爲教，以吏爲師」的重吏治特色。《管子‧明法解》有云：

　　　明主者，有法度之制，故群臣皆出於方正之治，而不敢爲姦。百姓
　　　知主之從事於法也，故吏之所使者有法，則民從之，無法，則止。
　　　民以法與吏相距，下以法與上從事。故詐僞之人不得欺其主，嫉妒
　　　之人不得用其賊心，讒腴之人不得施其巧，千里之外，不敢擅爲非。

明主用法於上，使官不敢枉法，吏不得爲私。官吏都不敢枉法爲私，民焉敢枉法爲私，於是詐僞、嫉妒、讒腴等危害法治之人不生，一國之人皆守法，國家就會富強。其後，韓非論「術」，旨在防臣之姦私，其實也都是治吏的觀念。只是韓非多指大臣，秦簡多指小吏（簡主身分非大臣），但其精神一致。

　　韓非用術，在於君臣利異。「主利在有能而任官，臣利在無能而得事；主利在有勞而爵祿，臣利在無功而富貴；主利在豪傑使能，臣利在朋黨用私。」〔註143〕君臣利異，「故人臣莫忠，故臣利立而主利滅。」〔註144〕爲防止臣下謀私，奪人主之利，甚至謀國弒君，韓非極力主張用術，以防姦止亂。韓非以爲以下幾種人：主母、后姬、子姓、兄弟、大臣、顯賢和左右近習之人，最容易爲姦。因爲他們的利與國君不同，但以其身分接近權力核心，更容易伺察君心，上下其手，侵權奪國。彼輩成姦之術主要有八：

　　1. 同床：由朝臣勾結后妃、公子以成私。
　　2. 在旁：由朝臣勾結左右近習之人以成私。
　　3. 父兄：由朝臣勾結公子重臣以成私。
　　4. 養殃：指臣下藉著壓榨人民，滿足國君享受以成私。
　　5. 民萌：是臣下討好百姓，收攬民心，取得名譽以成私。
　　6. 流行：指臣下買通辯士，爲己辯說，欺君以成私。
　　7. 威強：臣下勾結劍客、死士，脅迫百姓，彰明己威而行私。
　　8. 四方：臣下虛耗國庫民力，借外力以壓主而行私。〔註145〕

　　所以國君稍一不察，就有可能受到欺瞞，或被劫殺。針對上述八姦，韓非認爲國君應該採取的方式是：

〔註143〕《韓非子‧孤憤》，卷四，頁3。
〔註144〕《韓非子‧內儲說下》，卷九，頁1。
〔註145〕《韓非子‧八姦》，卷二，頁10～11。

明主之於內也，娛其色而不行其謁，不使私請。其於左右也，使其
身必責其言，不使益辭，其於父兄大臣也，聽其言也，必使以罰任
於後，不令妄舉。其於觀樂玩好也，必令之有所出，不使擅進，不
使擅退，群臣虞其意。其於德施也，縱禁財，發墳倉，利於民者必
出於君，不使人臣私其德。其於說議也，稱譽者所善，毀疵者所惡，
必實其能，察其過，不使群臣相為語。其勇力之士也，軍旅之功無
喻賞，邑鬥之勇無赦罪，不使群臣行私財。其於諸侯之求索也，法
則聽之，不法則距之。〔註146〕

概括的說，就是以法治來對抗，以法治來破其姦謀。不使私請，就要以法用
人；不使益辭、責其言，就是令其言必合法；以罰任其後、不令妄舉，就是
以法舉人，以法責功；實其能、察其過，也就是以功過來考核言語；其他鼓
勵公戰、嚴禁私鬥，國君施德於民，也都在行法治的範圍內。〔註147〕

　　然法治無從防止臣下暗中的行私為姦，故國君還要用術來伺察姦邪，其
方法主要有七：眾端參觀、必罰明威、信賞盡能、一聽責下、疑詔詭使、挾
知而問和倒言反事。〔註148〕疑詔詭使、挾知而問和倒言反事是屬於察姦方面，
藉著這些故作神秘的方法，來試探臣下的忠貞，使國君能「知下明」、「禁姦
於微」，〔註149〕使群臣莫不致力於公事，不敢結黨營私。必罰明威、信賞盡能，
是指國君在行賞罰時，一切要依法處理，當罰者無赦，以示法之威嚴；當賞
者必賞，以明法之誠信，進而趨民守法。眾端參觀，一聽責下則屬於聽言方
面，要國君虛靜，如此就可以不負言責。而國君不只聽信一種說法，就不易
被臣下所蒙蔽。最後以臣之言，授其事，責其功過，則臣下無不謹慎言辭，
勿敢以虛空的言辭惑亂君主，國家就能免去許多不必要的爭論，又多收到許
多實際的功效。但為了避免臣下因為畏懼，當言亦不言的情形發生，國君另
設「不言之責」，〔註150〕使群臣皆能勞動思慮與智慧替國家做事，達到臣下任
事、負責，無所不為，而國君虛靜無為的境界。

　　術可以幫助國君察知臣下種種姦謀，可以幫助國君探知臣下忠貞與否，
還可以幫助國君考核臣下言行是否一致，和所作所為，是否合乎國君要求。

〔註146〕《韓非子・八姦》，卷二，頁11。
〔註147〕徐漢昌：《韓非的法學與文學》，頁146。
〔註148〕《韓非子・內儲說上》，卷九，頁1。
〔註149〕《韓非子・難三》，卷十六，頁4。
〔註150〕《韓非子・南面》，卷五，頁6。

故術實在是國君用人行政，不可一日或缺的利器。〔註151〕韓非之術，實是法家重吏治思想的另一種體現。

第五節　秦簡所呈現的法家思想之四——重農戰

戰國以來，廣土眾民和富國強兵都是各國君主的首要目標，爲達到此一目標，法家在政治上強調法治，以鞏固國家政權基礎；在經濟上強調重本輕末，提倡農業，以充實糧倉，使國富；在軍事上獎勵戰功，鼓勵人民奮勇殺敵，以爲強國。這些思想在秦簡中都化成了具體的條文，可謂法家思想影響秦律的最好證明。

一、重本輕末

戰國初期，李悝在魏國變法時，就大力主張盡地力之教，因爲：「姦邪之心，飢寒而起；淫佚者，久飢之詭也。彫文刻鏤，害農事者也；錦繡纂組，傷女工者也。農事害，則飢之本也；女工傷，則寒之原也。飢寒並至而能不爲姦邪者，未之有也。」〔註152〕及至商鞅，令「大小僇力，本業耕織，至粟帛多者復其身。事末利及怠而貧者，舉以爲收孥。」〔註153〕更是貫徹重農抑商的政策。此外，商鞅又壞井田、開阡陌，擴大每位農民的耕作面積；令「民有二男以上，不分異者，倍其賦。」〔註154〕確立小家庭爲單位，提高勞動力，進一步達到增加農戶的目的。商鞅的這些主張，在《商君書》中均得到進一步的發揮。

《商君書》的篇章，雖未必出於商鞅之手，卻反映出其思想輪廓，是研究商鞅思想的重要資料。而《商君書》的年代，又介於秦孝公至秦朝亡國之間，與睡虎地秦墓竹簡年代相去不遠，也可作爲研究商君法影響竹簡秦律的主要參考資料。本節主要以秦律與多數學者認爲出於商鞅之手的《商君書·墾令》作比較，觀察竹簡秦律對商君法重農主張的繼承。

竹簡秦律中有關農業的，主要是《秦律十八種·田律》，其與《商君書·墾令》有若干相仿之處，試論於下，如：《田律》云：

　　春二月，毋敢伐材木山林及雍隄水。不夏月，毋敢夜草爲灰，取生

〔註151〕徐漢昌：《韓非的法學與文學》，頁157。
〔註152〕《說苑·反質》，卷二十，頁8。
〔註153〕《史記·商君列傳》，卷六十八，頁8。
〔註154〕同上註。

荔、麛鷚鷇，毋□□□□□□□□□毒魚鱉，置穽罔，到七月而縱之。
唯不幸死而伐棺槨者，是不用時。邑之近皂及它禁苑者，麛時毋敢
將犬以之田。百姓犬入禁苑中而不追獸及捕獸者，勿敢殺；其追獸
及捕獸者，殺之。呵禁所殺犬，皆完入公；其它禁苑殺者，食其肉
而入皮。〔註155〕

《田律》規定春天二月不可以到山林中砍伐樹木，不准堵塞水道。不到夏天，
不准燒草作爲肥料，不准採取剛發芽的植物，或捉取幼獸、鳥卵和幼鳥，不准
毒魚鱉，不准設置捕獸的陷阱。只有因爲死亡而需要伐木製造棺材的，可以不
受限制。此外，居邑靠近養牛馬等禁苑的，繁殖時不准帶著狗去狩獵，如有狩
獵行爲發生，狗要被打死，並將其上繳官府。凡此種種規定，都與《商君書‧
墾令》中「壹山澤」的精神近似，可謂是《商君書‧墾令》主張的具體化。

又，《田律》云：

百姓居田舍者毋敢酤酒，田嗇夫、部佐謹禁御之，有不從令者有罪。

〔註156〕

規定居住在農村的百姓不准賣酒，田嗇夫及部佐應嚴加禁止，違反法令者有
罪。也與《商君書‧墾令》令「貴酒肉之價，重其租，令十倍其樸然」，使「商
賈少，農不能喜酣奭，大臣不爲荒飽。」的主張相同。因爲「商賈少則上不
費粟；民不能喜酣奭，則農不慢；大臣不荒，則國事不稽，主無過舉。上不
費粟，民不慢農，則草必墾矣。」〔註157〕至於《田律》的其他規定，如：

雨爲澍，及秀粟，輒以書信澍稼、秀粟及墾田暘無稼者頃數。稼已
生後而雨，亦輒言雨少多，所利頃數。旱及暴風雨、水潦、螽蟲、
群它物傷稼者，亦輒言其頃數。……入頃芻稾，以其受田之數，無
墾不墾，頃入芻三日、稾二石。〔註158〕

要官吏詳細報告受雨、抽穗的頃數和已開墾而沒有耕種的田地頃數。以及遭遇
旱災、暴風雨、澇災、蝗蟲、其他蟲害所受的損失。還有按照田數單位徵收芻
稾，每頃繳納芻三石、稾二石等等，都與《商君書‧墾令》「訾粟而稅」的主張
相近。不同的是，《商君書‧墾令》主要是在強調統一賦稅後，所帶來的好處，

〔註155〕《睡虎地秦墓竹簡‧秦律十八種》戊午年本，頁309。
〔註156〕同上註，頁313。
〔註157〕《商君書‧墾令》，卷一，頁4。
〔註158〕同註155，頁308～311。

能使「上一而民平，上一則信，信則臣不敢爲邪。民平則愼，愼則難變。上信而官不敢爲邪，民愼而難變則下不非上，中不苦官，下不非上，中不苦官，則壯民疾農不變，壯民疾農不變，則少民學之不休，少民學之不休，則草必墾矣。」《田律》則是落實成具體條文，明確規定出每頃田數該繳多少田稅，要負責官吏按實上報，並根據天候優劣加以調整，使田稅制度更爲完整。

除了《田律》外，其他秦律的規定也與《商君書·墾令》的主張，有若干相通之處。如《廏苑律》云評比耕牛時：「最，賜田嗇夫壺酒，束脯，爲皂者除一更，賜牛長日三旬；殿者，誶田嗇夫，罰冗皂者二月。」〔註159〕近似於商鞅之「大小僇力，本業耕織，致粟帛多者復其身」〔註160〕的主張。《行書律》云：「行書命及書署急者，輒行之；不急者，日畢，勿敢留。留者以律論之。」〔註161〕要求官吏今日事今日畢，勿稽留，同於《商君書·墾令》之「無宿治，則邪官不及爲私利於民，而百官之情不相稽，則農有餘日」的主張。他如秦律以專律（《關市律》）掌管關和市的稅收，以及附於《爲吏之道》中的《魏戶律》和《魏奔命律》對商賈和經營旅社的人的排斥，都與《商君書·墾令》中「重關市之賦」、崇本抑末和「廢逆旅」的主張一致。

到了韓非，除繼續主張法家重本輕末的觀念，更將本業、末業之間及其與社會的關係作了進一步的分析。他認爲：「磐石千里，不可謂富；象人百萬，不可謂強。石非不大，數非不眾也，而不可謂富強者，磐石不生粟，象人不可使距敵也。今商官技藝之士，亦不墾而食，是地不墾，與磐石一貫也。儒、俠毋軍勞，顯而榮者，則民不使，與象人同事也。」（《韓非子·顯學》）眞正對國家富強有助益的是農民與戰士，但是今上位者卻尊禮不入軍旅，愛好議論的學士，以及逞私鬥勇的俠士，使「所養者非所用，所用者非所養」，〔註162〕當然無法勸民於農戰，國家自然無法富強。所以他希望上位者能除去國內學者（尤其儒生）言談者（說客或縱橫家）帶劍者（游俠和墨家的支派）患御者（近幸之人）商工之民這五種蠹民，立法獎勵農、戰之民，使人民皆致力於農、戰，達到國富兵強的目的。由此可以看出從李悝，到商鞅，到秦律，到韓非，法家思想重本輕末的一貫主張。

〔註159〕《睡虎地秦墓竹簡》戊午年本，頁313。
〔註160〕《史記·商君列傳》，卷六十八，頁8。
〔註161〕同註159，頁378。
〔註162〕《韓非子·顯學》，卷十九，頁9。

　　但法家之重農，出發點是爲了國家，而不是人民，故形成倉廩實而民貧的情形。因爲秦國的可耕土地，大部分屬於國有。如果國家沒有掌握大量土地，是不可能實行大量分封土地的制度。除了耕地外，秦國也掌握不少苑囿，如《田律》、《徭律》中就有涉及苑囿的文字，此外還出現專門規定飼養牲畜的殷圈和苑囿的《殷苑律》。之所以如此重視苑囿，是因爲戰國末到秦始皇時代，是以武力相爭的時期，戰爭和運輸都亟需大量的牛馬；秦國官吏爲數不少，國家要給他們提供必要的牛馬，應付公事往來；國家直接控制的農業生產，也需要一定數量的牛。所以國家必須廣置苑囿，以畜養和繁殖大量的牛馬，提供所需。〔註163〕而土地是發展農業的基本條件，農業又是一切經濟的基礎，國家既佔有大量土地，也就控制了人民的經濟。如吳樹平先生在〈雲夢秦簡所反映的秦代社會階級狀況〉一文中，就說道：「國家佔取了絕大部分土地，利用授田制把農民故釘在土地上，隨之而來的就是對農民的經濟掠奪。這種掠奪，不但包括農民全部剩餘勞動，甚至還包括一部份必要勞動。」〔註164〕從《田律》云：「入頃芻稾，以其受田之數，無墾不墾，頃入芻三石、稾二石。芻自黃穮及蘑束以上皆受之。入芻稾，相輸度，可也。」〔註165〕更證明秦國的農民負擔之重，不但要向國家繳納糧食，還要繳納芻、稾。但這麼做的結果，是爲秦國的糧倉帶來豐裕的食糧。如《倉律》云：

　　　　萬石之積及未盈萬石而被出者，毋敢增積。櫟陽二萬石一積，咸陽

　　　　十萬石一積，其出入禾，曾積如律令。〔註166〕

積者，堆也，此指貯藏穀物的單位。櫟陽和咸陽則分別是秦國的新舊都城。〔註167〕糧倉能以萬石爲一積，以說明存糧之充裕。而櫟陽、咸陽竟能分別達到以二萬石、十萬石爲一積，這就充分反映出秦國糧倉之豐裕。也因此秦律對於糧倉管理分外嚴格，如《倉律》云：

　　　　入禾倉，……縣嗇夫若丞及倉、鄉相離以印之，而遣倉嗇夫及離邑

　　　　倉佐主稟者各一戶以稟，自封印，皆輒出，餘之索而更爲發戶。嗇

〔註163〕吳樹平：〈雲夢秦簡所反映的秦代社會階級狀況〉，《雲夢秦簡研究》（帛書出版社，1986年），頁99。

〔註164〕同上註，頁105。

〔註165〕《睡虎地秦墓竹簡・秦律十八種》戊午年本，頁311。

〔註166〕同上註，頁318。

〔註167〕《史記・秦本紀》載：秦獻公二年城櫟陽，秦孝公十二年作爲咸陽。卷五，頁47、51。

夫免，效者發，見雜封者，以題效之，而復雜封之，勿度縣，唯倉
自封印者是度縣。出禾，非入者是出之，令度之，度之當題，令出
之。其不備，出者負之；其贏者，入之。雜出禾者勿更。入禾未盈
萬石而欲增積焉，其前入者是增積，可也；其它人是增積，積者必
先度故積，當題，乃入焉。後即不備，後入者獨負之；而書入禾增
積者之名事邑里于廥籍。〔註168〕

規定穀物入倉，以一萬石爲一單位，而隔以荊笆，設置倉門。由縣嗇夫或丞
和倉、鄉主管人員共同封緘，而給倉嗇夫和鄉主管稟給的倉佐各一門，以便
發放糧食，由他們獨自封印，就可以出倉。到倉庫中沒有糧食時，才能再開
一倉。嗇夫被免職，要先開倉核驗有無短缺，再重新封緘。穀物出倉，也要
詳細稱量，合者才能出倉。此後若有發生不足的情形，由出倉者賠償；如有
剩餘，則應上繳。出倉的人中途不要更換，穀物要增加者，也由原入倉者增
積。若是換由其他人增積，必須先稱量原積穀物，才能入倉。此後若有不足，
由後入倉者賠償。入倉者則將姓名、籍貫等記錄在簿本上，以爲日後查驗。
律文中將糧食入倉的計算單位、封緘、驗核、出倉、移交等事情，鉅細靡遺
的加以規定，這除了說明了秦國糧倉管理制度的進步，也再次證明秦國糧倉
的充裕。吳樹平先生就認爲秦國的新舊都城和郡治縣邑，可能都設有糧倉，
儲備著數目龐大的糧食。〔註169〕

　　雖然秦簡反映出秦國倉廩實的一面，卻不足以說明秦治下的老百姓是足食
而知禮節的。因爲出土秦律中，有關盜的律文不勝枚舉，以《法律答問》爲例，
全部二百一十條律文中，專門論盜者不下四十條之多，若再包含告姦律中所提
到有關告盜之事，就遠超過五十四條，佔全簡的四分之一強。且依所盜之物，
詳加區分量刑。又，《封診式》二十五節簡文中，言及盜馬、群盜和穴盜等案例，
凡六節，也將近占去全簡的四分之一。從盜律所佔比重，可知秦國盜之多。但
仔細觀之，有些被竊之物，甚至微不足道。如《法律答問》云：

　　或盜采人桑葉，贓不盈一錢，何論？貲徭三旬。〔註170〕

余宗發先生以爲只盜取了區區不滿一錢的桑葉，就得罰三十天的徭役，竟然
還會有人甘冒這樣嚴厲的處罰而爲之。除了因飢寒起盜心之外，再也沒有更

〔註168〕《睡虎地秦墓竹簡》戊午年本，頁318。
〔註169〕《雲夢秦簡研究》，頁107。
〔註170〕同註168，頁429。

好的解釋了。〔註171〕

秦律對盜者的處罰甚重，動輒施以黥爲城旦、耐爲隸臣等重刑，並對其同居之家人、什伍、里典和伍老施以連坐之刑的處罰方式，貫徹商鞅以嚴刑重罰來禁盜的作法。然而如此做，並不能解決眞正的問題，所以《史記・秦始皇本紀》載秦二世時：「盜賊益多，而關中卒發東擊盜者毋已。……關東群盜並起，秦發兵誅擊，所殺亡甚重，然猶不止，盜多，皆以戍漕轉作事苦，賦稅大也。」人民被重賦所逼，甘冒生命的危險，仍紛起爲盜，可見其生活之苦。

秦國對人民的剝削，除了地租、戶賦等賦稅外，還有沈重的徭役。吳樹平先生認爲秦國對人民徵收的田租和賦稅量，在秦始皇時期就已超出人民所能忍受的程度，所以在他死後不到二年，人民就揭竿起義。〔註172〕故秦之所以倉廩實，是因爲賦稅重，又因賦稅重而使民貧，起而爲盜。說明了秦國倉廩實而民貧的眞相。

二、獎勵軍功

戰國是以武力爭天下的時代，所以各國都非常重視軍事。爲鼓勵人民上陣殺敵，只有以重利誘之，李悝在魏國提出「食有勞而祿有功」，〔註173〕不再以親、故，而以功勞作爲賞賜的標準，實際上已經具備了軍功爵制的性質。吳起在楚變法，「使封君之子孫，三世而收爵，裁減百吏之祿秩，損不急之枝官，以奉選練之士」，〔註174〕也具有軍功爵的特點。但推行軍功爵制最徹底，對當時或後世影響最大的當是秦國的軍功爵制。秦國在春秋時代已有軍功爵制，如《左傳》襄公十一年載：「秦庶長鮑、庶長武，帥師伐晉以救鄭。」《左傳》成公十三年載：「五月丁亥，晉師以諸侯之師，及秦師戰於麻隧，秦師敗績，獲秦成差及不更父女。」庶長、不更都是秦軍爵名，可見秦國在春秋時期已有實施軍功爵制度，只是尚未形成完整的制度。直到商鞅變法，才將之進一步發展，建立較完整的軍功爵制度。

商鞅之重軍功爵，是因爲其以農戰爲富國強兵的先決條件。《商君書・農

〔註171〕余宗發：〈贏秦資料研究二題〉，《國立僑生大學先修班學報》第二期抽印本，1994 年 7 月，頁 116。
〔註172〕吳樹平：〈雲夢秦簡所反映的秦代社會階級狀況〉，頁 105。
〔註173〕《說苑・政理》，卷七，頁十八。
〔註174〕《韓非子・和氏》，卷四，頁 7。

戰》云：「國之所以興者，農戰也。」而其主張，也確實在秦孝公的全力支持下獲得成功，幫助秦國從六國卑之的國家，一躍而成為六國畏之的強國。有關商鞅提倡軍功的方法，《史記‧商君列傳》載：商鞅令「有軍功者，各以率受上爵。」《韓非子‧定法》進一步說道：「商君之法，曰：斬一首者，爵一級；欲為官者，為五十石之官。斬二首者，爵二級；欲為官者，為百石之官。官爵之遷，與斬首之功相稱也。」當然秦國的軍功爵制度是很複雜的，沒有如上述般簡單。如《商君書‧境內》就除了記載：「能得甲首一者，賞爵一級，益田一頃，益宅九畝，一除庶子一人，乃得人兵官之吏。」更將軍爵名、軍隊編制、衛兵配備和有關獎懲等問題詳細列出：

> 軍爵自一級已下至小夫，命曰校、徒、操、出公，爵自二級已上至不更，命曰卒。其戰也，五人來簿為伍，一人羽而輕其四人；能人得一首則復。夫勞爵，其縣過三日，有不致士、大夫勞爵，能。五人一屯長，百人一將。其戰，百將、屯長不得斬首；得三十三首以上，盈論。伯將、屯長賜爵一級。五百主、短兵五十人。二五霸主，將之主，短兵百。千石之令，短兵百人。八百之令，短兵八十人。七百之令，短兵七十人。六百之令，短兵六十人。國封尉，短兵千人。將，短兵四千人。戰及死吏，而輕短兵，能一首則優。（《商君書‧境內》）

說到軍爵從一級以下到小夫，叫做校、徒、操、公士，從二級以上到不更，叫做卒。作戰時，五人登記在一個簿策上，編為一伍，一人逃跑，其他四個人受刑；如果四個人中有人能斬得敵人一顆首級，就免除他的罪人身分。五人設一屯長，一百人設一將官。作戰時，百將和屯長沒有獲得敵人的首級，就殺死他；獲得敵人首級三十三顆以上，就滿足了朝廷所規定的數目，各賜爵一級。率領五百人的將官，配備衛兵五十人，率領一千人的將官是主將，配備衛兵一百人。俸祿為千石的行政長官，配備衛兵一百人。八百石的行政長官，配備衛兵八十人。七百石的行政長官，配備衛兵七十人。六百石的行政長官，配備衛兵六十人。守郡國封疆的軍事長官，配備衛兵一千人。大將，配備衛兵四千人。作戰中，將官被打死，衛兵就要受刑，衛兵如能斬得敵人一首，則除罪。可見當時秦國的軍制規定已具備相當的規模。

在睡虎地秦墓竹簡中，雖沒有像《商君書‧境內》一般詳細記載軍制配備的律文，但其對軍功獎懲的規定，仍與《商君書‧境內》精神一致。如《敦

表律》云：

> 軍新論攻城，城陷，尚有棲未到戰所，告曰戰圍以折亡，假者，耐；
> 屯長、什伍知弗告，貲一甲；伍二甲。戰死事不出，論其後。又後
> 察不死，奪後爵，除伍人；不死者歸，以爲隸臣。〔註175〕

規定攻城時，如有城陷時遲到沒有進入戰場，卻報告說在圍城作戰中死亡，
而弄虛作假者，應處耐刑（古時剃去犯罪者鬢髮和鬍鬚的刑罰）。屯長、同什
的人知情不報，罰一甲；同伍的人，罰二甲。從這裡可以明確看出秦國軍隊
中確實實行著什伍連坐制度。秦律又云戰爭中爲國捐軀者，應將其爵授與其
子。但如後來察覺該人未死，則處罰該人爲隸臣，並褫奪其子的爵位，以及
處罰同伍之人。這些對於士兵在戰爭中的獎懲規定，正是商鞅「有軍功者，
各以率受上爵」政策的延續。

此外，在《商君書・境內》中還有論及攻城圍邑和野戰中的軍吏如何論
功行賞的問題：

> 能攻城之邑，斬首八千以上，則盈論；野戰，斬首二千，則盈論。
> 吏自操及杖以上，大將盡賞行間之吏。故爵公士也，就爲上造也；
> 故爵上造，就爲簪裊；就爲不更。……（《商君書・境內》）

能攻城圍邑，斬敵首八千顆以上的，就達到了朝廷的規定。在野戰中，能斬
敵首二千顆以上的，就達到了朝廷的規定。這樣，軍吏自操、校以上到大將，
都要給予賞賜。原來是公士的，就升遷爲上造；原來是上造的，就升遷爲簪
裊；原來是簪裊的，就升遷爲不更，逐級向上升遷。從這裡可以隱約發現秦
國的爵級名稱。根據《漢書・百官公卿表》及《商君書・境內》所載，秦爵
共有二十級，其各級名稱如下：

> 小夫→操→徒→校→公士（一級）→上造（二級）→簪裊（三級）
> →不更（四級）→大夫（五級）→官大夫（六級）→公大夫（七級）
> →公乘（八級）→五大夫（九級）→左庶長（十級）→右庶長（十
> 一級）→左更（十二級）→中更（十三級）→右更（十四級）→少
> 上造（十五級）→大上造（十六級）→駟車庶長（十七級）→大庶
> 長（十八級）→關內侯（十九級）→徹侯（二十級）

雖然秦國軍爵有二十等，但出土的秦簡中，只發現少數如公士、上造、
不更、大夫等一至五級的軍爵名，舉例如下：

〔註175〕《睡虎地秦墓竹簡・秦律雜抄》戊午年本，頁419～420。

1. 公　士

《秦律十八種》載：

公士以下居贖刑罪、死罪者，居於城旦舂，毋赤其衣，毋枸櫝欙杕。

〔註176〕欲歸爵二級以免親父母爲隸臣妾者一人，及隸臣斬首爲公士，謁歸公士而免故妻隸妾一人者，許之。〔註177〕

《法律答問》載：

內公孫無爵者當贖刑，得比公士贖耐不得？得比焉。〔註178〕

2. 上　造

《秦律十八種》載：

上造以下到官佐、毋無爵者，及卜、史、司御、寺、府，糲米一斗，有菜羹，鹽廿二分升二。〔註179〕

《秦律雜抄》載：

有興，除守嗇夫、假佐居守者，上造以上不從令，貲二甲。〔註180〕

《法律答問》載：

上造甲盜一羊，獄未斷，誣人曰盜一豬，論何也？當完城旦。〔註181〕

3. 不　更

《秦律十八種》載：

不更以下到謀人，粺米一斗，醬半升，菜羹，芻稾各半石。宦奄如不更。〔註182〕

4. 大　夫

《法律答問》載：

大夫甲堅鬼薪，鬼新亡，問甲何論？當從事官府，須亡者得。〔註183〕

大夫寡，當伍及人不當？不當。〔註184〕

〔註176〕《睡虎地秦墓竹簡》戊午年本，頁361。
〔註177〕同上註，頁369。
〔註178〕同註176，頁495。
〔註179〕同註176，頁377。
〔註180〕同註176，頁403。
〔註181〕同註176，頁445。
〔註182〕同註176，頁377。
〔註183〕同註176，頁473。
〔註184〕同註176，頁483。

且簡中有些軍爵名甚至不見於二十等爵中，如顯大夫、官士大夫、宦者顯大夫、小夫等，這一方面證明商鞅所制定的軍功爵制在秦國曾實行過，也說明了秦國的軍功爵制是經過長期發展所形成的。徐富昌先生以爲秦二十等軍爵名的由來，是商鞅根據秦國的爵稱舊名，再吸收山東各國改革的經驗，制定了秦國的軍功爵制。從秦簡中可証，這種制度一直被秦國所採用，並在商鞅死後，發展出一些新的內容，新的爵名。至於《漢書・百官公卿表》所謂的二十等爵，至少在秦國統一前，尚未完全定形。〔註185〕

　　因爲秦國以首功論爵，所以戰國期間，秦軍斬首數目，不下百萬，也因此予人貪戾殘暴的印象。根據《史記》統計，秦孝公時期，秦軍斬首數約爲七千人。惠文王時期，秦軍斬首數提升爲二十九萬七千餘人。武王在位僅四年，秦軍斬首數也高達六萬人。至秦昭王時，秦軍斬首數更是創下一百二十多萬人的紀錄，可見軍功爵制對秦人在戰爭中的激勵作用。由於首功得來不易，也因此發生爭首的情事，如《封診式》載：

　　奪首　軍戲某爰書：某里士伍甲縛詣男子丙，及斬首一，男子丁與偕。甲告曰：「甲，尉某私吏，與戰邢丘城。今日見丙戲㡓，直以劍伐痍丁，奪此首，而捕來詣。」診首，已診丁，亦診其痍狀。〔註186〕

　　□□　□□某爰書：某里士伍甲、公士鄭在某里曰丙共詣斬首一，各告曰：「甲、丙戰邢丘城，此甲、丙得首也，甲、丙相與爭，來詣之。」〔註187〕

人民爲了爭首，而發生肢體衝突（私鬥），可謂是實行軍功爵制的一大流弊。這種情形在當時應該並不少見，故秦律以明文禁之。

　　秦簡中除軍爵律外，還出現勞爵、賜爵等制度。《軍爵律》云：「從軍當以勞論及賜。」〔註188〕杜正勝先生以爲這是因爲爵制限定嚴格，於是別有「勞」以補其不足。〔註189〕睡虎地秦墓竹簡有《中勞律》云：「敢深益其勞歲數者，貲一甲，棄勞。」〔註190〕擅自增加勞績年數的，罰一甲，並取消其勞績，即

〔註185〕徐富昌：《睡虎地秦簡研究》（台大中文所博士論文，民國81年6月），頁560。
〔註186〕《睡虎地秦墓竹簡》戊午年本，頁519。
〔註187〕同上註，頁520。
〔註188〕同註186，頁368。
〔註189〕杜正勝：《編戶齊民》，頁342。
〔註190〕同註186，頁410。

爲關於從軍勞績的法律。不論其名稱如何改變，都說明秦律以爵祿勸賞人民的不變精神。且爵祿不僅能帶給人民財富地位，也能用於救贖親人之罪，故秦人莫不勇於獲取軍功。如《秦律雜抄》云：

> 欲歸爵二級以免親父母爲隸臣妾者一人，及隸臣斬首爲公士，謁歸
>
> 公士而免故妻隸妾一人者，許之，免以爲庶人。〔註191〕

可用軍功贖免親人之罪，如用爵二級來贖免現爲隸臣妾的親生父母一人，或用首功（公士之爵）來贖免現爲隸妾的妻一人。凡此都與商鞅藉獎賞以勸戰，鼓勵人民建立軍功的目的一致。

綜言之，秦國的軍功授爵制度相當複雜，決非單純的首功制而已。杜正勝先生以爲秦之軍爵，爵等愈低者，愈易獲得；反之，愈難。一級可以無功而授，四級以前大概按首功拜爵，五級以上則非軍將不可。於是構成金字塔式的身分階級制，愈下層，人數愈多。個人身分之進階，難中有易，易中有難；雖難而不使人失望，易也不會流於浮濫。若未符合晉爵標準，有戰功者也可以得到休假的勞賞。這是很能發揮鼓舞人心和刺激希望的制度。〔註192〕睡虎地秦墓竹簡的記載，說明了秦國從孝公之後，就一直貫徹著商君法的基本政策—重農戰，也因此使秦地富強，屢戰皆捷，爲日後秦始皇一統天下打下紮實的根基。

三、禁私鬥

除了積極的獎勵農戰，法家還主張以禁私鬥，來達到勸公戰的目的。如《史記‧商君列傳》載商鞅令「有軍功者，各已率受上爵。民爲私鬥者，各以輕重被刑。」林劍鳴先生認爲商鞅變法時制定的禁私鬥條款，是針對當時的形勢而提出的措施，其所謂「私鬥」，並非一般人之間的打架糾紛，而是指「邑鬥」。春秋戰國時期，各邑之間的地主，爲了爭奪土地、財產，而經常發生鬥爭，所以商鞅要立法以禁之。〔註193〕如《商君書‧戰法》云：「凡戰法，必本於政，勝則其民不爭，爭則無以私意，以上爲意。故王兵之政，使民怯於邑鬥，而勇於寇戰。」禁止邑鬥的結果，是加強中央集權，與獎勵軍功產生相輔相成的效果。

除了商鞅，韓非也反對私鬥者，因爲他們以武犯禁。《韓非子‧顯學》說：

〔註191〕《睡虎地秦墓竹簡》戊午年本，頁369。
〔註192〕杜正勝：《編戶齊民》，頁344。
〔註193〕林劍鳴：《秦史稿》（臺北：谷風出版社，1986年），頁233。

「夫斬首之勞不賞，而家鬥之勇尊顯，而索民之疾戰距敵，而無私鬥，不可得也。……此所以亂也。」所以他主張禁私鬥，勸公戰，認爲稱王之道，就在於爵祿大而官職治。《韓非子・顯學》云：「明主之吏，宰相必起於州部，猛將必發於卒伍。夫有功者必賞，則爵祿厚而愈勸；遷官襲級，則官職大而愈治。」此外，韓非也排斥所謂的俠者或帶劍者，如《韓非子・五蠹》云：「儒以文亂法，俠以武犯禁。」又云：「帶劍者，聚私徒，立節操，以顯其名，而犯五官之禁。」〔註194〕帶劍者，也就是所謂的游俠，以游俠常懷劍，故曰帶劍者。五官，王先愼《韓非子集解》云：「謂司徒、司馬、司空、司士、司寇、典司五者。」松皐圓《定本韓非子纂聞》云：「《齊策》注引《禮記》，諸侯出，命國家五官而後行，注五官五大夫典事者。」陳啓天先生以爲：「五官之禁，猶今言政府各機關之禁令也。」〔註195〕說明了帶劍者（俠者），也屬於私鬥之一種，他們以觸犯禁令的方式，以博得貞廉的美名。這種罔顧法律，遂行己意的方式，已經成爲國家亂源。所以明主要「重賞嚴誅得操其柄，以修明術之所燭」，〔註196〕令國內「無私劍之捍，以斬首爲勇」，〔註197〕使「境內之民，其言談者必軌於法，動作者歸之於功，爲勇者盡之於軍。」〔註198〕以達到「無事則國富，有事則兵強」〔註199〕的富強境界。這也正是法家重農戰思想的延續。

在睡虎地秦墓竹簡中，我們也發現有關禁私鬥的律文。如《法律答問》云：「相與鬥，交傷，皆論不也？交論。」〔註200〕認爲只要是互相鬥毆，就要論刑，即使雙方都受了傷，仍要論處。而且《法律答問》較商君法更詳細的將殺人與傷人的罪刑加以區辨，並依傷害的部位，所使用的凶器，作爲判刑輕重的標準，使商君法「各以輕重被刑」的政策，更爲完整。如《法律答問》云：

　　　鬥決人耳，耐。〔註201〕或鬥，齧斷人鼻若耳若指若脣，論各何也？

　　　議皆當耐。〔註202〕

〔註194〕《韓非子・五蠹》，卷十九，頁7。
〔註195〕以上王先愼、松皐圓和陳啓天的說法，俱見陳啓天：《增訂韓非子校釋》（臺北：臺灣商務印書館，1994年），頁61。
〔註196〕《韓非子・五蠹》，卷十九，頁5。
〔註197〕同上註。
〔註198〕同註196。
〔註199〕同註196。
〔註200〕《睡虎地秦墓竹簡》戊午年本，頁454。
〔註201〕同上註，頁456。
〔註202〕同註200，頁457。

言凡與人鬥毆，而撕裂他人耳朵，或咬傷人鼻、耳、指、唇者，都要受耐刑的處罰。又云：

> 或與人鬥，縛而盡拔其鬚眉，論何也？當完城旦。〔註203〕

與人鬥毆，不但將對方綑綁起來，還拔光其鬍鬚眉毛者，則要受完城旦的處罰。如果有使用刀械等凶器，更是依其所使用之器械論刑，如：

> 鈹、戟、矛有室者，拔以鬥，未有傷也，論比劍。鬥以針、鉥、
> 錐，若針、鉥、錐傷人，各何論？鬥，當貲二甲；賊，當黥為城
> 旦。〔註204〕

凡持鈹、戟、矛等有鞘的兵器相鬥，拔出來相鬥，即使沒有傷人，也要按拔劍相鬥受同樣論處。又用針、鉥、錐等尖銳器物相鬥，應罰貲二甲，若是有傷到人，更要受黥為城旦之刑。秦律這種以重罰來禁止匹夫之勇的私鬥，以維護社會治安的方式，加強中央集權，勸民勇於公戰的方式，無疑對當時的秦國產生極大的作用，所以秦國才能在戰國晚期的大大小小的戰役中，屢獲勝利，最後並完成統一天下的大業。

　　從睡虎地秦墓竹簡中，可以發現秦律所蘊含的濃厚法家思想，無論是表現在法律內容或名稱的增加上，或對官吏的要求上，或對農業的管理上，或對軍隊的治理上，甚至對犯罪行為的界定與懲罰上，都在在顯示其已較商君法時，更為縝密，更為進步。雖然竹簡秦律與商君法，在律文內容或詳簡程度上有一定的差異，但其力行法治、嚴刑重罰、重吏治、重農戰等基本主張仍是一貫的。這也就是為什麼睡虎地秦墓竹簡是研究秦國在秦孝公後，法家思想在秦國發展情形的第一手珍貴資料，它使我們親眼見到秦律的規定，並深刻感受到法家思想對秦律的廣大作用。

〔註203〕《睡虎地秦墓竹簡》戊午年本，頁457。
〔註204〕同上註，頁458。

第六章　秦法家與諸子的關係

　　秦建國前，由於沒有固定領土，又多以游牧爲業，所以文化水準不高。其後以戰功，獲封岐西之地，始建立國家。但岐西之地屢受戎、翟侵擾，故秦人首重攻戰，無暇發展自身文化，而遠落後於中原諸國，不受諸侯國的重視。秦人爲提升自身的文化與鞏固建國的基礎，遂迫切吸收周圍的外來文化，故既有周文之禮樂，又雜有戎翟之俗，表現出一種兼容並蓄、積極進取的精神。在秦文公十六年，伐戎地，「遂收周餘民有之」〔註1〕後，更因周餘民之故，進一步吸收周人文化，如秦文公得周鼎後，不僅在原器上加刻新銘文，還將它作爲隨葬物埋入墓中，證明秦人對周文物的重視。〔註2〕另外，從《尚書‧秦誓》和《詩經‧秦風》十篇，也可發現秦文化深受周文化的薰陶與影響。周文化表現於外的就是詩書禮樂，這也就是爲什麼秦繆公說：「中國以詩書禮樂法度爲政」〔註3〕的原因。故余宗發先生以爲商鞅入秦前，秦國的思想毋寧是較偏向儒家的，直到商鞅變法，才將秦國的政治思想，徹底轉變成爲以法家思想爲主。他說到：

> 詩書禮樂就是周文化的結晶。……商鞅所以主張變法，不循古，就是反對秦人自周文化中吸收而來的舊制度。……甘龍與杜摯維護舊制度的失敗，不僅是説明商鞅變法的成功而已，也説明秦人思想的蛻變。在此之前他是在周文薰陶下成長；在此之後，他便在法家政治思想籠罩下發展。〔註4〕

〔註1〕　《史記‧秦本紀》，卷五，頁13。
〔註2〕　譚戒甫：〈西周‧𤼈鼎銘研究〉，《考古》1963年十二期，頁671。
〔註3〕　同註1，卷五，頁32。
〔註4〕　余宗發：《秦人出入各家思想分期初探》，頁53。

　　秦國為與中原諸國並駕齊驅，不只汲汲於吸收一切外來文化，對於他國的賢人也採取優禮尊迎的態度，如：李斯〈諫逐客書〉云：「秦繆公求士，西取由余於戎，東得百里奚於宛，迎蹇叔於宋，來丕豹、公孫支於晉。」〔註5〕秦孝公時，也曾為「將修繆公之業，東復侵地」，〔註6〕而「下令國中求賢者」，〔註7〕頒布召賢令，以重利──「賓客有能出奇計彊秦者，吾且尊官與之分土」，〔註8〕吸引各國人才前來幫助秦國發展。這一切在商鞅入秦後，有了改變。商鞅變法，除了制度上的改革，思想上也禁止國人對於詩書禮樂等文化制度的學習，並排斥游宦之民和私門請託之事，將秦國的文化由開放轉而為封閉，頓時成為一個法令獨尊的國家。

　　雖然秦孝公時期，商鞅對人民的思想言論採取高壓控制的手段，但在商鞅死後，秦國思想又逐漸解脫桎梏，恢復昔日的兼容並蓄。獨尊一時的法家思想並逐漸與儒、墨、道家思想融合，展現出新的風貌，如睡虎地秦墓竹簡出現法家以外的儒、道、陰陽家思想，反映鞅後各家思想在秦地的互動。尤其戰國末期，民心思治，厭倦長期爭戰，期望天下重歸統一，在學術思想方面上也有類似的渴望，融合各家呈現雜家思想的《呂氏春秋》，就是在這種環境下的產物。

　　秦始皇統一六國後，除了在制度上「端平法度、萬物之紀」、「器械一量、同書文字」，〔註9〕使天下一致；在思想上也採納李斯的建議，統一思想，燔滅詩書，以法為教，使秦朝重新回歸於法家路線，並且較商鞅時期更為徹底。秦始皇將法家思想推向了極端，難免有偏激之處，終於在苛政重罰之下，導致秦朝的快速滅亡。

　　本章將分三期討論秦法家與百家學的關係：第一期秦孝公前與秦孝公變法時期，討論秦國的政治思想由孝公前的各家爭鳴，歷經商鞅變法，一轉而變為法家獨尊的情形。第二期孝公後至秦始皇一統時期，秦國政治思想雖然仍以法家思想為主流，但法家與各家之間開始有了交流。從《為吏之道》和《呂氏春秋》二書中，雜有法家以外的儒、道、墨家思想，可見一斑。第三期秦始皇統一以後時期，秦國政治思想在李斯的推波助瀾之下，重回法家獨

〔註5〕　《史記・李斯列傳》，卷八十七，頁6。
〔註6〕　《史記・商君列傳》，卷六十八，頁3。
〔註7〕　同上註。
〔註8〕　《史記・秦本紀》，卷五，頁50。
〔註9〕　《史記・秦始皇本紀》，卷六，頁36。

尊的局面。由此反映出秦法家思想與百家學之間，從並存轉獨尊（商鞅變法），由獨尊而又並存（秦始皇統一前），再由並存又趨獨尊（秦始皇統一後）的歷史發展過程。

第一節 秦孝公前與秦孝公變法時期

秦孝公時期是秦國政治史上一重要時期，因為在孝公前，秦國並沒有定於一尊的思想，直到孝公任用商鞅進行變法後，才使法家思想從此與秦國政治緊密結合，成為以後秦國政治思想的主流，左右著秦國的政治發展。故本節以秦孝公為分界點，討論在其前後秦國思想的發展變化。

一、秦孝公前時期

根據《史記·秦本紀》的記載，秦人始有國家，是在秦襄公七年。當時「周幽王用褒姒、廢太子，立褒姒子為適，數欺諸侯。諸侯叛之。西戎、犬戎與申侯伐周，殺幽王酈山下。而秦襄公將兵救周，戰甚力有功。周避犬戎難，東涉雒邑。襄公以兵送周平王，平王封襄公為諸侯，賜之岐以西之地……襄公於是始國。」雖然襄公因為協助周平王躲避犬戎追擊，而得以在岐西之地建立秦國，但有關秦國的歷史，卻一直沒有以文字紀錄下來，直到秦文公十三年，才「初有史以記事」。〔註10〕在此之前，由於沒有明確的史料記載，故無從推論秦人在文公前的思想型態。

秦至文公十三年，才初有史記。此乃因為秦人建國未久，仍未脫游牧民族特質，故遲至文公十三年才有史官負責記事。史官在周朝政治制度中非常重要的地位，《周禮·春官》載有大史、小史、外史、御史等史官名，六官所屬諸職司也莫不有史，故秦之設置史官，蓋受周之影響。尤其文公十六年，秦以兵伐戎，「收周餘民有之」，〔註11〕其中當有不少通詩書的文人在裡頭，這些人對秦人文化的發展必然也起了極大的作用。此外，民國十三年在陝西鳳翔西側的靈山秦墓的隨葬物中，發現有一件屬於周朝的青銅器「𣄴鼎」，上刻銘文云：

惟周公征伐東夷，丰伯、蒲姑咸哉。公歸，𪓐于周廟。戊辰，飲秦飲、公賞𣄴百朋。用作尊鼎。

〔註10〕《史記·秦本紀》，卷五，頁13。
〔註11〕同上註。

因為《史記·秦本紀》有云：「文公三年，以兵七百人東獵。四年，至汧渭之會，……乃卜居之。……十六年，文公以兵伐戎，戎敗走。於是文公遂收周餘民有之，地至岐。……五十年，文公卒，葬西山。」所以譚戒甫先生認為西山或即今靈山，蓋西周破滅，重器多被犬戎擄去，迨後文公敗戎復得，而歿後又用以殉葬。〔註12〕從這點，再次證明秦人對周文化的重視。

此外，《尚書》和《詩經》中，也記載了不少有關秦人思想受周人影響的材料。如《尚書·秦誓》載秦繆公云：「邦之杌隉，曰由一人；邦之榮懷，亦尚一人之慶。」可見其受到周人「克明敬德」觀念的影響，將一國之治亂，繫於君主一人之身。而《詩經·蒹葭》一篇，不僅神韻飄渺，風緻嫣然，更透露出秦人對周文化的嚮往：

蒹葭蒼蒼，白露為霜。所謂伊人，在水一方。

溯洄從之，道阻且長；溯游從之，宛在水中央。

蒹葭淒淒，白露未晞。所謂伊人，在水之湄。

溯洄從之，道阻且躋；溯游從之，宛在水中坻。

蒹葭采采，白露未已。所謂伊人，在水之涘。

溯洄從之，道阻且右；溯游從之，宛在水中沚。

《詩序》云此詩是：「刺襄公也。未能用周禮，將無以固其國焉。」《鄭箋》也云：「秦處周之舊土，其人被周之德教日久矣，今襄公新為諸侯，未習周之禮法，故國人未服焉。」雖然清人如姚際恆等質疑此詩之作非出於刺襄公，然其言不盡意，蒼涼縹緲，遺世獨立之韻，已說明秦人此時的文化水準已脫離蠻夷之列。清代著名詩人王士禎言此詩：「言盡意不盡，令人蕭寥有遺世意。」〔註13〕沈德潛也說此詩：「蒼涼瀰渺，欲即轉離。名人畫本不能到也。」〔註14〕不僅如此，《詩經·秦風》十篇，文辭雋永，都在在證明秦人文化水準此時已與中原諸國不相上下。

周朝以詩書禮樂為教，其在政治制度上，也喜以賦詩相應答，如《左傳》就載有不少諸侯於朝聘會盟時，賦詩言志之例。孔子也云：「誦詩三百，授之以政，不達；使於四方，不能專對；雖多，亦奚以為？」（《論語·子路》）而《左傳》中亦不乏秦人賦詩之例，如：魯僖公二十三年，晉公子重耳過秦，秦穆公

〔註12〕譚戒甫：〈西周·夨鼎銘研究〉，《考古》1963年十二期，頁671。

〔註13〕周錫韺：《詩經選》（臺北：遠流出版事業公司，1994年），頁146。

〔註14〕同上註。

以女妻之，並設宴款待之，重耳賦〈河水〉，以明朝宗於秦之意；穆公賦〈六月〉以對，以示重耳還晉，必能匡王國。魯文公元年，晉敗秦師，秦穆公悔不聽蹇叔之言，引《詩》曰：「大風有隧，貪人敗類。聽言則對，誦言如醉。匪用其良，覆俾我悖」罪己。魯文公三年，秦穆公敗晉，並稱霸西戎。論者曰：「詩曰：于以采蘩，于沼于沚，于以用之，公侯之事，秦穆有焉。」以及定公四年，申包胥乞秦師救楚，立依於庭牆而哭，日夜不絕聲，勺飲不入口。七日，秦哀公為之賦〈無衣〉，出兵救楚等等。可見秦人亦有賦詩的習慣，且能即席應答。若非濡慕周之詩書禮樂之教，何以至此。由此可見秦人受周文化之影響。余宗發先生就認為諸子思想中最接近周文化，強調禮樂教化的就是儒家思想，故秦孝公以前，秦國思想無疑是較接近儒家思想的〔註15〕。

此外，秦國在用人方面，也表現出求才若渴的態度。如李斯〈諫逐客書〉云：「秦繆公之求士，西取由余於戎，東得百里奚於宛（《史記·秦本紀》作百里傒），迎蹇叔於宋，來丕豹、公孫支於晉。此五子者，不產於秦，而繆公用之，并國二十，遂霸西戎。」〔註16〕可見秦君唯才是用的務實精神。《史記·秦本紀》載百里傒原是虞國大夫，秦繆公五年，晉獻公滅虞、虢，虜虞君與其大夫百里傒，百里傒因此成為晉國的奴隸。晉獻公嫁女兒到秦國時，把他當作陪嫁的媵臣。中途百里傒逃亡，逃至楚國的宛地時，被楚鄙人抓到。繆公聞百里傒賢能，欲重贖之。恐楚人不與，就使人對楚人說：「吾媵臣百里傒在焉，請以五羖羊皮贖之。楚人遂許之。」當時，百里傒已七十餘，繆公釋其囚，與語國事，後並授之以國政，百里傒因此號曰五羖大夫。之後，百里傒又推薦流落於宋國的蹇叔，於是繆公使人厚幣迎蹇叔，封之為上大夫。

秦繆公九年，晉（惠公）夷吾殺丕鄭，故丕鄭子丕豹奔秦。在丕豹之後，秦繆公又先後招納遇難的晉國人公孫枝，和任用百里傒的兒子孟明視，蹇叔的兒子西乞術、白乙丙為秦國的大將。繆公三十四年，戎國使者由余（其先晉人，亡入戎，能晉言）出使秦國，秦繆公見其賢，欲為己用。遂以女樂二八遺戎王，使戎王沈迷女色，疏遠由余，使由余降秦，繆公以客禮禮之，問伐戎計，而成就益國十二，開地千里，稱霸西戎的功業。從以上的史實，可以看出秦繆公的稱霸正是從廣納人才開始的，也因為其唯才是用，不拘一家，才能成就稱霸的功業。

〔註15〕余宗發：《秦人出入各家思想分期初探》，頁53。
〔註16〕《史記·李斯列傳》，卷八十七，頁6～7。

　　秦君除了知人善任外，遇有國家大事，也有召集大臣廷議的習慣。如《史記‧秦本紀》載秦繆公十二年，晉國大饑，向秦請粟。有鑑於晉君（夷吾）背約在先，繆公詢問大臣丕豹、公孫支、百里傒等人是否要幫助晉國解困。最後聽從公孫支和百里傒的建議，輸糧晉國。雖然秦繆公擴大了秦國的版圖，使「天子致伯，諸侯畢賀」，〔註17〕但由於其後繼位的幾位君主，年紀過於幼小，使姦臣有機可乘，造成秦國內亂頻仍的局面。〔註18〕秦國始終無法強大，直到秦獻公即位，才略見好轉，先後戰勝了晉、魏二國，有復興的趨勢。獻公卒，孝公即位，爲重振秦國雄風，遂出招賢令，求能出奇計彊秦者。孝公此舉本欲仿效繆公任賢以治國，卻在商鞅入秦後，有了轉變。商鞅不僅確定了秦國的法家路線，也限制了其他不利於法家（尤其農戰）的思想，使秦國步入唯法獨尊的時期。

二、秦孝公變法時期

　　秦孝公即位後，爲了繼承秦繆公的功業，重振秦國的聲威，使諸侯不敢卑秦，遂以重利招賢—「能出奇計彊秦者，吾且尊官與之分土。」商鞅遂攜《法經》入秦，爲秦主持變法。商鞅繼承了前期法家李悝、吳起的變法思想，並在實踐中加以補充，幫助秦孝公於最短的時間，達到富國強兵的目的。其政治思想首重法治與農戰，強調一切以法爲教，以農戰爲第一優先。爲使人民守法和致力農戰，並進一步掌控人民，商鞅排斥一切不利於法治或農戰的思想言論，使秦國思想進入法家獨尊的階段。如：《韓非子‧和氏》載商鞅教秦孝公「燔詩書而明法令；塞私門之請，而遂公家之勞；禁游宦之民，而顯耕戰之士。」邵增樺注曰：「詩書等古代經典，大都爲過去政教風習的記載，而爲儒家所宗奉。法家是要改變原有社會制度的，當然要反對這些經典。……游宦，指不守本業，奔走求官的人。」〔註19〕

　　商鞅之所以如此禁詩書與游士，《商君書‧農戰》解釋的很清楚，其文云：

　　　凡人主之所以勸民者，官爵也。國之所以興者，農戰也。今民求官

〔註17〕《史記‧秦本紀》，卷五，頁49。

〔註18〕《史記‧秦本紀》載秦孝公言繆公後，秦國「會往者厲、躁、簡公、出子之不寧，國家內憂，未遑外事，三晉攻奪我先君河西地，諸侯卑秦，醜莫大焉。」同上註。

〔註19〕邵增樺：《韓非子今注今譯‧和氏》（臺北，臺灣商務印書館，1992年），頁309。

爵，皆不以農戰，而以巧言虛道，此謂勞民。勞民者其國必無力，
無力者其國必削。……故曰：農戰之民千人，而有詩書辯慧者一人
焉，千人皆怠於農戰矣。……詩、書、禮、樂、善、修、仁、廉、
辯、慧，國有十者，上無使守戰。國以十者治，敵至必削，不至必
貧。國去此十者，敵不敢至，雖至必卻；興兵而伐必取，按兵不伐
必富。……今世主皆憂其國之危而兵之弱也，而彊聽說者，說者成
伍，煩言飾辭而無實用。主好其辯，不求其實，說者得意，道路曲
辯，輦輦成群。民見其可以取王公大人也，而皆學之。……學者成
俗，則民舍農，從事於談說，高言偽議，舍農游食，而以言相高也，
故民離上而不臣者成群。此貧國、弱兵之教也。

商鞅認為農戰是國家興盛的保障，所以人主治理國家時，若能鼓勵人民以從
事農戰來獲得官爵；並取締巧言虛道，不務農戰者，就能達到民樸而易使，
國富而兵強的境界。反之，不以農戰為任官授爵的唯一途徑，而讓巧言虛道
者得逞，勢必會勞民削國。因為巧言虛道者逃避農戰，不務正業，竭力學習
《詩》、《書》，追求權勢或從事商業、技藝等以牟取財富的行為，會使人民紛
紛起而效尤，棄農戰而務巧言虛道，直接對國家的富強造成危害。所以說：
從事農戰的一千人中，只要有一個讀《詩》、《書》、講智謀、會辯說，這一千
人都會被影響而怠於農戰了。因此只要除去《詩》、《書》、禮儀、音樂、善良、
賢能、仁愛、廉潔、巧言、狡黠等十種東西，去除空談詭辯，使官爵只從農
戰出，讓民心重歸於農戰，進而達到民風純樸，政有所成的境界。如此則國
家可富，而民力可摶，富強大業指日可待。

　　為達到民樸易使，商鞅等法家主張不貴學問，後世謂之為愚民政策。如
《商君書‧墾令》云：「無以外權爵任與官，則民不貴學問，又不賤農。民不
貴學問則愚，愚則無外交。無外交，則國安而不殆。民不賤農，則勉農而不
偷。」諸如此類，都可在《商君書》中找到更多的相關言論，進一步闡釋其
不好學問、務力農戰的主張。如：

國有禮、有樂、有《詩》、有《書》、有善、有修、有孝、有弟、有
廉、有辯，國有十者，上無使戰，必削至亡；國無十者，上有使戰，
必興至王。（《商君書‧去彊》）

辯、慧，亂之贊也；禮、樂，淫佚之徵也；慈、仁，過之母也；任、
譽，姦之鼠也。亂有贊則行，淫佚有徵則用，過有母則生，姦有鼠

> 則不止。八者有群，民勝其政；國無八者，政勝其民。(《商君書‧
> 說民》)

> 聖人之為國也，入令民以屬農，出令民以計戰。……利出於地，則
> 民盡力；名出於戰，則民致死。入使民盡力，則草不荒；出使民致
> 死，則勝敵。勝敵而草不荒，富彊之功可坐而致也。……夫治國舍
> 勢而任說說，則身修而功寡。故事《詩》、《書》談說之士，則民游
> 而輕其君；事處士，則民遠而非其上；事勇士，則民競而輕其禁；
> 技藝之士用，則民剽而易徙；商賈之士佚且利，則民緣而議其上。
> 故五民加於國用，則田荒而兵弱 (《商君書‧算地》)

《詩》、《書》、禮、樂、孝、弟，是儒家重視的教育項目，慈、廉是墨家推廣
的德行。儒、墨為當時顯學，對民心影響甚大，卻與法家思想背道而行，為
泯去儒、墨等思想對民心的影響，所以商鞅及其後的法家都堅持以法為教，
廢私學，由國家統一思想，人民欲學唯有向官吏求教，從而達到其控制人民
思想的目的。

　　在商鞅等法家的觀念裡，游士之言及各家的思想言論，都是所謂的虛辭，
對國家富強無絲毫的幫助，如《商君書‧慎法》云：「彼言說之勢，愚智同學
之。士學於言說之人，則民釋實事而誦虛詞。民釋實事而誦虛詞，則力少而
非多。」故在其反虛辭、反遊說、重法治和重功利的前提下，這些言談議論
都該被禁止。如《史記‧商君列傳》載商鞅將議令之民，視之為擾亂民心之
人，將他們都流放到邊地：

> 秦民初言令不便者，有來言令便者。衛鞅曰：此皆亂化之民也。盡
> 遷之於邊城。其後民莫敢議令。

當孝公在位時，商鞅的這些政策獲得全力的支持，如《戰國策‧秦策一》云：「商
君治秦，法令至行。」又云：「孝公行之八年，疾且不起，欲傳商君，辭不受。」
孝公病重時，竟想傳位給商鞅，姑不論此舉是否屬實，但多少反映出秦孝公對
商鞅的倚重。有國君的支持，再加上嚴刑峻法，就算秦國之臣民對此心有不服，
也不敢有所違背，使秦國籠罩於商鞅威權之下。相對於同時期中原諸國的百家
爭鳴、諸子迭起的活潑熱絡，秦國人的思想明顯的受到禁梏。

　　商鞅對思想言論的箝制，也反應在秦國的廷議制度上。如《國語‧晉語
三》曾載，秦穆公十五年時，召公子縶、公孫枝議于廷，討論如何處置俘虜
晉惠公。《商君書‧更法》也記載秦孝公召甘龍、杜摯與商鞅議於廷，決定是

否變法。從這些例子觀之，秦國有廷議國家大事的慣例。然此廷議制度，獨不見載於商鞅執政時期。在商鞅死後，才又復見廷議之例，如《史記‧張儀列傳》載秦惠王猶豫不決於應先伐蜀還是先伐韓，張儀與司馬錯爭論於惠王前。《史記‧李斯列傳》載淳于越等儒生進諫始皇重行分封，始皇下其議於丞相李斯，讓群臣就封建制與郡縣制進行討論。《戰國策‧秦策》中，也有許多諸侯封君與門客或時人討論施政得失的言論記載，獨不見商鞅與臣下或時人討論施政的紀錄。甚至《史記‧商君列傳》還記載商鞅下令將議令者，盡遷之於邊城，可見其施政之獨裁。余宗發先生就認為《戰國策》所載商鞅執政時的實錄過少，原因可能與商鞅以高壓手段禁止人民議論政治有關。〔註20〕

　　在商鞅去詩書、反禮樂仁義教化的影響下，秦人性情不可避免的也受到了極大的影響。如《史記‧魏世家》云：

　　　　（秦人）有虎狼之心，貪戾好力而無信，不識禮義德行。苟有利焉，
　　　　不顧親戚兄弟，若禽獸耳。

《管子‧水地》云：

　　　　秦之水泔最而稽，淤滯而雜，故其民貪戾，罔而好事。

《荀子‧性惡》云：

　　　　夫非私齊、魯之民而外秦人也，然而於父子之義、夫婦之別，不如
　　　　齊、魯之孝具敬文者，何也？以秦人之從情性，安恣睢，慢於禮義
　　　　故也。

《漢書‧賈誼傳》云：

　　　　商君遺禮義，棄仁恩，并心於進取，行之二歲，秦俗日敗。故秦人
　　　　家富子壯則出分，家貧子壯則出贅。借父耰鉏，慮有德色。母取箕
　　　　帚，立而誶語。

　　　　抱哺其子，與公併倨，婦姑不相說，則反脣而相稽。其慈子耆利不
　　　　同，禽獸者亡幾耳。

上述評論對秦人多無好評，都認為秦人不好禮義，貪婪好利、父子無親。秦人之所以如此，恐怕與法家去禮樂教化，崇尚軍功等政策有關。如賈誼云：「秦之俗，固非貴辭讓也，所上者，告訐也。固非貴禮義，所上者，刑罰也。」〔註21〕論者之中，荀子曾入秦國，故其對秦俗感受最深刻，言論也最中肯。《荀子‧彊

〔註20〕余宗發：《秦人出入各家思想分期初探》，頁61。
〔註21〕《漢書‧賈誼傳》，卷四十八，頁2251。

國》云入秦境：

> 觀其風俗，其百姓樸，其聲樂不流汙，其服不挑，甚畏有司而順，
> 古之民也。及都官府邑，其百吏肅然，莫不恭儉敦敬，忠信而不楛，
> 古之吏也。入其國，觀其士大夫，出於其門，入於公門，出於公門，
> 歸於其家，無有私事也；不比周，不朋黨，倜然莫不明通而公也，
> 古之士大夫也。觀其朝廷，其朝閒，聽決百事不留，恬然如無治者，
> 古之朝也。

荀子認爲秦國的百姓樸實、官吏恭儉負責、士大夫公正廉潔、朝政不稽留，這些行止都符合古代治世的標準。但是這一切並非出自臣民的本心，而是受外來的強制，是在嚴刑峻法等高壓政策下的表現：民畏罰，所以守法、甚畏有司而順；官吏、士大夫畏罰，所以恭儉無私，使政事無宿治。故荀子感嘆道：

> 佚而治，約而詳，不煩而功，治之至也。秦之類矣。雖然，則有其
> 諰矣；兼是數具者而盡有之，然而縣之以王者之功名，則倜倜然不
> 及遠矣！是何也？則其殆無儒邪！故曰：粹而王，駁而霸，無一焉
> 而亡，此亦秦之所短也。（《荀子·彊國》）

秦國雖然達到雖佚而治，雖守約而能詳，雖不煩而有功的極治之境界。但仍比不上王者之功，原因就在於秦國無儒。儒者的特色是「法先王，隆禮義，謹乎臣子而致貴其上者」，〔註22〕用儒的功效則是「在本朝爲美政，在下位則美俗。」〔註23〕所以荀子以爲治國全用儒道的可以王天下，雜用霸道的可以霸天下，但全無儒道的就要滅亡。而秦國最大隱憂就是無儒。從荀子的評論中，更可發現商鞅執政時對學術思想，尤其是儒家思想的箝制，徹底將儒家思想排斥於政治之外。即使鞅死後，其影響仍在，如秦昭王時仍認爲「儒無益於人之國」。〔註24〕

雖然商鞅排斥儒家思想，但儒家思想並沒有從此在秦國消失。如《史記·商君列傳》載趙良引《詩》云：「相鼠有體，人而無禮，人而無禮，何不遄死」、「得人者興，失人者崩。」和《書》云：「恃德者昌，恃力者亡。」勸商鞅行仁政，使秦君「顯巖穴之士、養老存孤、敬父兄、序有功、尊有德。」以保護自身的安全，減少秦人對他的怨恨。雖然商鞅並未聽從，但由此可見，在商鞅禁

〔註22〕《荀子·儒效》，頁108。
〔註23〕同上註。
〔註24〕同註22。

止詩書禮樂的教化之下，境內仍有人在學習《詩》、《書》，並崇尚儒家的禮義教化與仁政思想。只是這些思想被法家思想所壓抑，無法對秦政有所影響而已。

第二節　秦孝公後至秦始皇統一天下時期

商鞅執政之時，為秦國史上法家思想獨尊的時期，但隨著孝公的死與商鞅的被車裂，情況開始有所轉變。法家政策雖仍為秦王所沿用，但其對於學術思想及游宦之士的禁令，卻有逐漸解禁的趨勢。如《戰國策・秦策一》載田莘借荀息之口，引《周書》之言，為陳軫說秦惠王。《戰國策・秦策三》載秦客卿造引堯、舜、湯、武等古聖先王與《書》中文句，說穰侯。《戰國策・秦策三》載范雎引《詩》，為秦昭王分析秦政，言太后、穰侯專權之弊。《戰國策・秦策四》載楚使黃歇引《易》、《詩》，說秦昭王。如果秦國還處於商鞅禁《詩》、《書》的時代，這些人就不敢甘冒大忌，公然引《詩》、《書》對秦君進行遊說之事。可証商鞅死後的秦國已無禁《詩》、《書》與禁遊說、議政之令，或有，亦未嚴格執行。所以臣民可自由引《詩》、《書》，並議論施政。

又，《史記・秦本紀》載秦惠王十年以張儀為相。張儀是標準的游宦之士，惠王是秦孝公之子，去商鞅之政未遠，卻任其為相，足見秦對游宦之士所設的禁梏也已解除。張儀之外，活躍於秦國政壇上的游宦之士，還有公孫衍、陳軫、范雎和蔡澤等人。他們對秦國都有很大的影響，其中又以張儀與范雎為最。如李斯〈諫逐客書〉云：「惠王用張儀之計，拔三川之地，西并巴蜀，北收上郡，南取漢中，包九夷，制鄢、郢，東據成皋之險，割膏腴之壤，遂散六國之從，使之西面事秦，功施到今。昭王得范雎，廢穰侯，逐華陽，彊公室，杜私門，蠶食諸侯，使秦成帝業。」〔註25〕

雖然張儀、范雎等人叱吒一時，在秦國的外交上也頗有建樹，但秦國的內政制度並沒有受到他們的影響而有所改變，秦國的主要制度與精神，仍是遵循著商鞅時所奠立的規模與基礎。故至秦昭王時代，荀子西入秦國時，所看到的依舊是嚴行商君法之下的法治社會，而法家思想在鞅後，仍居於秦國政治思想的主流地位。但是其成效卻受到韓非的批評，《韓非子・定法》說其：「無術以知姦，則以其富強也，資人臣而已矣。及孝公、商君死，惠王即位，秦法未敗也，而張儀以秦殉韓魏。惠王死，武王即位，甘茂以秦殉周。

〔註25〕《史記・李斯列傳》，卷八十七，頁7～8。

武王死，昭襄王即位，穰侯越韓魏而東攻齊，五年而秦不益尺土之地，乃城其陶邑之封；應侯攻韓八年，成其汝南之封。自是以來，諸用秦者，皆應穰之類也。故戰勝則大臣尊，益地則私封立，主無術以知姦也。商君雖十飾其法，人臣反用其資。故乘強秦之資，數十年而不至於帝王者，法不勤飾於官，主無術於上之患也。」

在此同時，戰國諸子競秀爭鳴，彼此之間雖有歧異，卻也互相影響。如集法家大成之韓非，就是一位將儒、道、墨三家思想統攝於法家思想下的代表人物。《史記・老子韓非列傳》云：「韓非者，韓之諸公子也，喜刑名法術之學，而其歸本於黃老。……與李斯俱事荀卿。」刑名法術之學即指法家思想而言，是韓非的主體思想；黃老則代表了道家思想，韓非將道家的靜觀無爲，轉而爲法家學說中的君主御下之術；事大儒荀卿，韓非將荀子的性惡、正名、重師法等思想融入法家理論中。此外，勞思光先生以爲墨家思想在「尚同」、「天志」中所表現出的權威主義思想，也對韓非之尊主極權有所影響。〔註26〕韓非善著書，其思想亦隨書文流傳而爲之廣佈，間接傳到了秦國，並對秦政造成了影響。《史記・老子韓非列傳》載：「人或傳其書至秦，秦王見《孤憤》、《五蠹》之書，曰：嗟乎！寡人得見此人，與之游，死不恨矣。李斯曰：此韓非之所著書也。秦因急攻韓。」秦始皇得到韓非後，雖聽信讒言，未重用韓非，甚至將之下獄，導致韓非客死異鄉，但從史籍記載可知他確實曾將韓非的主張付諸行動，故韓非的思想也對秦王及當時秦國的法家們造成一定的影響。

法家思想雜有儒、道、墨家思想，這是戰國以來學術交流後的必然結果，如同墨家也雜有儒家、名家思想一般。以下以《爲吏之道》和《呂氏春秋》爲例，討論此一時期存於秦國，法家以外的各家思想，及他們與法家之間的相互影響。

一、《爲吏之道》

上章討論睡虎地秦墓竹簡中的法家思想特質時，可以發現秦簡思想主要以法家爲重，然簡文中尚有與儒、道、墨、陰陽家主張相通的文句，或可證明軼後至始皇統一前，其他思想也在秦國佔有一席之地，並對秦國的法家思想產生程度不一的影響。而睡虎地秦墓竹簡中最能表現出法家思想與其他思想融合的

〔註26〕勞思光：《新編中國哲學史》（臺北：三民書局，1993年），頁358。

篇章，就是《爲吏之道》，故本節專門就《爲吏之道》中的思想討論之。

　　《爲吏之道》共五十一簡，分上下欄書寫，不同於其他秦簡的書寫格式，又字跡濃淡不一，寫法工草不一，且內容龐雜，故被視爲雜抄性質的文書。至於其成書年代，吳福助先生以爲可將簡文分正、附文分別觀之，也可統一觀之。分別觀之，「附文」部分：指「魏戶律」、「魏奔命律」、「口舌」三類，以及「從政之經」類中，從「長不行」至「貨不可歸」這部分，因爲這部分字跡潦草且明顯向左下角傾斜，類似左手執筆者，與其餘部分的端正平整不同，應係出自另一人手筆，爲補白而作者，因此這部分可視爲《爲吏之道》的附文，其餘部分則是「正文」。〔註27〕

　　「正文」部分，篇中「正」、「政」字凡十見，不避秦嬴政名諱，因而可推斷其下限應在秦嬴政元年（246B.C）。「附文」部分，兩條魏律都明言「廿五年閏再十二月丙午朔辛亥」時所頒佈，據考實爲魏安釐王廿五年（252B.C），即秦昭王五十六年時的法律，故其上限應在是年。「附文」下限，則因隨同殉葬的《編年記》之簡文止於秦始皇三十年（217B.C），一般認爲墓主喜即死於是年，故可定爲秦始皇三十年。統一觀之，若視《爲吏之道》爲私人著述或抄本，不考慮避諱情況，則「正文」年代下限亦可與「附文」同時。〔註28〕故《爲吏之道》的書寫年代介於秦昭王五十六年至秦始皇三十年。

　　《爲吏之道》的性質類似後代的官箴，亦即秦國官吏的參考書。秦國以吏爲師，有所謂的「學吏制度」，就是以法律統攝教育，將教育納入司法體系，也就是《商君書·定分》所言「置法官，置主法之吏，以爲天下師」的具體實踐。除可用來傳習律令之學，也可作爲禁絕私學的方式。吳福助先生以爲商鞅變法後，秦仕進主要的途徑是：1.保舉；2.軍功；3.客；4.吏道；5.通法。其中「吏道」、「通法」兩項是實行法治的產物，與「法官法吏」的「學吏制度」有密切關係。而睡虎地十一號秦墓主人喜的身分，以及墓中隨葬的大批簡書，也與「法官法吏」制度密切相關，除《編年記》、《日書》外，都可當作官吏的法律教材，是「法官法吏」制度付諸實行的有力證據。而《爲吏之道》的性質，應是在秦「以吏爲師」的制度下，一般學吏修習法律科目之餘，另需學習的道德課程教材。〔註29〕

〔註27〕吳福助：《睡虎地秦簡論考》，頁176。
〔註28〕同上註。
〔註29〕同註27，頁177～180。

（一）《為吏之道》中的法家思想

《爲吏之道》出發點是法家的，因爲它的重點在於強調確立與鞏固由官吏逐級建構而成中央集權的行政體制，如其言：「邦之急，在體級，掇民之欲政乃立。上毋間陕，下雖善欲獨可何急？」〔註30〕就強調確立體制等即爲國家當務之急。吳福助先生進一步解釋道：「所謂『體級』，指中央集權國家的構成骨幹，亦即行政體制與社會階層而言。秦自商鞅變法實行郡縣制、什伍制時起，就出現了中央集權制的政治統治形式，把它管轄區域內的政治權力集中於朝廷手中，並通過朝廷設置的中央到地方各級官僚機構和官吏，將政令直接下達到每家『編戶』和每位『齊民』，實現了國君對人民直接進行的政治統治。這套行政體制經過秦始皇統一天下後的全面充實與調整，更趨整齊完密，成爲集權國家控扼和運用全國土地和人力資源的利器。此外，商鞅推行軍功受爵制，將爵祿與戰功施用於一向能征慣戰，深具夷狄習性的秦人身上，建立了爵祿爲裡、戰功爲表的等級爵制，從而培養了勇於公戰的國民，形成不同於舊封建秩序的新社會階層。上述這些體制、等級都是秦能夠實施嚴格的法治，奠定富國、強兵和統一天下基礎的主要依據。《爲吏之道》因而認爲他們是『邦之急』，特別加以強調。」〔註31〕

實際上所謂體級（制度），就包含在法家廣義的「法」中，如《管子‧權修》云：

> 凡牧民者，欲民之可御也。欲民之可御，則法不可不審。法者，將立朝廷者也。將立朝廷者，則爵服不可不貴也。爵服加于不義，則民賤其爵服。民賤其爵服，則人主不尊。人主不尊，則令不行矣。法者，將用民力者也。將用民力者，則祿賞不可不重也。祿賞加于無功，則民輕其祿賞。民輕其祿賞，則上無以勸民。上無以勸民，則令不行矣。法者，將用民能者也。將用民能者，則授官不可不審也。授官不審，則民閒其治。民閒其治，則理不上通。理不上通，則下怨其上。下怨其上，則令不行矣。法者，將用民之死命者也。用民之死命者，則刑罰不可不審。刑罰不審，則有辟就。有辟就，則殺不辜而赦有罪。殺不辜而赦有罪，則國不免於賊臣矣。故夫爵服賤、祿賞輕、民閒其治、賊臣首難，此謂敗國之教也。

〔註30〕《睡虎地秦墓竹簡》戊午年本，頁553。
〔註31〕吳福助：《睡虎地秦簡論考》，頁181。

就說到法是朝廷之爵服制度；法是用祿賞以用民力者；法是授官而盡民能者；法是審刑罰以用民之死命者。〔註 32〕所以法實際上就是由國君定制度，行賞罰，以一民使下者也。廣義而言，也就是一切政治制度之總稱。

法家的「法」除了泛指一切政治制度，其實行法治的範圍，主要可分為三：（1）用人之法；（2）治民之法；（3）治吏之法。

1. 用人之法

《商君書‧農戰》云：「善為國者，官法明，故不任知慮。」就是要國君整飭法令，以法為治，任法不任智，依法任官。因為任智慮的話，國君容易惛於說，如是則國亂。反之，國君「修政作壹，去無用，止浮學」〔註 33〕就能團結民力，使國家富強。韓非也認為明主要依法擇人，因功論賞，因能授官，不可任私。因為一旦釋法任私，就會造成「相愛者比周而相譽，相憎者朋黨而相非，非譽交爭，則主惑亂矣」〔註 34〕的局面。所以國君要「不苟於世俗之言，循名實而定是非，因參驗而審言辭。」〔註 35〕以法任官，以避免一切可能發生的弊端。

除了以法用人，國君在對臣下進行賞罰時，也要以法為依歸，使臣下心服口服，以達到賞罰的真正效果。否則雖有賞而無勸功的效果；雖有罰而無威下的效用。《韓非子‧用人》云：「釋儀的而妄發，雖中小不巧。釋法制而妄怒，雖殺戮而姦人不恐。罪生甲，禍歸乙，伏怨乃結。」說的就是這個道理。只有賞罰以法，才是富強之本。故《韓非子‧飭令》云：「國以功授官與爵，此謂以成智謀，以威勇敢，其國無敵。國以功授官與爵，則治見者省，言有塞，此謂以治去治，以言去言，以功與爵者也，故國多力而天下莫之能侵也。」

2. 治民之法

除了以法任官，法家在面對人民時，也主張一法而治，因為法家認為民智愚昧，唯法能治。《韓非子‧顯學》云：「今上急耕田墾草，以厚民產也，而以上為酷。修刑重罰，以為禁邪也，而以上為嚴。徵賦錢粟，以實倉庫，且以救饑饉備軍旅也，而以上為貪，境內必知介而無私解，并力疾鬥，所以禽虜也，而以上為暴。此四者，所以治安也，而民不知悅也。」而欲以法治

〔註 32〕徐漢昌：《管子思想研究》（臺北：學生書局，1990 年），頁 160。
〔註 33〕《商君書‧農戰》，卷一，頁 11。
〔註 34〕《韓非子‧南面》，卷五，頁 5。
〔註 35〕《韓非子‧姦劫弒臣》，卷四，頁 9。

民，先要教民知法，所以韓非主張法律需是「編著之圖籍，設之於官府，而布之於百姓者也」〔註 36〕的公布成文法。如此才能使「刑罰必於民心，賞存乎愼法，而罰加乎姦令者也。」〔註37〕除此之外，韓非更主張「無書簡之文，以法爲教；無先王之語，以吏爲師。」〔註 38〕以達到控制人民思想，使「境內之民，其言談者必軌於法，動作者歸之於功，爲勇者盡之於軍」〔註 39〕的目的。

3. 治吏之法

《韓非子・外儲說右下》又云：「人主者，守法責成以立功者也，聞有吏雖亂，而有獨善之民；不聞有亂民，而有獨治之吏。故明主治吏不治民。」因爲國君雖以法行賞罰，仍無從防堵姦臣爲非。姦臣一旦爲非，輕則剝削人民利益，重則傾奪君權。所以法家治國之先，又首重治吏。且接近民眾，使上令下達，下情上聞者，全繫於居中之官吏，故治吏益發重要。法家十分注重官吏行爲的規範，希望能達到「明主使其群臣，不遊意於法之外，不爲惠於法之內，動無非法」〔註40〕的局面。

由此可以發現，法家之「法」，含意是很廣泛的，各種事物均依法行之，法即制度，且不同於以往之法，法家的法是定型的（不易變動的），公開的，成文的。而在《爲吏之道》中所表現出的法家之法，主要是治吏之法，而其中又有用人之法。強調建立與鞏固體級，以及規範體級中的構成份子——官吏。如其云：「操邦柄，愼度量，來者有稽莫敢忘。賢鄙溉嶂，祿位有續孰啓上？……審民能，以任吏，非以官祿夬助治。不任其人，及官之瞖豈可悔？」〔註 41〕就強調審能任吏對鞏固國家政權的重要。說道要掌握國家政權，就要審愼考察官吏，以法用人，再以法按功過論賞罰，按能力分職，使無人敢欺上胡爲，以維持國家安定，如果所任非人，等到吏治敗壞，再想挽救就爲時太晚了。

《爲吏之道》中對官吏的要求主要有二：（1）是效忠君主。如其將「忠信敬上」列爲吏之首善；將「擅折割」、「犯上弗知害」、「不安於朝」和「非

〔註36〕《韓非子・難三》，卷十六，頁5～6。
〔註37〕《韓非子・定法》，卷十七，頁5。
〔註38〕《韓非子・五蠹》，卷十九，頁5。
〔註39〕同上註。
〔註40〕《韓非子・有度》，卷二，頁3。
〔註41〕《睡虎地秦墓竹簡》戊午年本，頁553。

上，身及於死」列爲吏之五惡之中。〔註42〕（2）是厲行法治。如其言官吏執法時要「愼謹堅固，審悉無私，微密纖察」，要「審當賞罰」、「均徭賞罰，傲悍匄暴」、「命書時會，事不且須」。不可「興事不當」、「臨事不敬，倨驕無人，苛難留民」或是「興事不時，緩令急徵，決獄不正，不精於財，廢置以私」等等。〔註43〕都在在強調官吏要尊主敬上，要依法謹愼處事。這些主張無不與管子強調忠臣，韓非論賢臣的出發點相同。如：

> 察身能而受官，不誣於上；謹守法令以治，不阿黨；竭能盡力而不尚得，犯難離患而不辭死；受祿不過其功，服位不修其能，不以毋實虛受者，朝之經臣也。（《管子・重令》）

> 爲人臣者，比官中之事，而不言其外。……能上盡言於主，下致力於民，而足以修義從令者，忠臣也。……專心一意，守職而不勞，下之事也。（《管子・君臣上》）

> 能據法而不阿，上以匡主之過，下以振民之病者，忠臣之所行也。（《管子・君臣下》）

> 凡所謂忠臣，務明法術，日夜佐主，明於度數之理，以治天下者也。（《管子・明法解》）

> 賢者之爲人臣，北面委質，無有二心。朝廷不敢辭賤，軍旅不敢辭難；順上之爲，從主之法，虛心以待令，而無是非也。故有口不以私言，有目不以私視，而上盡制之。爲人臣者，譬之若手，上以修頭，下以修足；清暖寒熱，不得不救；鏌鋣傅體，不敢弗搏。（《韓非子・有度》）

（二）《爲吏之道》中的儒家思想

　　《爲吏之道》簡文中出現有許多論爲官者道德修養的文句，表現出其對官吏道德的注重，與儒家認爲身修後才能家齊、國治、天下平的論證過程一致，顯見其受儒家思想的影響。如《孟子・離婁上》云：「人有恆言，皆曰天下國家。天下之本在國，國之本在家，家之本在身。」《孟子・盡心下》云：「君子之守，修其身而天下平。」故我們可以說《爲吏之道》是在法家的基礎上，吸收、融合儒家思想，發展出更周密的吏治制度，以更適合秦政治統

〔註42〕《睡虎地秦墓竹簡》戊午年本，頁 546。
〔註43〕同上註，頁 544、548。

治上的需要。《爲吏之道》一方面反映出戰國末學術思想交流融合的情形；一方面也說明戰國末的法家思想（如：韓非）已不同於前期法家思想（如：商鞅），秦法家思想也正隨著時代潮流而發展變化。

余宗發先生認爲《爲吏之道》表現出的儒家思想，主要有六：（1）寬裕忠信之受重視；（2）政之本與治之紀；（3）安貧樂道之思想；（4）言敬之語；（5）德治之思想；（6）從政之經。〔註44〕吳福助先生則認爲《爲吏之道》表現出寬惠、修身、仁義、忠孝的儒家思想。〔註45〕以下按《爲吏之道》簡文順序，分段論述其中所包含的儒家思想。

《爲吏之道》首段云：「凡爲吏之道，……寬容忠信，和平毋怨，悔過毋重。慈下勿陵，敬上勿犯，聽諫勿塞。」〔註46〕強調爲官必須先有寬容忠信的道德修養與胸襟，而後才能做到和平毋怨，使百姓和睦相處，減少彼此間怨尤之事。即使犯錯，也能知過能改，並進而做到不貳過的行爲。爲官能如此，才能進一步去慈愛百姓、尊君敬長，接納諫言，從善如流。這正與《論語‧八佾》載子曰：「居上不寬，爲禮不敬，臨喪不哀，吾何以觀之哉。」言居上位的人不能做到寬宏大度，其爲人就不足觀，道理一樣。寬容也就是寬裕、寬惠，在儒家強調恕道的思想中，寬容就是恕道的表現。簡文之「寬容忠信」是孔子仁道的具體實踐，也就是《論語‧里仁》曾子所謂：「夫子之道，忠恕而已矣。」和《中庸》所說：「忠恕違道不遠，施諸己而不願，亦勿施於人」〔註47〕的忠恕之道。

何謂忠恕之道？朱熹《四書集註》曰：「盡己之心爲忠；推己及人爲恕。」蔣伯潛《四書廣解》進一步解釋道：「《論語‧雍也》所說：『己欲立而立人，己欲達而達人』是『忠』；《論語‧公冶長》所說：『我不欲人之加諸我也，我亦欲無加諸人』是『恕』。《大學》所說：『老吾老以及人之老，幼吾幼以及人之幼』是『忠』；『所惡於上，無以使下；所惡於下，無以事上……』是『恕』。所謂『忠恕』，就是《大學》的『絜矩之道』，《中庸》的『以人治人』。」〔註48〕

忠恕之外，「信」也是儒家注重的品德之一，如《論語‧爲政》曰：「人

〔註44〕余宗發：《雲夢秦簡中思想與制度鉤摭》，頁33～45。

〔註45〕吳福助：《睡虎地秦簡論考》，頁190。

〔註46〕《睡虎地秦墓竹簡》戊午年本，頁544。

〔註47〕宋‧朱熹：《四書集注‧中庸》（臺北：藝文印書館，1980年），頁9。

〔註48〕宋‧朱熹集註，蔣伯潛廣解：《四書讀本‧中庸》（臺北：啓明書局，未註出版日期），頁13。

而無信，不知其可也。大車無輗，小車無軏，其何以行之哉？」認為為人最重要的就是要言而有信，才能立足於社會，否則就如同車子缺少了持橫的工具一般行不得也。不只個人要言而有信，國家對人民也要守信，如若失信於民，就無從使民效忠，國家就面臨危亡了，這也就是《論語・顏淵》所謂的「民無信不立」。秦簡要求官吏「寬容忠信」，與儒家修身所注重的德行一致，顯見其受儒家思想所影響。只是法家對信的重視，較著重在建立法的權威上。

《為吏之道》首段末云：「臨財見利，不取苟富；臨難見死，不取苟免。欲富太甚，貧不可得；欲貴太甚，賤不可得。毋喜富，毋惡貧，正行脩身，禍去福存。」〔註49〕前四句與《禮記・曲禮上》云：「臨財毋苟得，臨難毋苟免」句型相似，其中關連值得玩味。但從另一個角度觀之，「臨財見利」不思苟得；「臨難見死」不求苟免，也許是在法家嚴刑峻法下不得不然的舉動，不必然是儒家思想的反映。但下文接著要求官吏「毋喜富，毋惡貧，正行脩身，禍去福存。」則不是法家思想所重視的，反倒是儒家所提倡的「安貧樂道」生活態度。如《論語・里仁》曰：「富與貴，是人之所欲也；不以其道，得之不處也。貧與賤，是人之所惡也；不以其道，得之不去也。」《論語・雍也》孔子稱讚顏回：「賢哉！回也。一簞食，一瓢飲，在陋巷，人不堪其憂；回也不改其樂。賢哉！回也。」都是對安貧樂道的稱美之辭。

《為吏之道》第二段云吏之五善，提到「忠信敬上」與「恭敬多讓」。〔註50〕《為吏之道》中多處提到「敬」字，法家是有尊主敬上的主張，但其出發點是為了維護君主的權威，便利於政令的推行。可是《為吏之道》不只要求官吏對上者要「敬上勿犯」；對人民也要「施而喜之，敬而起之」，所以《為吏之道》中的「敬」字決不是法家單純的「敬上」之意。而且恭敬禮讓也不是法家思想所能陶冶出的品德，法家重功利，在其教化下，秦人多半貪戾好利，遑論恭敬多讓了。所以這裡的忠信敬上與恭敬多讓應是儒家思想中的德行。孔子以忠、信、恭、敬俱為君子之德，是行仁的表現。如《論語・季氏》子曰：「君子有九思；視思明，聽思聰，色思溫，貌思恭，言思忠，事思敬，疑思問，忿思難，見得思義。」《論語・陽貨》載：「子張問仁於孔子。孔子曰：『能行五者於天下，為仁矣！』請問之。曰：『恭、寬、信、敏、惠。恭則不侮，寬則得眾，信則人任焉，敏則有功，惠則足以使人。』」

〔註49〕《睡虎地秦墓竹簡》戊午年本，頁544。
〔註50〕同上註，頁546。

　　《為吏之道》第四段云：「戒之戒之，財不可歸；謹之謹之，謀不可遺；慎之慎之，言不可追；綦之綦【之】，食不可償。怵惕之心，不可不【長】。以此為人君則鬼，為人臣則忠；為人父則慈，為人子則孝；能審行此，無官不治，無志不徹，為人上則明，為人下則聖。君鬼臣忠，父慈子孝，政之本也；志徹官治，上明下聖，治之紀也。」〔註51〕這段文字提到所謂政之本與治之紀的觀念。「政之本」就是從個人基本的修養功夫開始，進而推向父慈子孝、君懷臣忠的治境。與儒家強調修身→齊家→治國→平天下的歷程一樣，如《大學》云：「古之欲明明德於天下者，先治其國；欲治其國者，先齊其家；欲齊其家者，先修其身。」〔註52〕《中庸》也云：「故為政在人，取人以身，修身以道，修道以仁。仁者，人也，親親為大。義者，宜也，尊賢為大。親親之殺，尊賢之等，禮所生也。」〔註53〕而《為吏之道》在這段中所提到的修身之道主要是不貪與謹言慎行：

1. 不　貪

　　《為吏之道》云：「戒之戒之，財不可歸；……綦之綦之，食不可償。」要為官者勿貪財物，與《論語‧述而》子曰：「飯疏食飲水，曲肱而枕之，樂亦在其中矣！不義而富且貴，於我如浮雲。」不貪不義之財道理相同。

2. 謹言慎行

　　《為吏之道》云：「謹之謹之，謀不可遺；慎之慎之，言不可追；……怵惕之心，不可不長。」要為官者謹言慎行、日夜怵惕，與《論語‧為政》曰：「多聞闕疑，慎言其餘，則寡尤；多見闕殆，慎行其餘，則寡悔。言寡尤，行寡悔，祿在其中矣。」《論語‧子路》曰：「君子名之必可言也；言之必可行也。君子於其言，無所苟而已矣。」注重謹慎言行、名實合一的道理一樣。

　　《為吏之道》認為修身後可以達到的效果是「為人君則鬼，為人臣則忠；為人父則慈，為人子則孝；能審行此，無官不治，無志不徹，為人上則明，為人下則聖。」將之與《論語》相比對，可以發現《為吏之道》在某一程度上已完全融合了儒家立本與正名的思想。如《論語‧學而》有子曰：「其為人也孝弟，而好犯上者，鮮矣！不好犯上者，而好作亂者，未之有也。君子務本，本立而道生。」就是強調孝悌之本立，就能達到國治的目標。孔子一再

〔註51〕《睡虎地秦墓竹簡》戊午年本，頁547。
〔註52〕宋‧朱熹：《四書集注》，頁1～2。
〔註53〕同上註，頁15。

強調正名，是因為「名不正則言不順，言不順則事不成，事不成則禮樂不興，禮樂不興則刑罰不中，刑罰不中則民無所錯手足。」〔註54〕所以要正名，使「君君、臣臣、父父、子子。」〔註55〕這也就是《為吏之道》所論的政之本與治之紀了。余宗發先生就說到：「這段文字所強調的已不是法家的重法思想，而是偏向於儒家學說所主張的人治思想。」〔註56〕嚴格的說，應是加入儒家思想的「官箴」，而非「人治」。

　　《為吏之道》第五段云：「毋罪無罪，【毋（無）罪】可赦。孤寡窮困，老弱獨轉，……老弱癃病，衣食饑寒，……臨事不敬，倨驕無人，苛難留民。」〔註57〕強調為官者不要加罪於無罪之人，赦免無罪之人，盡力幫助那些孤寡窮困、衣食饑寒、老弱病痛的百姓，不要目中無人，任意欺陵百姓。第六段云：「施而喜之，敬而起之，惠以聚之，寬以治之，有嚴不治。與民有期，安驕當步，毋使民懼。……民之既教，上亦毋驕，孰道毋治，發正亂昭。安而行之，使民望之。……百事既成，民心既寧，既毋後憂，從政之經。」〔註58〕說到從政的綱領之一是要寬惠待民。為官者待百姓要寬容慈愛，處處為民設想，以獲得民心，使百事成，民心寧，使國家無後顧之憂。《為吏之道》中這些對官吏的要求，正符合了孔子所謂的君子之道：行己也恭、事上也敬、養民也惠、使民也義。〔註59〕而這些關懷民心的言論，也與法家任法而行、嚴刑重法的態度迥異，十足是儒家仁政的表現。

　　由上述例子可見，戰國末儒家思想對秦人影響之大，而從《為吏之道》中所表現出的儒家思想，我們可以說戰國末秦國在吸收了儒家這些德治與修身思想後，較前期純法家治術來的人性化、有情義，《為吏之道》是戰國末思想融合的一個成功的範本。

（三）《為吏之道》中的道家思想

　　《為吏之道》中除了可以發現儒、法思想外，還可發現道家思想，如其云為官者要「安靜毋苛」、「怒能喜，樂能哀，智能愚，壯能衰，勇能屈，剛

〔註54〕《論語‧子路》，卷十三，頁2。
〔註55〕《論語‧顏淵》，卷十二，頁6。
〔註56〕余宗發：《雲夢秦簡中思想與制度鉤摭》，頁37。
〔註57〕《睡虎地秦墓竹簡》戊午年本，頁548。
〔註58〕同上註，頁550。
〔註59〕《論語‧公冶長》，卷五，頁7。

能柔，仁能忍，強良不得」〔註60〕等，都與道家在爲人處事上主張無爲、陰柔的特色相契合。雖然在《爲吏之道》一文中，道家思想所佔份量遠不如法、儒二家思想之多。但仍體現出道家思想中的安靜毋苛與陰柔之術對秦律的影響。〔註61〕如《爲吏之道》第一段起首就說：「凡爲吏之道，必精絜正直，謹愼堅固，審悉勿私，微密纖察，安靜毋苛。」〔註62〕釋文云：「精絜，《國語·晉語》作『精潔』，即西漢鏡銘『絜清白而事君』的『絜清白』，《鹽鐵論·頌賢》作『精白』，三詞都是清白的意思。」蔣義斌先生以爲釋文未將這段簡文思想重點把握住，他認爲簡文的「精絜」應是道家所謂的「澡雪」：

> 「精絜」二字，實即《莊子·知北遊》中所說的「澡雪」，莊子云：
> 「老聃曰『汝齋戒疏瀹而心，澡雪而精神，……將爲汝言其崖略。』」
> 成注云：「澡雪，猶精潔」，莊子的意思是說，必須內心裡經過疏瀹洒濯，精潔洗濯的功夫才能知道「道」，而這段簡文則認爲，作爲一個標準的官吏，須要澡雪洒濯內心，才能無私正直地瞭解外在「微密」的複雜環境，適當地運用法律，所以簡文說：「微密纖察」，「審當賞罰」。〔註63〕

至於其言爲吏者要「安靜毋苛」，更是典型的道家無爲思想，如《老子》第五十七章云：「我無爲，人自化；我好靜，人自正；我無事，人自富；我無欲；人自樸。」吳福助先生以爲《老子》第五十八章云：「其政悶悶，其民淳淳；其政察察，其民缺缺。」這段話應該就是「安靜毋苛」四字的由來，但與道家原來意義：虛無恬淡、絕智去欲、因循自然有所不同。尤其在與「審悉無私」、「微密纖察」和「審當賞罰」等詞語並列後，它的含意主要是指建立法律秩序，上下循法，各處其位，各司其事，從而各級官吏奉公執法，不致欺弄苛擾百姓。〔註64〕由此可見道家思想，已經被法家所吸收，而有了新的意義。

另外，《爲吏之道》要求官吏行爲要：「怒能喜，樂能哀，智能愚，壯能衰，勇能屈，剛能柔，仁能忍，強良不得。……君子不病也，以其病病也。」〔註65〕釋文引《老子》第四十二章云：「強梁者不得其死。」以及馬王堆帛書

〔註60〕　《睡虎地秦墓竹簡》戊午年本，頁544。
〔註61〕　吳福助：《睡虎地秦簡論考》，頁195。
〔註62〕　同註60。
〔註63〕　蔣義斌：〈秦簡爲吏之道在思想史上的意義〉，《簡牘學報》第一期，頁77～78。
〔註64〕　同註61，頁196。
〔註65〕　同註60，頁548。

《老子》甲本云：「強梁者不得死」訓釋簡文之「強良不得」。又引《老子》第七十一章云：「聖人不病。以其病病，是以不病。」訓釋簡文之「君子不病也，以其病病也。」從二者句法上的相似，可見二者關係之密切。吳福助先生就以爲這是《爲吏之道》襲錄自《老子》。〔註66〕

　　事實上，老子有許多類似這種以柔克剛、以退爲進之語，如《老子》第二十二章云：「『曲則全，枉則直，窪則盈，敝則新，少則得，多則惑。』是以聖人抱一，爲天下式。不自見，故明；不自是，故彰；不自伐，故有功；不自矜，故長。夫唯不爭，故天下莫能與之爭，古之所謂『曲則全』者，豈虛言哉！誠全而歸之。」《老子》第三十七章云：「將欲歙之，必固張之；將欲弱之，必固強之；將欲廢之，必固舉之；將欲奪之，必故與之。是謂微明，柔弱勝剛強。」老子用對比鮮明的例子作辯證，主要是因爲他對道的認識：世間普遍存在著對立與統一，彼此之間的分際並不是永恆不變的，對立的雙方也會有互相轉化的時候，這就是道的自然變化，也是道的不變定理。《爲吏之道》將這種對於「道」的認知，運用在規範官吏的行爲上，證明道家思想存在於秦國，並爲人所知、所學習，且與主流的政治思想——法家思想產生某種程度的融合。不只秦國如此，國際間也有學術融合的趨勢，藉他人之學，取長補短，以充實己學。如韓非，就吸收了道家的這種無爲思想，將其轉化爲一種陰柔之術，一種統治臣下的駕御之術。

（四）《爲吏之道》中的墨家思想

　　《爲吏之道》不只雜有法、儒、道三家思想，還有墨家思想，如《爲吏之道》云：「除害興利，慈愛萬姓。」〔註67〕余宗發先生以之與《墨子‧兼愛》相比較，認爲：「不論句中的意思和用詞，兩者之間均存在某種因襲的痕跡。如《雲夢秦簡‧爲吏之道》的『除害興利』，在字面上，它像極了《墨子‧兼愛》篇中『必興天下之利，除天下之害』的濃縮；『慈愛』二字也是《墨子‧兼愛》篇中愛用的字眼；『萬姓』兩字，更是兩個不論構詞與用法均完全相似的詞語。由於《呂氏春秋‧去私》記載說：『墨子有鉅子腹䵍，居秦。』可知在秦惠王時代墨家的思想學說不但已經入秦，而且連墨家者流的鉅子也居住在秦地了。另一方面，根據學者就《爲吏之道》的內容加以考證，知道《爲吏之道》成文於秦惠王之後，則《爲吏之道》這兩句話脫胎自《墨子》的可

〔註66〕吳福助：《睡虎地秦簡論考》，頁196。
〔註67〕《睡虎地秦墓竹簡》戊午年本，頁548。

能性是不容置疑的。」〔註68〕

《呂氏春秋‧去宥》記載秦惠文王時，有墨者唐姑果，曾恐王之親謝子賢於己，在王面前讒毀謝子。說明了秦惠文王時墨學在秦國佔有一定的地位，且墨者深受秦王的寵信。故《為吏之道》會受到墨學影響，其來有自。李學勤先生以為墨學之所以在秦興盛，與墨家擅長城防技術有關，秦在戰國後期十分注意對北方民族的防禦，《墨子》城守各篇，在此種需要下應運而生。〔註69〕連帶使墨學受到秦國君王的重視。《史記‧匈奴列傳》云：「其後義渠之戎築城郭以自守，而秦稍蠶食，至於惠王遂拔義渠二十五城。……秦昭王時，義渠戎王與宣太后亂，有二子，宣太后詐而殺義渠戎王於甘泉，遂起兵伐殘義渠。於是秦有隴西、北地、上郡，築長城以拒胡。」可見城牆防禦在秦國軍事地位上之重要。而在睡虎地秦墓竹簡《秦律雜抄》中，也有許多關於秦的邊防的記載，就是當時情勢之直接反映。而秦國也在吸收墨家思想後，將之融入法家思想中，重新呈現出類似《為吏之道》等揉雜法、墨等各家思想風貌的文書。

墨學的思想中心，在於「興天下之利」。〔註70〕故《墨子‧兼愛》屢言「興天下之利，除天下之害。」《墨子‧非樂》也說：「仁者之事，必務求興天下之利，除天下之害，將以為法乎天下。」這裡的利，指的是實際生活上的利益，故墨學因此被批評為功利主義。而其兼愛的學說也是建築在功利主義的基礎上，如《墨子‧兼愛上》說道：

> 聖人以治天下為事者也，不可不察亂之所自起。當察亂何自起，起不相愛。臣子之不孝君父，所謂亂也。子自愛不愛父，故虧父而自利。弟自愛不愛兄，故虧兄而自利。臣自愛不愛君，故虧君而自利，此所謂亂也。雖父之不慈子，兄之不慈弟，君之不慈臣，此亦天下之所謂亂也。

亂之所起，是因為人與人之間不能兼相愛、交相利。所以墨子希望人們能夠摒棄成見，兼相愛，而交相利，以謀求共同的大利。這種主張，過於違反人性，頗難被一般人所接受，更別說是實踐了。《孟子‧滕文公下》就批評曰：「墨氏兼愛，是無父也。」至於墨家的尚同、非樂思想，則與法家思想有部分契合。

〔註68〕余宗發：《雲夢秦簡中思想與制度鉤摭》，頁63～64。

〔註69〕李學勤：〈秦簡與《墨子》城守各篇〉，《雲夢秦簡研究》（帛書出版社，1986年），頁414。

〔註70〕勞思光：《中國哲學史》（臺北：三民書局，1993年），頁290。

　　法家非樂，是因爲其以禮樂爲淫佚之徵，如《商君書・去強》云：「禮樂蝨官生，必削。……國無禮樂蝨官，必強。」《商君書・說民》云：「辯慧，亂之贊也；禮樂，淫佚之徵也；慈仁，過之母也；任譽，姦之鼠也。亂有贊則行，淫佚有徵則用，過有母則生，姦有鼠則不止，八者有群，民勝其政。國無八者，政勝其民。民勝其政，國弱；政勝其民，兵強。故國有八者，上無以使守戰，必削至亡；國無八者，上有以使守戰，必興至王。」禮樂阻礙了國家農戰的發展，不符合法家富國強兵的標準，所以法家要非之。

　　墨子的非樂論點，正與法家相同。如《墨子・非樂上》云：

　　　　今惟毋在乎王公大人說樂而聽之，即必不能蚤朝晏退，聽獄治政，
　　　　是故國家亂而社稷危矣。今惟毋在乎士君子說樂而聽之，即必不能
　　　　竭股肱之力，擅其思慮之智，內治官府，外收斂關市山林澤梁之利，
　　　　以實倉廩府庫。是故倉廩府庫不實。今惟毋在乎農夫說樂而聽之，
　　　　即必不能蚤出暮入，耕稼樹藝，多聚菽粟，是故菽粟不足。今惟毋
　　　　在乎婦人說樂而聽之，即必不能夙興夜寐，紡績織絍，多治麻絲葛
　　　　緒，綑布縿，是故布縿不興。日孰爲而廢大人之聽治，賤人之從事，
　　　　曰樂也。是故子墨子曰：爲樂非也。

音樂只會使人貪逸怠惰，讓君王大臣忘了治理國事，農夫婦人忘了努力工作，所以墨家也主張非樂。純就非樂原因而言，法家與墨家的主張相同。只是商鞅的非樂，態度上似乎較偏向百姓無樂；墨子則較偏向君王無樂，二者在對象上，稍有差異。

　　又，墨子言尚同，主要是因爲「語人異義，是以一人則一義，二人則二義，十人則十義。其人茲眾，其所謂義者亦茲眾。是以人是其義，以非人之義。故交相非也。是以內者父子兄弟作怨惡，離散不能相和合。天下之百姓，皆以水火毒藥相虧害。……天下亂，若禽獸然。」（《墨子・尚同上》）故其主張尚同，一眾人之義，以避免紛亂。這與法家主張控制思想，不准人民議令，要求上下一義的主張，有某種程度的類似。只是墨子的尚同，主要是上同於天；法家的尚同，則是上同於法。如《墨子・尚同下》云：「欲同一天下之義，將奈何可？子墨子言曰：『然胡不嘗使家人總其身之義，以尚同於家君。……家君總其家之義，以尚同於國君。……國君選其國之義，以尚同於天子。……天子又總天下之義，以尚同於天。』」爲何尚同於天？是因爲「天之行廣而無私，其施厚而不德，其明久而不衰。故聖王法之，既以天爲

法，動作有爲，必度於天。天之所欲則爲之，天所不欲則止。」〔註71〕墨家以天爲個人行爲（不分君民）的最高規範，與法家以法爲個人行爲的最高規範，如《商君書・定分》云：「法令者，民之命也，爲治之本也，所以備民也。」在依循的標準上有很大的不同，但二者在要求君臣上下一義方面則是一致的。

除了《爲吏之道》，在秦簡的其他篇章，如《法律答問》、《秦律十八種》、《效律》等，有許多法律術語、軍制、食糧量制等用語，也與《墨子》書中用語相仿，可見墨家與秦國關係之密切，以及法家與墨家思想的交融。舉例說明於下：

1. 縣　官

《語書》云：「又且課縣官，觸多犯令而令、丞弗得者，以令、丞聞。」〔註72〕釋文云：課，考核也。縣官，縣中官吏也。《墨子・雜守》亦云：「先舉縣官室居官府不急者。」以縣官爲縣中官吏之總稱。

2. 不從令

《秦律十八種・田律》云：「百姓居田舍者毋敢酤酒，田嗇夫、部佐謹禁御之，有不從令者有罪。」〔註73〕不從令，犯令，違反法令也。不從令與犯令，習見於睡虎地秦墓竹簡。如《秦律十八種・內史雜》云：「令敫史毋從事官府。非史子也，毋敢學學室，犯令者有罪。」〔註74〕《法律答問》還有專門解釋犯令的意義是：「令曰勿爲，而爲之，是謂犯令。」〔註75〕這些用語，在《墨子・備城門》等篇也都常見到，如《墨子・備城門》云：「民室杵木瓦石，可以蓋城之備者，盡上之。不從令者斬。」《墨子・號令》云：「門者及有私禁者，皆無令無事者，盡上之。不從令者戮。……軍令行者，男子行左，女子行右，無並行，皆就其守。不從令者斬。……欲寇微職和旌者斷。不從令者斷。……」余宗發先生認爲「不從令」和「犯令」是秦律常見的法律術語，《墨子》中既然也習用這些法律術語，可知二者的關係，非比尋常。〔註76〕

〔註71〕張純一：《墨子集解・法儀》（臺北：文史哲出版社，1993 年），卷一，頁 32～33。
〔註72〕《睡虎地秦墓竹簡》戊午年本，頁 298。
〔註73〕同上註，頁 313。
〔註74〕同註 72，頁 380。
〔註75〕同註 72，頁 478。
〔註76〕余宗發：《雲夢秦簡中思想與制度鉤摭》，頁 68。

3. 稱　議

《秦律十八種·倉律》云：「種：稻、麻畝用二斗大半斗，……其有本者，稱議種之。」〔註77〕本，釋文引《周禮·大司徒》注：「猶舊也。」認爲有本就是指田中已有作物。稱議，酌情也。《墨子·備城門》云：「其上稱議衰殺之。」岑仲勉先生在《墨子城守各篇簡注》書中，釋爲：「酌度其合宜而逐漸減小。」〔註78〕由此可見二者在度量制度上的一致。

4. 參　食

《秦律十八種·倉律》云：「城旦之垣及它事而勞與垣等者，旦半夕參；其守署及爲它事者，參食之。」〔註79〕參食，釋文云：早晚兩餐各三分之一斗。《墨子·雜守》亦云：「參食，食參升小半。」又，《秦律十八種·司空律》云：「居官府公食者，男子參，女子四。」〔註80〕四，即四食，早晚兩餐各四分之一斗。此亦見於《墨子·雜守》：「四食，食二升半。」

5. 作　務

《秦律十八種·關市律》云：「爲作務及官府市，受錢必輒入其錢缿中，令市者見其入，不從令者貲一甲。」作務，釋文引《漢書·尹賞傳》云：「無市籍商販作務」，王先謙《補注》引周壽昌云：「作務，作業工技之流。」本條律文即關於從事手工業的規定。而在《墨子·非儒下》亦有「惰於作務」之語。

6. 除

《效律》云：「同官而各有主也，各坐其所主。……縣令免，新嗇夫自效也，故嗇夫及丞皆不得除。」〔註81〕除，免罪也。說到在同一官府任職，但以其官職掌管不同，而承受不同的罪責。如果縣令被免職，新任縣令自行核驗，原任嗇夫和丞都不能免罪。除字也見於《墨子·號令》：「歸敵者，父母、妻子、同產皆車裂，先覺之，除。」同指免罪。

7. 譽　敵

《法律答問》云：「譽敵以恐眾心者，戮。戮者何如？生戮，戮之已乃斬

〔註77〕《睡虎地秦墓竹簡》戊午年本，頁 325。
〔註78〕同上註，頁 325。
〔註79〕同註 77，頁 332。
〔註80〕同註 77，頁 361。
〔註81〕同註 77，頁 392。

之之謂也。」〔註82〕贊揚敵人，動搖軍心者，要先活著刑辱示眾，然後斬首。譽敵一詞亦見於《墨子‧號令》：「譽敵，少以爲眾，亂以爲治，敵攻拙以爲巧者，斷。」《墨子‧迎敵祠》更進一步解釋譽敵：「其出入爲流言，驚駭恐吏民，謹微察之，斷，罪不赦。」

此外，秦簡還有不少詞語與《墨子‧城守》諸篇相同或近似，如「端」、「逋者」、「捕告」、「戮」等等，不能縷述。秦惠文王時墨學曾經十分隆盛，故李學勤先生以爲《墨子‧城守》諸篇，很可能是惠文王及其以後秦國墨者的著作。在從篇中屢稱滑釐，很可能是禽子一派的墨學徒裔。〔註83〕這證明了戰國晚期的秦國，不只有法家一家之學，墨學的流傳，也對秦國具有相當程度的影響。

從上述的討論，可以發現《爲吏之道》中思想的豐富，以及法家對儒、道、墨三家思想的吸收與轉化。而秦簡中不只有這四種思想，還有陰陽家思想也對秦人造成很大的影響，如《日書》甲、乙種，專門談論選擇時日吉凶，以及相宅、占夢、驅鬼等趨吉避凶的數術，表現出濃厚的陰陽家思想。從其被收錄於秦簡中，及被當作陪葬物，顯見當時陰陽家已對秦人生活造成必然的影響。

根據《睡虎地秦墓竹簡》的內容，一方面，我們可以發現商鞅死後到始皇統一六國前，秦國思想豐富多元的一面，雖然在政治思想上仍是以法家爲主流，但原先被法家大力排斥的儒、墨等思想，又重新流通於秦國學術之中，並與法家思想產生交融，法家或是接受其思想，直接運用於政治上，如取儒家的德治愛民；或是將其思想加以轉化，以爲己用，如取道家之無爲以爲御下之術。另一方面，也可以看出戰國末學術思潮在經過長期的紛擾後，有逐漸統一的趨勢。

二、《呂氏春秋》

戰國晚期以來，諸子思想經過長期的激盪與交融，而有逐漸整合的趨勢，最能反映此一情形的就是《呂氏春秋》。《呂氏春秋》首次嘗試將諸子思想兼容並收於一書之中，不僅呈現出所謂雜家的新風貌，更象徵著先秦思想的徹底融合。

〔註82〕《睡虎地秦墓竹簡》戊午年本，頁 445。
〔註83〕李學勤：〈秦簡與墨子城守各篇〉，《雲夢秦簡研究》，頁 414。

（一）《呂氏春秋》的撰著動機與背景

《爲吏之道》成文於秦昭王至秦始皇年間，雖然已經採納、吸收了儒家人治思想，道家安靜毋苛、陰柔之術與墨家之說，卻未組織成一套完整的政治思想理論，眞正有系統的將各家學說思想加以消化，組織成一套政治思想理論的，是其後的《呂氏春秋》。《呂氏春秋》公布於秦始皇即位後，余宗發先生認爲不管在時間的連續或思想內容的銜接，《呂氏春秋》都可謂是繼《爲吏之道》後，秦人思想型態之具體反映的最好證明。〔註84〕實則《爲吏之道》重在務實，《呂氏春秋》重在治國綱領，層次不同。

《呂氏春秋》的成書，最早見於《史記・呂不韋列傳》的記載，其言《呂氏春秋》是秦相呂不韋，集合門下賓客所著，目的是爲與養士四公子一較長短：

> 當是時，魏有信陵君，楚有春申君，趙有平原君，齊有孟嘗君，皆
> 下士，喜賓客，以相傾。呂不韋以秦之彊，羞不如，亦招致士，厚
> 遇之，至食客三千人。是時諸侯多辯士，如荀卿之徒，著書布天下，
> 呂不韋乃使其客人人著所聞，集論以爲〈八覽〉、〈六論〉、〈十二紀〉，
> 二十餘萬言，以爲備天地萬物古今之事。號曰《呂氏春秋》。布咸陽
> 市門，懸千金其上，延諸侯游士賓客，有能增損一字者予千金。

後人根據《史記》的記載，對呂不韋著書的動機，產生不同的臆測，有盜名沽譽之說，有立言不朽之說，有立政諷諫之說，更有羈客窮愁之說。田鳳台先生分析眾說後以爲：「不韋著書，沽譽求名誠有，盜名之說難採。立言之實誠有，立言之志未必。諷政之語誠有，然要亦針對當時各國政治風氣使然。至於羈客窮愁之說實無根。唯元陳澔以呂不韋著書是順天下之勢，將欲爲一代興王之典禮的說法獨得其實。因爲不韋雖賈人，固有政治抱負與野心，觀其破家謀國之頃，即曰：『澤可遺世。』及至功成位顯，身居相國，目睹六國力削，一統勢成，而治國之道，經緯萬端，故其授意賓客，早爲綢繆，思欲集諸賓客之智，融眾家之說，成一最完美之治國寶典。今觀其書，十二紀條行政綱領，八覽六論，深究治道，不韋著書動機，固非此莫屬。」〔註85〕道出呂不韋編《呂氏春秋》的眞正目的是爲了替統一在望的秦國提供一個最完善的治國寶典，以遺澤於後世。

戰國末期的時代背景，也與《呂氏春秋》的成書有密切的關係。自從周

〔註84〕余宗發：《秦人出入各家思想分期初探》，頁 151。
〔註85〕田鳳台：《呂氏春秋探微》（臺北：學生書局，1986 年），頁 51～52。

室衰微，道術分裂，諸子各持一端以立說，一時之間百家爭鳴。降至戰國末年，諸子之學既各蔽其所短，崇其所善，偏失之弊，勢所難免。有識之士對道術分裂開始表示不滿，如莊子云：

> 天下大亂，聖賢不明，道德不一。天下各得一察焉以自好，譬如耳目鼻口，皆有所明，不能相通；猶百家眾技也，皆有所長，時有所用。雖然，不該不遍，一曲之士也。判天地之美，析萬物之理，察古人之全。寡能備於天地之美，稱神明之容。是故，內勝外王之道，闇而不明，鬱而不發。天下之人各為其所欲焉以自為方。悲夫，百家往而不反，必不合矣！後世之學者，不幸不見天地之純，古人之大體，道術將為天下裂。（《莊子‧天下》）

對當時諸子，各執著於一端，昧於一曲之見，失古人之大體，使道術為之分裂，不勝感慨歔欷之意。荀子則持更嚴厲的態度批評諸子之失，如言：「墨子蔽於用而不知文；宋子蔽於欲而不知得；慎子蔽於法而不知賢；申子蔽於勢而不知知；惠子蔽於辭而不知實；莊子蔽於天而不知人。」（《荀子‧解蔽》）無不指出諸子之學發展至戰國末，偏失之蔽已逐漸顯現，需要重新加以整合。

當其時，諸派之大師，也開始兼顧他派之言，取他人之長，補己之短，以光大本宗。如儒家的荀子，兼治名家、法家之言；道家的莊子，也兼治儒家之言；法家的韓非，也兼治道家之言。梁啟超先生以為當此之時，北南東西四文明，愈接愈厲，至是幾將合一爐而冶之，雜家之起於是時，亦運會使然也。〔註86〕《呂氏春秋》書中也將此取眾之長，以補己之短的思想表現出來。如《呂氏春秋‧用眾》云：

> 物固莫不有長，莫不有短。人亦然。故善學者，假人之長以補其短。故假人者，遂有天下。……天下無粹白之狐，而有粹白之裘，取之眾白也。夫取於眾，此三皇、五帝之所以大立功名也。

此外，秦本身條件也有助於《呂氏春秋》的成書。秦自商鞅變法，至惠武昭襄數世，皆承法家之政，務耕織，尚軍功，信賞罰，國以富強。又南取漢中，西舉巴蜀，東割膏腴之地，北據要害之郡，據地利之便。至用張儀、范雎之策，敗六國之師，解合縱之約，宰割天下，於是彊國請伏，弱國入朝。秦統一天下，已近在眉睫。反觀當日之學界，學者多辯，言利辭給，務以相毀，期在必勝。呂不韋未雨綢繆，集眾士為書，成一代興王典禮，作它日治國之

準繩，正是順勢而爲。

　　朱自清先生在《經典常談》一書中，論及《呂氏春秋》整合思想之功時說：

> 戰國末期，一般人漸漸感著統一思想的需要，秦相呂不韋便是作這種嘗試的第一個人。他教許多門客合撰了一部《呂氏春秋》。現在所傳的諸子書，大概都是漢人整理編定的；他們大概是將同一學派的各篇編輯起來，題爲某子。所以都不是有系統的著作。《呂氏春秋》則不然；它是第一部完整的書。呂不韋所以編這部書，就是想化零爲整，集合眾長，統一思想。〔註87〕

凡此種種，都說明了《呂氏春秋》的成書，是在天時地利人和的情況下完成的，它既反映出戰國末期學術思想漸趨整合的趨勢；也暗示著大一統帝國即將誕生。

（二）《呂氏春秋》的成書年代與章節編排

　　《呂氏春秋》成書於何年？論者不一。後人根據《呂氏春秋・序意》云：「唯秦八年，歲在涒灘，秋，甲子朔。朔之日，良人問《十二紀》。」或論成書於秦始皇八年，或論成書於始皇七年，或論當從莊襄王算起，實爲始皇六年。又有學者根據《史記・太史公自序》云：「不韋遷蜀，世傳《呂覽》。」認爲書成於不韋遷蜀後，甚或謂成於不韋死後者。但《史記・呂不韋列傳》又載書成於不韋爲相時，〔註88〕這些說法互相矛盾，爲我們在確定呂書成書年代上，造成極大困擾。

　　陳奇猷先生採折衷說法，認爲《呂氏春秋》之《十二紀》、《八覽》、《六論》可能分別成文於不同時期，《十二紀》年代最早，根據《呂氏春秋・序意》篇的記載，可以確定成文於莊襄王滅東周後的第八年，即秦始皇六年（241B.C）庚申歲。而《八覽》、《六論》則晚至於秦始皇十年，呂不韋遷蜀之後才完成。至於《呂氏春秋》之得名，則和《左氏春秋》、《晏子春秋》、《李氏春秋》、《虞氏春秋》相類，是後人給予的，不是呂氏自命之名。〔註89〕

〔註87〕朱自清：《經典常談》（台南：大夏出版社，1988 年），頁 100。

〔註88〕《史記・呂不韋列傳》載：「太子政立爲王，尊呂不韋爲相國，號稱仲父。……乃使其客人人著所聞，集論以爲八覽、六論、十二紀，……號曰呂氏春秋。」卷八十五，頁 10。

〔註89〕陳奇猷：《呂氏春秋校釋》附錄〈呂氏春秋成書的年代與書名的確立〉（臺北：華正書局，1988 年），頁 1885～1888。

但大部分學者還是主張《呂氏春秋》應成於呂不韋爲秦相，大權在握時，如此才有可能布之於咸陽市門，懸千金其上，延諸侯游士賓客，有能增損一字者予千金，如田鳳台先生就說：

> 不韋著書，必成於爲相之時，史書明記。惟八七之爭，四六之辨，經姚文田之辨，當可確定書成於始皇七年。《史記・呂不韋列傳》將不韋著書之事，列在始皇七年前，或亦有深意。不韋書雖成於始皇七年，但其始作，或在其更前，粗略推定，或在始皇元年至七年之間。此時始皇幼小，不韋大權在握，廣招賓客，從事著述，七年書成，布之市門，序言所云維秦八年，實統莊襄言之。蓋八年之時，繆毒貴封，不韋顯已失勢，能否布書，頗成問題。……不韋之書，雖不能全信其無後人竄亂之言，若據呂書二句尚有疑問之詞語，即云有成於不韋歿後者，亦武斷也。〔註90〕

駁斥了書成於遷蜀後或不韋死後之說，將《呂氏春秋》的寫作年代定於始皇元年至七年之間，正式公布則爲始皇七年。本節採納田氏的說法，將呂書成書年代定於秦始皇尚未統一天下前。

至於《呂氏春秋》的章節，《十二紀》的篇目安排比較有跡可尋，它是按春、夏、秋、冬四季編排，每一季再細分爲孟、仲、季三紀，以合十二月，故稱《十二紀》。至於《八覽》、《六論》的編排原則，則無法從篇目上觀之，前人亦少有論及。清《四庫全書總目提要・子部雜家類》云：「《呂氏春秋》二十六卷。……《漢書・藝文志》載《呂氏春秋》二十六篇。今本凡《十二紀》、《八覽》、《六論》，《紀》所統子目六十一，《覽》所統子目六十三，《論》所統子目三十六，實一百六十篇，《漢志》蓋舉其綱也。其《十二紀》即《禮記》之〈月令〉，顧以十二月割爲十二篇，每篇之後各間它文四篇。惟夏令多言樂，秋令多言兵，似乎有義，其餘則絕不可曉，先儒無說，莫之詳矣。又每《紀》皆附四篇，而〈季冬紀〉獨五篇，末一篇標識年月，題曰〈序意〉，爲《十二紀》之總論，殆所謂《紀》者猶內篇，而《覽》與《論》者爲外篇、雜篇歟？唐劉知幾作《史通》內、外篇，而〈自序〉一篇亦在內篇之末、外篇之前，蓋其例也。」〔註91〕以《十二紀》作爲書中總論，即所謂的內篇，

〔註90〕 田鳳台：《呂氏春秋探微》，頁74。

〔註91〕 景印文淵閣《四庫全書・子部雜家類・呂氏春秋》提要（臺北：臺灣商務印書館，1983年），頁1～2。

以《八覽》、《六論》爲外篇與雜篇，這對解釋《呂氏春秋》全書之編排結構之解釋，甚具意義。

　　但《提要》以「夏令多言樂，秋令多言兵，似乎有義，其餘則絕不可曉，先儒無說，莫之詳矣。」學者則持不同看法，如余嘉錫先生在《四庫提要辯證》書中，就說：「《提要》謂『夏令言樂，秋令言兵』是也，謂『其餘絕不可曉』者非也。今以〈春〉、〈冬紀〉之文考之，蓋春令言生，冬令言死耳。……斯其義例，昭然可見，安得如《提要》所言『絕不可曉』也乎？然則春生而冬死，夏樂而秋刑（古者大刑用甲兵，故秋多言兵），其取義何也，曰：此所謂春生夏長秋收冬藏也（語見司馬談〈論六家要旨〉）。其因四時之序而配以人事，則古者天人之學也。」〔註92〕陳奇猷先生也認爲《十二紀》大抵春令言生，夏令言長，秋令言殺，冬令言死，蓋配合春生夏長秋收冬藏之義，正是司馬談所指陰陽家重四時大順、天道大經之旨。〔註93〕這種因四時結合人事的解釋，也是目前我們對《十二紀》之編目安排較一致的解釋。

　　但也有學者認爲今傳《呂氏春秋》非舊本，故無法從篇目得其編輯原旨。如：日本松皋圓《畢校呂氏春秋補正序》就說：「夫司馬遷作《史記》，十二紀、十表、八書、三十世家、七十列傳，篇目整齊，題義粲明，古人用心正嚴固然。然如此書〈十二紀〉，自〈孟春〉至〈仲冬〉各五篇，惟〈季冬〉多〈序意〉一篇；〈八覽〉則〈有始〉七篇，餘並八篇。竊謂篇目參差不齊，恐非呂氏之舊也。」〔註94〕此爲我們在討論《呂氏春秋》之編目大意時，需要再深思與研究的問題。然大體言之，《提要》所論，不失爲理解《呂氏春秋》章節編排的主要依據。

（三）《呂氏春秋》的主要內容

　　《呂氏春秋》內容龐雜，上至天文，下至地理，從自然現象到社會、軍事、政治，甚至倫理、哲學，無所不包。如《十二紀》中各紀的第一篇，就分別記載了一年中十二個月星辰的位置，以及各個季節的氣候，因而保存了許多我國古代天文、曆象方面的重要資料；又如〈士容論〉中最後的四篇文章：〈上農〉、〈任地〉、〈辯土〉、〈審時〉，則分別記載了農業生產有關的科學知識。

　　《呂氏春秋》寫作目的主要是替秦國提供一個完善的治國方針，讓後世

〔註92〕陳奇猷：《呂氏春秋校釋》附錄，頁 1857～1858。
〔註93〕同上註，頁 1890。
〔註94〕同註 92，頁 1874。

帝王知所依循，所以全書的重點首在治國之道。首先要建立統一的政權，如〈諭大〉云：

> 天下大亂，無有安國；一國盡亂，無有安家；一家盡亂，無有安身，此之謂也。故小之定也必恃大，大之定也必恃小。

說出了統一天下的重要性：天下統一了，國家才能安定；家庭也才能安樂；個人也才能安身。爲了完成統一，呂書主張通過義戰，以達到天下政權的統一。因此對墨家的非攻、兼愛言論多所批評，如〈振亂〉云：

> 今之世，學者多非乎攻伐，非攻伐而取救守，取救守則向之所謂長有道而息無道，賞有義而罰不義之術不行矣。……夫攻伐之術，未有不攻無道而伐不義也。攻無道而伐不義，則福莫大焉，黔首利莫厚也。禁之者，是息有道而伐有義焉，是窮湯、武之事而遂桀、紂之過也。

呂書提出義兵、義戰論，目的是使戰爭成爲維持正義的代表，以鼓勵人民上戰場。除了政治上的統一，思想上也必須統一，如〈不二〉云：

> 聽群眾人議以治國，國危無日矣。……有金鼓所以一耳也；同法令所以一心也；智者不得巧，愚者不得拙，所以一眾也；勇者不得先，懼者不得後，所以一力也。故一則治，異則亂；一則安，異則危。

思想的統一就如同國家要有法律，以統攝眾人之行爲一般，否則，人人想法不同，只會造成國家混亂，且若任憑不同想法的人們議論國政，國君也會不知所從，而使國家面臨分裂的局面。

當然，統一大業的完成，最重要還是操之在君，所以呂書對爲君之道，亦頗多論述，舉例說明如下：

1. 國君要正名審分

正名是國君的首要之務，名正之後，才能確立君臣之分際，也才能推行政令。如〈審分〉云：

> 凡人主必審分，然後治可以至。……正名審分，是治之轡矣。故按其實而審其名，以求其情；聽其言而察其類，無使放悖。夫名多不當其實，而事多不當其用者，故人主不可以不審名分也。不審名分，是惡壅而愈塞也。壅塞之任，不在臣下，在於人主。

正名審分是維持國家政治安定的首要條件，而審查臣下，使名實相符是君主的必要工作，這與孔子論爲政之先，必也正名，因爲「名不正則言不順，言

不順則事不成，事不成則禮樂不興，禮樂不興則刑罰不中，刑罰不中則民無所措手足」〔註95〕的論點一致。也與韓非言：「明主之蓄臣，臣不得越官而有功，不得陳言而不當，越官則死，不當則罪。守業其官，所言者貞也，則群臣不得朋黨相爲矣。」〔註96〕要君主責名實，防止臣下朋黨爲奸的道理一樣。可謂儒、法交流的最好證明。

2. 國君要節欲以養生全性

《十二紀》之〈春紀〉的幾篇文章，如〈本生〉、〈重己〉、〈貴生〉、〈情欲〉等篇，都強調人主要節欲，一則養生全性，一則安民治國。如〈重己〉云：

> 昔先聖王之爲苑囿園池也，足以觀望勞形而已矣；其爲宮室臺榭也，足以辟燥溼而已矣；其爲輿馬衣裘也，足以逸身煖骸而已矣；其爲飲食酏醴也，足以適味充虛而已矣；其爲聲色音樂也，足以安性自娛而已矣。五者，聖王之所以養性也，非好儉而惡費也，節乎性。

〈情欲〉也云：

> 俗主虧情，故每動爲亡敗。耳不可贍，目不可厭，口不可滿，……大失生本，民人怨謗，又樹大讎；意氣易動，躁然不固；矜勢好智，胸中欺詐；德義之緩，邪利之急。身以窮困，雖後悔之，尚將奚及？
> 巧佞之近，端直之遠，國家大危，……以此君人，爲身大憂。

一再從養身的角度強調君主要節制慾望，不要放縱欲望，以達到養身全性，與民休息，維持國家安定的目的。這與老子云：「五色令人目盲，五音令人耳聾，五味令人口爽，馳騁畋獵令人心發狂，難得之貨令人行妨。是以聖人爲腹不爲目，故去彼取此」〔註97〕意思相同，可爲《呂氏春秋》取自道家的證明。

然其又言「主道約，君守近。太上返諸己，其次求諸人。」〔註98〕以適耳目、節嗜欲爲反己之道。故也有學者以爲《呂氏春秋》這種君道養生的觀念，是受到戰國後期儒家的影響。如尹仲容先生就認爲：「《呂氏春秋》是採取儒家的『修身、齊家、治國、平天下』的一種『反己』及人的學說。所以〈執一〉篇說：『爲國之本，在於爲身。身爲而家爲，家爲而國爲，國爲而天下爲。』以己身爲治國的根本。兼採取楊朱學說之『貴生』、『重己』。生命既

〔註95〕《論語・子路》，卷十三，頁2。
〔註96〕《韓非子・二柄》，頁182。
〔註97〕《老子釋譯》第十二章，頁45～46。
〔註98〕《呂氏春秋・論人》（四部叢刊正編，臺北：臺灣商務印書館，1979年），卷三，頁8。

如此重要，要使其體力與精神雙方均能極度發展，就必需『法天地』，要『順生適欲』，才能『畢數』長生。」〔註99〕陳奇猷先生則認為這些是陰陽家言養生之要。〔註100〕可見呂書之言君道養生，實匯集了道、儒、陰陽三家思想。

3. 國君要貴公、去私，無為而治

配合人主養生之道，呂書主張天下為公，要人主貴公、去除私欲，以公天下的心態治國。如〈貴公〉云：

> 昔先聖王之治天下也，必先公，公則天下平矣。平得於公。嘗試觀於上志，有得天下者眾矣，其得之以公，其失之必以偏。凡主之立也，生於公。故《鴻範》曰：「無偏無黨，王道蕩蕩；無偏無頗，遵王之義；無或作好，遵王之道；無或作惡，遵王之路。」天下非一人之天下也，天下之天下也。陰陽之和，不長一類；甘露時雨，不私一物；萬民之主，不阿一人。

〈去私〉亦云：

> 天無私覆，地無私載也，日月無私燭也，四時無私行也，行其德而萬物得遂長焉。……庖人調和而弗敢食，故可以為庖。若使庖人調和而食之，則不可以為庖矣。王伯之君亦然，誅暴而不私，以封天下之賢者，故可以為王伯；若使王伯之君誅暴而私之，則亦不可以為王伯矣。

都說明了天下非天子一人之天下，故人主勿以私欲治國，要以公治國，國家才能長治久安。這與老子以天下為公，要人主遵循天道，「處無為之事，行不言之教：萬物作而不辭，生而不有，為而不恃，成功不居」〔註101〕的理念相符。也與墨子之學，以為虧人自利為眾亂之源，故以去私為法的主張相同。因為呂書之所謂公天下，實則是要君主擇賢人，共同治理天下，達到以逸待勞的目的。如〈當染〉云：

> 古之善為君者，勞於論人，而佚於官事，得其經也。不能為君者，
> 傷形費神，愁心勞耳目，國愈危，身愈辱，不知要故也。

認為善治國者，得到賢能的人的輔佐後，就放任臣下各盡其份，而形逸神清。反之，不善治國者，事必躬親，傷形勞神之餘，國家也未必得治。這正是尚賢的觀念，尚賢的觀念在儒、墨、法家思想中都有，「古之善為君者，勞於論人，

〔註99〕尹仲容：《呂氏春秋校釋》（臺北：立青文教基金會，1987年），頁8～10。
〔註100〕陳奇猷：《呂氏春秋校釋》，頁22。
〔註101〕《老子釋譯》第二章，頁10～11。

而佚於官事，得其經也。」此語尤與《韓非子》相近。從這裡可以發現呂書結合了各家以天下爲公，無爲而治與尙賢的主張，發展成其獨特的君主治道思想。

4. 國君治國要以民為本

強調民爲國本，本立而國安。故君主要愛民，施行德政，才能籠絡人心，鞏固政權。如〈務本〉云：

安危榮辱之本在於主，主之本在於宗廟，宗廟之本在於民。

〈順民〉亦云：

先王先順民心，故功名成。夫以德得民心以立大功名者，上世多有之矣。失民心而立功名者，未之曾有也。

吸收了儒家「民爲貴，社稷次之，君爲輕」〔註102〕的民本思想，認爲人民是國家的基礎，掌握民心是治國的關鍵。只有能爲民著想，關切民生所需的君主，才能獲得民心愛戴，也才能獲得天下。

5. 國君要任術而治

臣子是君、民之間的中介，也是推行國君政令的負責人，所以能否治理好臣子，也是爲政一大課題。呂書中提出國君拱默無爲，操術以治群臣的辦法。如〈君守〉云：

君也者，以無當爲當，以無得爲得者也。當與得不在於君，而在於臣。故善爲君者無識，其次無事。

〈任數〉亦云：

至智棄智，至仁忘仁，至德不德。無言無思，靜以待時，時至而應，心暇者勝。凡應之理，清靜公素，而正始卒；焉此治紀，無唱有和，無先有隨。古之王者，其所爲少，其所因多。……故曰君道無知無爲，而賢於有知有爲，則得之矣。

它如〈審分〉、〈勿躬〉、〈知度〉等篇，也一再強調國君要持無知無爲之術，使臣民有爲。這與《韓非子・定法》云：「術者，因任而授官，循名而責實，操殺生之柄，課群臣之能者也，此人主之所執也；法者，憲令著於官府，刑罰必於民心，賞存乎愼法，而罰加乎姦令者也，此臣之所師也。」又《韓非子・難三》云：「人主之大物，非法則術也。法者編著之圖籍，設之於官府，而布之於百姓者也；術者，藏之於胸中，以偶眾端而潛御群臣者也。故法莫如顯，而術不欲

〔註102〕《孟子・盡心下》，卷十四，頁7。

見。」要人主勿躬親爲人臣之事，而使其臣「人事其事，以充其名」〔註103〕的作法，有異曲同工之妙，可顯見其論君道亦吸收了法家思想。

呂書又言任賢、勸學、尊師，強調禮樂之教，結合了儒家的仁政與法家的刑賞觀點，主張德、法並舉，不獨偏重於法治。論者皆以爲《呂氏春秋》的這種表現是適應了戰國末期全國形勢的需要，要求改變秦國的法家政治統治原則，是對當時秦國奉行的法治思想的一項挑戰。〔註104〕

在呂不韋當政的十餘年中，《呂氏春秋》的政治主張或曾在秦國得到某些實施，但由於法家思想在統一戰爭中更能發揮直接作用，加上秦始皇對呂不韋的猜忌，《呂氏春秋》終究未能取代法家思想，成爲日後秦帝國治國的典範。

此外，雖然《呂氏春秋》與睡虎地秦墓竹簡性質不同，《呂氏春秋》主要是集合各家思想的文學著作，睡虎地秦墓竹簡則是記錄秦國法律的文書。但以二者俱爲秦國的文書，成書時代相近，難免互有影響之處。舉例來說：《田律》云：「春二月，毋敢伐材木山林及雍隄水。不夏月，毋敢夜草爲灰，取生荔、麛鷿卵鷇，毋□□□□□□毒魚鱉，置穽網，到七月而縱之。……」〔註105〕就與《呂氏春秋·孟春紀》云：「命祀山林川澤，犧牲無用牝。禁止伐木，無覆巢，無殺孩蟲胎夭飛鳥，無麛無卵，無聚大眾，無置城郭，掩骼霾髊。」主張春季不濫伐，讓萬物生長的觀念一致。

而從《呂氏春秋》與睡虎地秦墓竹簡的用語，可以互相轉注，更說明二者之間年代之相近，關係之密切。如：《語書》云：「又且課縣官，獨多犯令而令、丞弗得者，以令、丞聞。……發書，移書曹，曹莫受，以告府，府令曹畫之。」〔註106〕獨，《呂氏春秋·必己》注：「猶埶也」，則獨多犯令，意思是說那一縣官吏犯令的情況較多。得，《呂氏春秋·君守》：「此則奸邪之情得。」注：「得猶知也。」弗得，沒有察覺。畫，讀爲過，《呂氏春秋·適威》注：「過，責。」又，《金布律》云：「工獻輸官者，皆深以其年計之。」〔註107〕深，讀爲審，《呂氏春秋·順民》注：「定也。」此種例子甚多，不及縷述。

除了詞語上能夠互相解釋，《呂氏春秋》與睡虎地秦墓竹簡在某些名詞

〔註103〕《呂氏春秋·勿躬》，卷十七，頁12。
〔註104〕徐衛民：《秦政治思想述略》（陝西人民教育出版社，1995年），頁17。
〔註105〕《睡虎地秦墓竹簡·秦律十八種》戊午年本，頁309。
〔註106〕《睡虎地秦墓竹簡》戊午年本，頁298、302。
〔註107〕同上註，頁338。

上，也使用了同樣的稱謂。如《田律》中有云：「稟大田而無恒籍者，以其致到日稟之，勿深致。」〔註108〕大田，官名，主管農事。《呂氏春秋・勿躬》云：「墾田大邑，辟土藝粟，禁地力之利，臣不若寧遬，請置以爲大田。」也出現大田一職，可見至《呂氏春秋》成書時，此一官職名仍未改變。從《呂氏春秋》與睡虎地秦墓竹簡的比較中，一方面可以發現秦國制度在這段期間的過渡，與時代環境的變遷。另一方面，也可以發現《呂氏春秋》中的法家思想，遠不如睡虎地秦墓竹簡濃厚。但這並不表示法家已不佔秦國政治思想主流的地位，而是呂不韋撰著《呂氏春秋》的目的，本來就是爲了反對秦國的專制政體，及其治術，而興起融合各家學說，集各家之大成，重申德治，以矯正法家嚴刑黷武之失，提供秦王一個最完善的治國寶典，以遺澤後世。所以《呂氏春秋》就不會以法家思想爲主要闡述對象，《呂氏春秋》中的法家思想自然就不會如睡虎地秦墓竹簡中的濃厚了。

（四）《呂氏春秋》所包含的思想

　　《呂氏春秋》博採眾說，九流十家之思想兼而有之。清人徐時棟《煙嶼樓文集・呂氏春秋雜記序》就說呂氏之書是：「徵引神農之教，黃帝之誨，堯之戒，舜之詩，后稷之書，伊尹之說，夏之鼎，商、周之箴，三代以來，禮樂刑政，以至春秋、戰國之法令，《易》、《書》、《詩》、《禮》、《孝經》、周公、孔子、曾子、子貢、子思之言，以及夫關、列、老、莊、文子、子華子、季子、李子、魏公子牟、惠施、慎到、甯越、陳駢、孫臏、墨翟、公孫龍之書，上志故記，歌誦謠諺，其攬摭也博，故其言也雜，然而其說多醇而少疵。」〔註109〕許維遹先生在《呂氏春秋集釋・自序》中，也說呂書是「總晚周諸子之精英，薈先秦百家之眇義。」〔註110〕

　　關於《呂氏春秋》各篇章與諸子之間的關係，清人汪中《述學補遺・呂氏春秋序》稍有論述，其云：

　　　周官失其職，而諸子之學以興，各擇其術以明其學，莫不持之有
　　　故，言之成理。及比而同之，則仁之與義，敬之與和，猶水火之
　　　相反也。最後《呂氏春秋》出，則諸子之說兼有之，故〈勸學〉、
　　　〈尊師〉、〈誣徒〉（一作〈詆役〉）〈善學〉（一作〈用眾〉）四篇，

〔註108〕《睡虎地秦墓竹簡》戊午年本，頁312。
〔註109〕陳奇猷：《呂氏春秋校釋》附錄，頁1877。
〔註110〕許維遹：《呂氏春秋集釋》（上海書店，1935年），頁1。

皆教學之方，與〈學記〉表裏。〈大樂〉、〈侈樂〉、〈適音〉（一作〈和音〉）〈古樂〉、〈音律〉、〈音初〉、〈制樂〉皆論樂。……凡此諸篇，則六藝之遺文也。〈十二紀〉發明明堂禮，則明堂陰陽之學也。〈貴生〉、〈情欲〉、〈盡數〉、〈審分〉、〈君守〉五篇，尚清靜養生之術，則道家流也。〈蕩兵〉（一作〈用兵〉）〈振亂〉、〈禁塞〉、〈懷寵〉、〈論威〉、〈簡選〉、〈決勝〉、〈愛士〉八篇皆論兵，則兵權謀、形勢二家也。〈上農〉、〈任地〉、〈辯土〉三篇，皆農桑樹藝之事，則農家者流也。……〈當染〉全取墨子，〈應言〉司馬喜事，則深重墨氏之學。〔註111〕

《呂氏春秋》吸收有九流十家各自的部分精義，今依田鳳台先生與傅武光先生所論，去其重複，整理於下：〔註112〕

《呂氏春秋》取於諸子之旨表

所取學派	合於其學派之旨者
儒　家	取於孔子者：修己、行孝、忠信、學問、尚樂、德治、無爲、正名、大同、君臣以義合。 取於孟子者：貴義、知命、貴民、革命。 取於荀子者：天生人成、尊師、至誠。（傅武光以爲呂書未取儒家的性惡、隆禮、尊君）
道　家	取於老莊者：道與一、周與反、法天地、虛靜、無爲、嗇、知常、因。（田鳳台以爲尚有去智） 取於楊朱者：貴生。（傅武光以爲呂書未取道家的鄙薄仁義、鄙薄知識）
墨　家	愛利、貴義、非攻（田鳳台以爲呂書不取非攻）尚賢、節葬。（傅武光以爲呂書未取墨家的天志、明鬼、尚同、非命、非樂、非儒）
陰陽家	五德終始、機祥度制、陰陽消息（順天）感應。
法　家	用術（包括君道無爲、循名責實、因任授官）任勢、任法、變法、重農、強兵。（傅武光以爲呂書未取法家的極端自私的性惡論、以君國之功利爲目的之價值觀、客觀條件決定歷史進程之歷史觀）
名　家	正名、審分（呂書反名家之類推、堅白之説）。
縱橫家	義説、順説、勢説、腴説。

〔註111〕陳奇猷：《呂氏春秋校釋》附錄，頁1870。
〔註112〕本表主要根據田鳳台《呂氏春秋探微》與傅武光《呂氏春秋與諸子之關係》，加以整理。

農　　家	農政之要、樹藝五穀之道，播種技術之理。（傅武光以爲呂書未取農家的君臣並耕）
小說家	以及簡單之文字，靈活呈現人物對話，寓規諷之旨。
兵　　家	義兵、內修文德、外治武備、尙禮義、明教訓、統帥之方、戰法。

　　正因爲《呂氏春秋》雜有各家思想，難定於一宗，所以歷來關於其書之中心思想，一直爭論不休。最多的說法是以其中心思想爲儒家，如《四庫全書總目提要》云：「不韋固小人，而是書較諸子之言，獨爲醇正，大抵以儒爲主，而參以道家、墨家，故多引六籍之文，與孔子、曾子之言……。」〔註113〕徐衛民先生也說：「《呂氏春秋》以陰陽五行學說爲形式，以儒家政治思想爲主體，吸收法、墨、名諸家思想，爲即將出現的大一統封建帝國提供了一個完整的治國方案。」〔註114〕田鳳台先生與傅武光先生也都持相同看法。但也有說其中心思想屬於墨家者，如盧文弨《抱經堂文集・書呂氏春秋後》就說：「《呂氏春秋》一書，大約宗墨氏之學，而緣飾以儒術。」〔註115〕也有說是道家者，如胡適先生就認爲《呂氏春秋》實以道家爲中心，而雜合儒、墨、陰陽、名、法之學。〔註116〕朱自清先生也認爲《呂氏春秋》的基調是道家。〔註117〕更有主張是陰陽家者，如陳奇猷先生根據《呂氏春秋》書中具有陰陽學說特質的文章，藉所佔比重加以論證，認爲陰陽家的學說是全書的重點。〔註118〕各方都舉出很多的理由來證明它屬於何家。但呂書引用先秦諸子原文時，常與原意有所出入，不盡相同，故很難據以認定它歸屬何家何派，這種爭論也就沒有結果了。所以《漢書・藝文志・諸子略》將《呂氏春秋》列入雜家，言其「兼儒、墨，合名、法，知國體之有此，見王治之無不貫，此其所長也。」可說是最恰當的評論。

　　《呂氏春秋》是綜合各家思想形成的新的思想體系，是秦國統一大勢的歷史背景下的必然產物，它象徵著在秦始皇統一前，九流十家皆已進駐秦國，對秦國的政治思想產生或大或小的衝擊。雖然日後呂不韋受到秦始皇猜忌，飲酖而死，《呂氏春秋》也因呂不韋之故，未受到應有的重視，但它代表了先

〔註113〕景印文淵閣《四庫全書・子部雜家類・呂氏春秋》提要，頁2。
〔註114〕徐衛民、賀潤坤：《秦政治思想述略》，頁16。
〔註115〕陳奇猷：《呂氏春秋校釋》附錄，頁1864。
〔註116〕胡適：《中國中古思想史長編》，頁114。
〔註117〕朱自清：《經典常談》，頁100。
〔註118〕同註115，頁1886。

秦學術的總結，也證明秦自商鞅後，不再禁私學，各家學說紛入秦國，從容游於秦國的自由情況。

第三節　秦始皇統一天下以後時期

　　早在《呂氏春秋》之前，學術界已有統一思想的言論，如《孟子·滕文公下》云：「吾爲此懼，閑先聖之道，距楊墨，放淫辭，邪說者不得作。作於其心，害於其事；作於其事，害於其政。聖人復起，不易吾言矣。」《荀子·非十二子》也云：「今夫仁人也，將何務哉？上則法舜、禹之制，下則法仲尼、子弓之義，以務息十二子之說，如是則天下之害除，仁人之事畢，聖王之跡著矣。」可見統一思想是戰國末期的主要思潮。

　　這股思潮也反映在《呂氏春秋》中。如《呂氏春秋·執一》云：

> 軍必有將，所以一之也；國必有君，所以一之也；天下必有天子，
> 所以一之也；天子必執一，所以摶之也。一則治，兩則亂。今御驪
> 馬者，使四人，人操一策，則不可以出於門閭者，不一也。

說道治國的指導思想必須統一，國家才能安定。這如同軍隊需要將領，國家需要君主，天下需要天子，來統一領導的道理一樣。所以天子必須統一思想，以團結民力，否則就會如四個人趕同一輛馬車的四匹馬，各自鞭策馬兒往不同的方向，費了許多力氣，馬車卻還是出不了門口一樣徒勞無功。《呂氏春秋》之外，韓非也提出統一思想的重要，如《韓非子·顯學》云：「夫冰炭不同器而久，寒暑不兼時而至，雜反之學不兩立而治。今兼聽雜學繆行同異之辭，安得無亂乎？」他認爲相互矛盾的思想，不能同時作爲治國的指導思想，就像是冰炭不能放在同一個器具中，冬天與夏天不會同時到來一樣，相互矛盾的思想只會造成國家的混亂，所以一國的政治指導思想必須統一。從孟子到韓非，反映出戰國末期的思想家，在久經戰亂後，追求統一安定的心態，也代表了社會在經過長期紛爭後，民心思治的趨勢。但這股統一思想的思潮，直到秦始皇統一天下後，才眞正付諸實現，並且是以法家思想爲統一的中心思想。

一、思想的統一

　　秦始皇三十四年統一思想，一方面是順應時代統一的趨勢。秦始皇一統天下後，隨著度量衡與文字的統一，思想界自然也有泯除紛爭，趨於統一的

需求。另一方面則是因爲封建與郡縣之爭，導致始皇黜儒崇法。《史記‧秦始皇本紀》載始皇三十四年，儒生淳于越等人進言始皇重行封建，言道：「殷周之王千餘歲，封子弟功臣，自爲枝輔。今陛下有海內，而子弟爲匹夫，卒有田常、六卿之臣，無輔拂，何以相救哉？」〔註119〕始皇下其議於丞相李斯，李斯秉持者法家以法爲教的思想，反而乘此機會建議始皇嚴禁私學，達到統一思想的目的。他說道：

> 異時諸侯並爭，厚招游學。今天下已定，法令出一。百姓當家則力
> 農工，士則學習法令辟禁。今諸生不師今而學古，以非當世，惑亂
> 黔首。丞相斯昧死言，古者天下散亂，莫之能一。是以諸侯並作，
> 語皆道古以害今，飾虛言以亂實，人善其所私學，以非上上所建立。
> 今皇帝并有天下，別黑白而定一尊。私學而相與非法教，人聞令下，
> 則各以其學議之，入則心非，出則巷議，夸主以爲名，異取以爲高，
> 率群下以造謗。如此弗禁，則主勢降乎上，黨與成乎下。禁之便。(《史
> 記‧秦始皇本紀》)

李斯認爲百家學說之興起，是因爲世局混亂，戰國諸侯爲爭雄，廣招游士所致。而今天下一統，思想卻仍呈現紛亂的局面，勢必會混亂民心視聽。且百家之學多以先王之政非當今之政，稱古害今，虛言亂實。使民學之，則各持己見以非今政，大大不利於政策的推行與政局的穩定。況乎諸子之議論，未必屬實，不少人是爲了反對而反對，藉以獲得美名。君主若不加以禁止，他們就會結成黨羽，如此君主所憑藉的「勢」就會受到威脅，對國家的危害至大矣。

　　李斯的話，完全從政治角度出發，總結歷史教訓，並反映出游士雜反言論造成政局混亂的部分事實，強調統一思想的必要性。加上始皇本身也有傾向法家的態度，故在李斯提出統一思想，以法爲尊的具體措施後，秦始皇即「制曰可」，並馬上付諸行動，以法爲尊，嚴禁私學。使法家重居秦政治思想的獨尊地位，而秦朝的學術思想也從此受到禁梏，遠甚於孝公之時。

　　秦始皇何以有傾向法家的態度，原因可能有三：

（一）秦國長期以來厲行法治的傳統

　　秦國在經過商鞅變法和韓非等法家的法治思想指導之後，在以法治國的

〔註119〕《史記‧秦始皇本紀》，卷六，頁50。

基礎上有極爲成功的經驗。加上法家思想有其他思想所欠缺的尊君觀念。在先秦諸子中，從君主立場思考的學說，唯法家一家而已。如儒家言仁政，道忠恕，出發點是爲民，故《孟子‧盡心下》云：「民爲貴，社稷次之，君爲輕。」墨家言兼愛、非攻，也是爲了人民。道家言無爲，更是徹底否定一切文化與制度。這些思想既不能改變當時的亂局，對於秦國政權的建立，亦無大助益。只有法家具體提出實踐的方法，並且一切考量都以君主、以國家爲前提，自然爲君主所喜。

（二）配合五德終始說的要求

《史記‧秦始皇本紀》載始皇統一天下後：

> 推終始五德之傳，以爲周德火德。秦代周，德從所不勝，方今水德之始。改年始朝賀，皆自十月朔。衣服旄旌節旗皆上黑。數以六爲紀，符法冠皆六寸，而輿六尺，六尺爲步，乘六馬，更名河曰德水，以爲水德之始。剛毅戾深，事皆決於法。刻削毋仁恩和義，然後合五德之數。於是急法，久者不赦。

司馬貞《史記索隱》云：「秦屬水德，水主陰，陰刑殺，故秦行急法刻削，以合五德之數。」再由《史記‧秦始皇本紀》載始皇命徐市渡海至蓬萊取長生不死藥，可知秦始皇是一位極爲迷信之人，故其對於五德終始之說亦深信不疑。秦既屬水德，主陰刑，自然要以法治國。

（三）秦始皇本性嚴苛少恩

《史記‧秦始皇本紀》載尉繚曰：「秦王爲人，蜂準長目，摯鳥鷹，豺聲，少恩而狼虎心。居約，易出人下，得志亦輕食人。……誠使秦王得志於天下，天下皆爲虜矣。」賈誼《過秦論》也說：「秦王懷有貪鄙之心，行自奮之智，不信功臣，不親士民，廢王道，立私權，禁文書而酷刑法，先詐力而後仁義，以暴虐爲天下始。」可見秦始皇的本性即有法家嚴苛少恩的特質，所以法家學說也與之最契合。因此之故，始皇在見到韓非的著作後，會大爲讚賞，發出「寡人得見此人與之游，死不恨矣」〔註120〕的感嘆。因爲韓非所論法、術、勢，正是秦始皇最感興趣的君王統攝駕御之術。

始皇對於法家以法治國的思想之貫徹，從《史記‧秦始皇本紀》言其是位「剛毅戾深，事皆決於法，刻削毋仁恩和義」的人可知。不只如此，他還進一

〔註120〕《史記‧老子韓非列傳》，卷六十三，頁 27。

步將法家主張君主集權的理論具體實踐。一方面統一法律，試圖藉由法律的劃一來支配全國，並力行嚴刑重罰的政策，以收到法威民畏的效果。另一方面貫徹郡縣制，將地方劃分爲郡、縣、鄉、亭四級行政組織，凡縣級以上官吏由皇帝直接任免，官吏上下之間層層監督，直接向皇帝負責，形成嚴密的中央集權政治。另外，始皇在處理政事的態度上，也表現出其對法家思想的服膺。如統一全國後，就按照韓非「法、術、勢」的要求，實行了一整套鞏固政權的措施，像是自稱「皇帝」，認爲自己「德兼三皇，功過五帝」。取消諡號，並爲了表示自己與眾人不同，還制訂了一系列的制度，把皇帝的命令叫「制」或「詔」，在文件中不准提皇帝的名字，逢皇帝或始皇帝等字均要另行抬頭，頂格書寫。「朕」字也專爲皇帝可用，〔註121〕積極建立皇帝神聖不可侵犯的威勢，將所有大權集中於皇帝一人手中，使「天下之事無小大，皆決於上」，〔註122〕達到法家主張君主集權的目的，並對後代的集權專制起帶頭作用。

　　秦始皇嚴禁私學，統一思想的具體措施，據《史記·秦始皇本紀》載，主要是依據李斯所奏：

> 史官非秦記，皆燒之。非博士官所職，天下敢有藏詩書百家語者，悉詣守尉雜燒之。有敢偶語詩書者，棄市。以古非今者族。吏見知不舉者與同罪，令下三十日不燒，黥爲城旦。所不去者，醫藥、卜筮、種樹之書。若欲有學法令，以吏爲師。

主要在於焚書與限制言論。焚書方面，主要是焚私人藏書，而不是指官府中的藏書。將私人所藏之歷史典籍，只要是秦國以外的史籍皆燒之，這點可能是爲了防止六國之後，對其亡國仍有眷戀之情，而思謀復辟。他如焚《詩》、《書》、百家語等典籍，則是爲達到商鞅等法家不貴學問的愚民政策。命令發佈後三十天，仍未燒者，將處黥爲城旦之重刑。限制言論方面，則嚴禁人民於言談中引用《詩》、《書》，以古非今，有違者將受棄市之重刑。只留下醫藥、卜筮、種樹等書可在民間自由流傳，人民想要學習法律方面的知識，也唯有向政府的官吏學習，藉著這些手段達到控制人民思想言論的目的。商鞅曾「教秦孝公以連什伍，設告坐之過，燔詩書而明法令，塞私門之請，而遂公家之勞，禁游宦之民，而顯耕戰之士。」〔註123〕韓非也主張：

〔註121〕徐衛民：《秦政治思想述略》，頁107。
〔註122〕《史記·秦始皇本紀》，卷六，頁57。
〔註123〕《韓非子·和氏》，頁297。

> 夫立法令者，所以廢私也；法令行，而私道廢矣。私者，所以亂法
> 也。而士有二心、私學，嚴居窟處，託伏深慮，大者非世，細者惑
> 下；上不禁，又從而尊之以名，化之以實，是無功而顯，無勞而富
> 也。如此，則士之有二心私學者，焉得無深慮，勉知詐，誹謗法令，
> 以求索與世相反者耶？凡亂上、反世者，常士有二心、私學者也。
> 故本言曰：「所以治者，法也；所以亂者，私也。法立，則莫得為私
> 矣。」故曰：「道私者亂，道法者治。」上無其道，則智者有私詞，
> 賢者有私意，上有私惠，下有私欲。聖智成群，造言作辭，以非法
> 措於上。上不禁塞，又從而尊之，是教下不聽上，不從法也。是以
> 賢者顯名而居，姦人賴賞而富。賢者顯名而居，姦人賴賞而富，是
> 以上不勝下也。（《韓非子·詭使》）

要求禁止那些誹謗法令、有二心、倡私學的人，以防止他們亂上反世，對君主的威嚴造成危害，或是破壞政治的安定，甚至影響國家政策的運作。所以秦始皇的焚書，嚴格來說就是商鞅當年政策的重現，也是韓非禁私學的具體表現。

故徐衛民先生認為：「秦始皇時期的政治思想的實質是法家思想，特別是韓非的法家思想。秦始皇在加強專制統治之時，把法家學說運用到一切方面，諸如立法、行政、用人，甚至人民的政治生活、思想和行動等方面都受法家的思想約束。法家思想的中心即主張君主獨操一切大權，秦始皇事必躬親，『天下之事無論小大皆決於上』（《史記·秦始皇本紀》）。皇帝的詔令即是法律，軍政大全集於皇帝一人之手，嚴刑峻法，崇尚暴力。把皇帝的殘暴、猜忌大臣等表現的淋漓盡致。」〔註124〕

即使始皇死後，李斯上書秦二世，仍多引用韓非與申不害之言，可見自秦始皇二十六年下焚書令以後，不管民間的士子是否出入於諸子百家之間，秦人對法家思想的獨尊，是始終不二的。

二、秦的滅亡

法家最顯著的特點固然是以君為尊，以法為本，強調嚴刑重罰，所謂「明君操權而上重，一政而國治，故法者，王之本也，刑者，愛之自也。」〔註125〕但其同時也強調要賞罰並用，所謂「賞莫如厚而信，使民利之；罰莫如重而

〔註124〕徐衛民：《秦政治思想述略》，頁19。
〔註125〕《韓非子·心度》，頁813。

必，使民畏之；法莫如一而固，使民知之。故主施賞不遷，行誅無赦。譽輔其賞，毀隨其罰，則賢不肖俱盡其力矣。」〔註126〕且行賞無過，因爲「用賞過則失民，用刑過則民不畏。」〔註127〕並希望君主能不釋法任私或釋法任智。

可是秦始皇與其後之二世均未注意到法家講求法的合理性的一面，僅是一昧將法家的嚴刻推向極致，使人民動輒得咎，無從錯其手足，終於引發暴動，造成秦朝快速滅亡的命運。秦始皇不當的政策，首推始皇三十五年之阬儒事件。其原因據《史記・秦始皇本紀》載，只導因於始皇聽到侯生與盧生批評他貪於權勢，刻薄寡恩，始皇大怒，隨即派獄使去找出誹謗他的人，因而牽連了四百六十多位儒生，無論有罪與否都受到阬殺之刑或被貶謫到邊地。連太子扶蘇勸諫始皇：「天下初定，遠方黔首未集，諸生皆誦法孔子，今上皆重法繩之，臣恐天下不安，唯上察之。」〔註128〕也慘遭貶謫。這次事件一方面顯現出其獨斷與刻薄寡恩的一面，一方面也反映出「刑過」的事實，秦始皇之阬儒，已脫離的所謂法的合理性，而是逞始皇個人之私意，落入了韓非極力阻止的「釋法任私」的弊病。再如始皇三十六年，有流星下墜，人民在其石上刻了「始皇死而地分」這些字樣，始皇聞之，怒，又派御史去查是誰刻的，沒有人承認，始皇就「盡取石旁居人誅之」。〔註129〕凡此在在都顯示秦政的嚴苛，在這種酷政管理之下，人民動輒得咎，遂使人民心生怨懟。

除了嚴刑酷罰外，秦始皇的貪於權勢，也爲秦朝埋下日後滅亡的種子，如《史記・秦始皇本紀》云始皇：

> 爲人天性剛戾自用，起諸侯并天下，意得欲從，以爲自古莫及己。專任獄吏，獄吏得親幸。博士雖七十人，特備員弗用，丞相諸大臣皆受成事，倚辦於上。上樂以刑殺爲威。天下畏罪持祿，莫敢盡忠。上不聞過而日驕，下懾伏謾欺以取容。秦法不得兼方。不驗輒死。然候星氣者至三百人。皆良士。畏忌諱，諛不敢端言其過。天下之事無小大，皆決於上。上至以衡石量書，日夜有呈，不中呈不得休息。

《漢書・刑法志》也云：

> 秦始皇兼吞戰國，遂毀先王之法，滅禮誼之官，專任刑罰，躬操文

〔註126〕《韓非子・五蠹》，頁40。

〔註127〕《韓非子・飾邪》，頁207。

〔註128〕《史記・秦始皇本紀》，卷六，頁58。

〔註129〕同上註。

墨，晝斷獄，夜理書，自程決事，日縣十之一，而姦邪並生，赭衣
塞路，囹圄成市，天下愁怨，潰而叛之。

言始皇天性剛愎自用，驕傲自滿，專斷刑獄，專擅權勢，意圖掌管天下所有
大小之事。秦始皇這些總攬一切大權的舉措，不但使自身勞累，也不合於韓
非主張君無為而臣有為，主操術以使臣的無為之術。還落得貪權專制的惡名。

始皇死後，二世胡亥更是變本加厲，用法益刻深。如《史記·李斯列傳》
載始皇死後，二世懼民心不服，遂聽從趙高之言，更為法律，「嚴法而刻刑，
令有罪者相坐，誅至收族，滅大臣而遠骨肉，貧者富之，賤者貴之，盡除去
先帝之故臣，更置所親信者近之。」殺害前朝大臣，將公子十二人僇死於咸
陽市，十公主矺死於杜，相連坐者不可勝數。又好大喜功，作阿房宮，修馳
道，增加人民的賦稅，使人民苦不堪言。至此二世的統治已大失民心，《史記·
李斯列傳》云：

法令誅罰日益刻深，群臣人人自危，欲畔者眾。又作阿房之宮，治
直馳道，賦斂愈重，戍傜無已。於是楚戍卒陳勝、吳廣等乃作亂。
起於山東，俊傑相立，自置為侯王叛秦。

說到秦法嚴苛，勞役繁重，人民不堪其苦，轉而為盜，陳勝等六國遺民因此而
起，反抗秦朝。情勢至此，二世猶不覺悟，還認為其所作所為都是繼承始皇之
功業，以為：「凡所為貴有天下者，得肆意極欲，主重明法，下不敢為非，以制
御海內矣。」〔註130〕只要託言法治，一切就萬無一失。其後大臣李斯為求保護
自己的地位，而向二世上陳「督責之術」，更將秦法推向極端的偏鋒。李斯所謂
的督責之術就是使「臣不敢不竭能以徇其主」〔註131〕的一種手段，藉以達到滿
足君主私欲，使「王獨制於天下，而無所制也。能窮樂之極矣」〔註132〕的境界。
督責之術的具體作法主要有二：一是力行韓非、商鞅輕罪重罰的主張。因為「明
主聖王之所以能久處尊位，長執重勢，而獨擅天下之利者，非有異道也。能獨
斷而審督責，必深罰。故天下不敢犯也。」〔註133〕二是排除節儉仁義、諫說論
理、烈士死節之人，獨操主術，修其明法。因為如此才能「滅仁義之塗，掩馳
說之口，困烈士之行，塞聰揜明，內獨視聽。……獨行恣睢之心，而莫之敢逆。」

〔註130〕《史記·秦始皇本紀》，卷六，頁79。
〔註131〕《史記·李斯列傳》，卷八十七，頁28。
〔註132〕同上註，頁28。
〔註133〕同註131，，卷八十七，頁31～32。

〔註134〕李斯所奏，使二世大悅，於是行督責益嚴，更以稅民深者爲明吏。使「刑者相半於道，而死人日成積於市，殺人眾者爲忠臣。」〔註135〕使秦政更趨專制獨裁，秦政至此，已完全偏離了法家以法爲治的目的，徒留嚴刑酷罰之形式。又以秦國思想主要以法家爲主，故法家也因此蒙上慘酷無道的惡名。

　　二世最後亡於權臣趙高之手，繼位之子嬰雖然殺了趙高，卻已不敵六國遺民的反抗勢力，在位僅四十六日就出降，後爲項籍所殺。秦朝正式滅亡，秦法家時代也就此告終。

　　《史記·秦始皇本紀》評論秦朝滅亡的原因，說道：「秦王（始皇）懷貪鄙之心，行自奮之智，不信功臣，不親士民，廢王道，立私權，禁文書而酷刑法，先詐力而後仁義，以暴虐爲天下始。夫并兼者高詐力，安定者貴順權，此言取與守不同術也。秦離戰國而王天下，其道不易，其政不改，是其所以取之守之者無異也。孤獨而有之，故其亡可立而待。……二世重之以無道，壞宗廟與民，更始作阿房宮，繁刑嚴誅，吏治刻深，賞罰不當，賦斂無度，天下多事，吏弗能紀。百姓窮困，而主弗收恤。然後姦僞並起，而上下相遁，蒙罪者眾，刑戮相望於道，而天下苦之。自君卿以下，至于眾庶人，懷自危之心，親處窮苦之實，咸不安其位，故易動也。是以陳涉不用湯武之賢，不藉公侯之尊，奮臂於大澤，而天下響應者，其民危也。」道出了秦朝之亡，是亡於倒行逆施，繁重的勞役與嚴刑酷罰，使民心背離，才會落得立國僅短短十五年就亡國的下場。

　　秦國的政治思想從秦繆公時代濡慕周朝詩書禮樂之教，廣泛汲取各家學說之長，到秦孝公時任用商鞅主持變法，排斥各家學說，使政治風氣一轉，成爲法家獨尊的局勢。雖然在商鞅死後，秦國的政治空氣曾恢復短暫的自由，政壇上也出現不同家派的言論，但在秦始皇統一天下後，又因爲政治需要，聽取了李斯的建議，以法家思想爲主，從此也就注定了法家思想與秦國政治不可分割的密切關係。秦國的迅速滅亡，難免被其他派學者（尤其儒家）歸咎於法家思想的失敗，使法家思想不得不轉向幽微，再也無力恢復戰國以來的顯赫聲勢。

〔註134〕《史記·李斯列傳》，卷八十七，頁 33。
〔註135〕同上註，卷八十七，頁 34。

第七章 結 論

　　法家最大特點就是注重刑法，而早在西周以前，中國即有刑法的觀念，史籍中有許多關於古代刑法的記載。如《國語・魯語上》云：「堯能單均刑法以儀民。」《尚書・舜典》云舜之時，「象以典刑，流宥五刑。鞭作官刑，扑作教刑，金作贖刑，眚災肆赦，怙終賊刑。」《左傳・昭公六年》亦云：「夏有亂政，而作禹刑；周有亂政，而作九刑。」等等。說明了從堯開始，古代君王即十分注重刑法的運用。但這些重刑法思想並不等於後世之法家思想。因爲在當時封建宗法制度之下，刑法是統攝在禮所涵蓋的範圍內，掌握在貴族手中，不對外公開，其賞罰原則，全憑執行者的自由心證，是一種將刑法神秘化的舉措，一方面強化了上位者崇高的地位；一方面也使貴族與平民之間有了明顯的分際，更利於鞏固禮治之階級社會。

　　然西周末期以降，隨著周王室的衰頹，王畿漸小，對諸侯的控制力不復以往，維持禮治的核心逐漸動搖。社會結構的變化與人民力量的興起，使各國執政者重新審視刑法的作用。春秋晚期成文法典的公布，就是執政者體會到人民力量興起後的新政治措施。這種舉措曾引起舊貴族的恐慌，如叔向批評子產之鑄刑書，孔子批評趙鞅之鑄刑鼎。認爲「如此做是意味著要放棄成爲貴族支配體制支柱的禮秩序之權威，而將另一種權威的法秩序給與庶民。」[註1]但公布法律卻成爲各國不可避免的趨勢，因爲春秋以來，平民階層已經成爲各國政權存在的主要基礎，如：戰爭規模的擴大導致兵制變革，人民成爲戰爭的主要兵源；土地私有制與田稅的改變，也象徵著平民的生產力已是國家經濟之基礎。

　　〔註1〕　小野澤精一：《中國思想史》，頁57。

凡此都說明法治漸興是爲了適應社會的變動與平民崛起的潮流，取代失效的禮治，替社會秩序建立新的規範，法家思想也就在此背景中逐漸成形。

春秋時代，是法家思想起源的時代，當時各國普遍都有重視法治的趨向，著名人物如齊的管仲，鄭的子產、鄧析等人，都被視爲法家的先驅，但與眞正法家仍有一段距離。迄至戰國，各國之間爲求富國強兵，開始擇用一些主張變法的人物，他們一方面打擊舊貴族勢力，一方面以爵祿鼓勵人民從事農戰，達到集權中央與富國強兵的目的，如魏的李悝、韓的申不害、衛的吳起與商鞅等人，都是這期變法運動中的代表人物。因爲他們都具有重法治，信賞必罰的共同特性，所以被歸納爲法家人物。

法家之名，最先見於司馬談〈論六家要旨〉，其言法家「不別親疏，不殊貴賤，一斷於法。則親親尊尊之恩絕矣。可以行一時之計，而不可常用也。」又說法家「嚴而少恩，若尊主卑臣，明分職，不得相踰越，雖百家弗能改也。」班固承之，亦言法家是：「信賞必罰，以輔禮制。《易》曰：『先王以明罰飭法。』此其所長也。及刻者爲之，則無教化，去仁愛，專任刑法而欲以致治，至於殘害至親，傷恩薄厚。」雖然他們均批評法家刻薄寡恩，但也多少道出了法家對法治的重視，以及講求信賞必罰，尊君集權的特質。

而戰國時期，李悝、商鞅、吳起、申不害、愼到、韓非等法家人物，多爲三晉之人，故論者多以三晉爲法家之發源地。三晉之所以產生多位法家人物，與其地理、歷史背景有一定的密切關係。沈剛伯先生就以爲法家源於三晉，肇因於三晉的商業化早。〔註 2〕當然三晉的殷遺民身分與當地的重刑傳統也是造成三晉之人特重法治思想的原因之一。早期法家人物之中，又以商鞅最具代表性，他除了確立了法家嚴格的法治思想，〔註3〕也將法家思想成功的傳入秦國，爲秦國開創富國強兵的新局面，並使法家思想從此成爲秦國政治思想的主流。

商鞅入秦以前，秦國可能有法家思想，但史籍中沒有記載，原因可能有二：一是秦國文化落後於中原諸國，法家思想之興又爲先秦四大家之殿。當春秋中葉，中原諸國面臨宗法失序，禮治崩頹，紛紛頒布成文法典之時，秦國正開始仿效周文化，行封建制度，遠落後於諸國的發展。如余宗發先生所

〔註 2〕 沈剛伯：〈從古代禮、刑的運用探討法家的來歷〉，頁 57。
〔註 3〕 蕭公權先生說：「先秦尊君權任法術之思想至李（悝）、尸（佼）、愼（到）諸子殆已約略具體。然嚴格的法治思想必俟商鞅而後成立。」《中國政治思想史》，頁 240。

論：商鞅入秦前，秦國是在周文化的薰陶下成長，其思想與儒家接近。直到商鞅入秦後，才以法家思想爲依歸。〔註4〕可見商鞅入秦前，秦以儒爲重，法家思想或許尚未傳入秦國。二是李悝爲戰國時期首位變法之法家，距商鞅攜李悝《法經》以入秦，爲秦主持變法，前後只差八十餘年，比起之後的韓、齊、燕、趙變法猶早，可見秦國的法家思想極爲可能是藉戰國之初的商鞅所首先傳入。無論如何，商鞅可謂秦法家之第一人，商鞅變法的成功，更爲法家思想在秦國奠立了不可動搖的地位。

　　商鞅變法，獲得秦孝公的全力支持，其變法範圍涵蓋了政治、經濟、軍事和社會四方面。政治上，其施政重點主要有三：廢除世官世祿制、置郡縣以及行法治。因爲法家思想的基礎就是對抗傳統封建宗法秩序，所以廢除世官世祿制和實施郡縣制是其必要措施。而且法家之所以名爲法家，就是因爲其思想的最大特點在於獨尊法令，極端推崇法治的作用，將「法」置於無限崇高的地位，其重視法令的程度，遠勝於其他諸子。而其藉以推行法令的方法就是嚴刑峻罰。如《商君書・開塞》云：「夫利天下之民者，莫大於治，而治莫康於立君。立君之道，莫廣於勝法；勝法之務，莫急於去姦；去姦之本，莫深於嚴刑。故王者以賞禁，以刑勸，求過不求善，藉刑以去刑。」經濟上，商鞅則強調農業的重要，藉著厚賞，鼓勵人民努力耕種，令「大小僇力，本業耕織，致粟帛多者復其身。」〔註5〕壓抑商業與技巧之人，令「事末利及怠而貧者，舉以爲收孥。」〔註6〕軍事上，商鞅以厚重的爵祿勸民於戰，令「有軍功者，各以率受上爵」，而「宗室非有軍功，論不得爲屬籍」；並禁止人民私鬥，「爲私鬥者，各以輕重被刑」。〔註7〕搏集民力於戰事上，從而達到其強兵之目的。社會上，商鞅爲方便統治人民，遂「令民爲什伍，而相牧司連坐」，〔註8〕以人民之間互相監控的方式，完成維護治安的目的。這種什伍連坐的方法，雖非商鞅首創，卻在商鞅手上更嚴密更落實，「不告姦者，腰斬；告姦者，與斬敵首同賞；匿姦者，與降敵同罰。」〔註9〕對日後秦律有重大影響。

　　商鞅的法令，在秦孝公在位時，因爲君主的支持，而能順利的推動，成

〔註4〕　余宗發：《秦人出入各家思想分期初探》，頁53。

〔註5〕　《史記・商君列傳》，卷六十八，頁8。

〔註6〕　同上註。

〔註7〕　同註5，卷六十八，頁8～9。

〔註8〕　同註5，卷六十八，頁7。

〔註9〕　同註5。

效卓著，也使秦國從不受六國重視的偏遠國家，一躍而成六國畏懼的富強大國。然也因為商鞅的法不阿私、法不親貴，使他得罪了許多貴族，甚至太子。故在孝公死後，商鞅即遭受了車裂之刑。但商鞅的政策，在秦國並未因人亡而政息，相反的，商君之法繼續對秦國的政治、社會各方面產生重大的影響。這點可從民國64年出土的睡虎地秦墓竹簡中獲得證明。

秦簡的寫成年代是在秦始皇時期，但是竹簡律文的形成年代，卻遠早於此。因為其所載的秦律，不是秦始皇即位後才頒布的法律，而是集錄戰國末至秦統一之前的法令，其中有許多法律更是直接承自商君法，雖然在詳略上多多少少有些改變，但其精神卻是一脈相承的。睡虎地秦簡的性質，大部分是法律、文書，不僅有秦律，還有解釋律文的問答和有關治獄的文書程式，從秦簡中可以發現法家思想對秦律的深刻影響，尤其是秦簡中所呈現的重法治、嚴刑重罰、重吏治、重農戰，這四項法家思想特質。

法家以法為治國的唯一客觀標準，以法為國家一切制度的基礎，《尹文子‧大道》曰：「法有四呈：一曰不變之法，君臣上下是也；二曰齊俗之法，能鄙同異是也；三曰治眾之法，慶賞刑罰是也；四曰平準之法，律度權量是也。」可以概括法家所謂法的大概。而這些特質在睡虎地秦墓竹簡中也都可以有所發現。如《語書》云：

> 凡法律令者，以教導民，去其淫僻，除其惡俗，而使之之於善也。
> 〔註10〕

以法勸民向善，止民於惡，以法齊使萬民，正是「齊俗之法」。為達到這個目的，商鞅、韓非等法家主張將律令公布，使百姓知所遵循，趨賞避罰。在賞罰之間，法家著作如《商君書》、《韓非子》等，有頗多的討論，大抵都主張嚴刑重罰。從秦簡中，我們可以發現不少輕罪重刑的記載，如《法律答問》云：「五人盜，贓一錢以上，斬左止，又黥以為城旦。」〔註11〕所盜之錢甚少，卻要受到斷趾的酷刑，秦法之嚴由此可見。再配合著連坐制度，其威攝效果更為加倍。這也就是尹文子所說的「治眾之法」。

法家之所以重刑輕罪，主要目的是為了以刑去刑，人民連小過尚且不敢犯，何況大過？但其長久施行嚴密監控的連坐制度，卻使得秦國人情淡薄，互相猜忌，這是法家在行法上，最為人所詬病之處。此外，法家又提出「以吏為師，

〔註10〕《睡虎地秦墓竹簡》戊午年本，頁297～298。
〔註11〕同上註，頁426。

「以法爲教」的主張，希望藉此控制人民的思想，加強中央集權。從秦墓墓主身分地位並不高，卻以法律文書陪葬，可以想見秦國法令推行之徹底。

而秦簡中的《爲吏之道》記載了許多秦國對於官吏的嚴格要求，符合法家在討論治國時，首重治吏的主張。原因是官吏爲君主和人民中間的橋樑，地位十分重要，且「聞有吏雖亂，而有獨善之民；不聞有亂民，而有獨治之吏。」（《韓非子・外儲説右下》）所以法家認爲明主治國，必先治吏。

除了法治，秦簡中還有專門規定度量衡的《效律》，專門規定農牧的《田律》、《倉律》和《廄苑律》等，在《法律答問》、《封診式》中也載有許多關於農牧的竊盜罪刑，由此可以想見其對農桑的重視。又雖秦簡中論軍事的律文甚少，但從其《軍爵律》云：「從軍當以勞論及賜。」〔註12〕可証其與商鞅按軍功論爵的政策，同出一轍。再者，從秦簡中出現的一些軍爵名，我們可以發現秦國二十等軍爵非成於一時，而是從商鞅變法後，逐漸擴充，以致完備的。秦簡的出現爲秦法家思想的發展，提供了珍貴的第一手資料，也爲蕭何繼承秦律，並據以修定漢律的說法，提供最具體的證明。秦律是目前出土文物中年代最早的律文，而秦國是法家的大本營，故研究秦律，不難發現其對法家思想的實踐。

雖然長久以來，秦國都與法家劃上等號，但秦國並非立國之初就以法家思想爲重。秦國遲至戰國初，秦襄公將兵救周，才建立國家。鑒於本身文化之落後，故秦君對中原思想一向是兼容並蓄，無特定排斥對象或獨尊對象。秦孝公時，才有了巨大的轉變。孝公用商鞅變法，商鞅以法爲尊，排斥私學（尤其反儒），使秦國進入法家獨尊的局面，而無其他思想發展的空間。雖然在商鞅死後，政治上對思想箝制的禁令也獲得了鬆解，如《爲吏之道》和《呂氏春秋》中都出現了其他家思想，但法家思想仍一直居於秦國政治思想的主流地位，未曾動搖。

秦始皇時，法家二位重要人物先後入秦，更對秦國的政治思想產生莫大的影響。這二位法家人物就是李斯與韓非，韓非對秦始皇的影響主要在於其「法、術、勢」並用的理論，雖然韓非未在秦朝任官，但從秦始皇日後的表現可以看出韓非的思想言論，已深深被秦始皇所吸收運用了。李斯更是將韓非的理論予以具體實踐者，從其上書或言談中，動輒引申、商、韓之語，以爲秦王施政之鑒，可見一般。秦始皇統一天下後，秦始皇三十四年，李斯提

〔註12〕《睡虎地秦墓竹簡》戊午年本，頁368。

出禁私學，以法為教，以吏為師的建議，獲得始皇的認可，下達焚書令，「史官非秦記，皆燒之。非博士官所職，天下敢有藏詩、書、百家語者，悉詣守尉雜燒之。有敢偶語詩、書者，棄市。以古非今者族，吏見知不舉者，與同罪。令下三十日不燒，黥為城旦。所不去者，醫藥、卜筮、種樹之書，若有欲學法令者，以吏為師。」〔註13〕使秦國的思想重新回到法家獨尊的情況，較秦孝公之時，有過之而無不及。

法家的法，出發點原是刑期無刑。因為法家認為仁、暴皆易亡國，只有以法治國，才能長治久安，而其施行重法的目的，是為了要禁民為姦，防止人民觸法，而不是以刑法本身為目的。如《韓非子・六反》曰：「明主之治國也，眾其守而重其罪，使民以法禁，而不以廉止。……凡賞罰之必者，勸、禁也。賞厚，則所欲之得也疾；罰重，則所惡之禁也急。……夫重刑者，非為罪人也，明主之法揆也。治賊，非治所揆也，所揆也者，是治死人也。刑盜，非治所刑也，治所刑也者，是治胥靡也。故曰：重一姦之罪，而止境內之邪，此所以為治也。重罰者盜賊也，而悼懼者良民也。」這也就是為什麼子產相鄭，病將死，謂游吉曰：「我死，子必用鄭，必以嚴蒞人。夫火形嚴，故人鮮灼；水形懦，人多溺。子必嚴子之形，無令溺子之懦。」（《韓非子・內儲說上》）要他嚴刑罰的原因。

但秦始皇統一天下以後，卻過於貪戀權勢、過份濫用刑罰，逐漸使秦國的政治走向法家思想的偏鋒，徒留下形式上的嚴刑酷罰，而失去法家以刑去刑的處罰真諦，人民刑無可避，遂產生刑過之弊。如《史記・秦始皇本紀》載始皇之時，「專任獄吏，樂以刑殺為威」，〔註14〕隱宮徒刑者就有七十餘萬人。〔註15〕至二世變本加厲，更是重以貪暴之吏，刑戮妄加，以至「赭衣塞路，囹圄成市，天下愁怨，潰而叛之。」〔註16〕

不只如此，由於秦始皇、秦二世的好大喜功，其所加在人民身上的繁重勞役，也使人民苦不堪言。如《史記・秦始皇本紀》載始皇三十五年，為修馳道，建阿房宮、麗山陵，共動用了刑徒七十餘萬人，共徙民八萬家，〔註17〕可見其工程之浩大，耗費民力之多。及至二世，繼續建築始皇未竟之阿房宮，

〔註13〕《史記・秦始皇本紀》，卷六，頁51～52。
〔註14〕同上註，卷六，頁56。
〔註15〕同註13，卷六，頁54。
〔註16〕《漢書・刑法志》，卷二十三，頁12。
〔註17〕同註13，太史公言始皇「因徙三萬家麗邑，五萬家雲陽，皆復不事十歲。」

不僅徵召更多的人力，還令人民「自齎糧食，咸陽三百里內，不得食其穀。」
〔註18〕更是大大增加人民的負擔，逼使人民起而爲盜。《史記‧秦始皇本紀》
記載當時右丞相去疾、左丞相斯與將軍馮劫勸諫二世道：「關東群盜並起，秦
發兵誅擊，所殺亡甚眾。然猶不止。盜多，皆以戍漕轉作事苦，賦稅大也。
請且止阿房宮作者，減省四邊戍轉。」但二世非但不聽，還認爲他們「上毋
以報先帝，次不爲朕（二世）盡忠，何以在位？」〔註19〕而將他們問罪，右
丞相去疾及將軍馮劫因此自殺，李斯也因而被刑。〔註20〕秦政背離民心至此，
滅亡之跡已現。

　　二世元年七月，陳勝、吳廣爲屯長，因爲大雨，道路不通，眼看就要耽
誤了會兵的時間了。秦法失期者皆斬，進退都是死路一條，陳勝、吳廣因此
起而反抗秦政權。〔註21〕天下苦秦久矣，在陳勝、吳廣的起頭下，六國遺民
競相響應，反抗秦朝的力量愈聚愈大，終於「項羽虜秦將王離等鉅鹿下而前，
章邯等軍數郤，……燕、趙、齊、楚、韓、魏皆立爲王。自關以東，大氐盡
畔秦吏應諸侯。」〔註22〕二世也在趙高之婿閻樂逼迫下自殺。二世之後，繼
位之子嬰雖力圖振作，但爲時已晚，故子嬰即位僅四十六日，就「係頸以組，
白馬素車，奉天子璽符，降軹道旁。」〔註23〕將政權交出，曾威震一時的秦
朝，就此宣告終結，總計秦朝只維持了短暫的十五年。

　　雖然秦朝是亡於嚴刑酷罰與繁重的勞役，使民無所錯其手足，而爆發了
陳勝、吳廣的起義。但細究其背後的主因，當是大臣亂政。法家如韓非就一
再強調君主要獨掌權勢，防止大權旁落，爲此還提出所謂的八姦與七術，八
姦就是八種容易竊取君權爲姦者，分別是同床、在旁、父兄、養殃、民萌、
流行、威強與四方（《韓非子‧八姦》）。七術則是七種君主獨操的治術，一是
眾端參觀，二是必罰明威，三是信賞盡能，四是一聽責下，五是疑詔詭使，
六是挾知而問，七是倒言反事（《韓非子‧內儲說上》）。但從秦始皇死的那一

〔註18〕《史記‧秦始皇本紀》，卷六，頁 74。
〔註19〕同上註，卷六，頁 79。
〔註20〕同註18，太史公載李斯因此被「囚就五刑」。然《考證》云：「就五刑，三字
　　　　疑衍。……梁玉繩曰：『案李斯傳，斯就五刑，因趙高之譖，此謂囚諫被誅，
　　　　誤。』」卷六，頁 79。
〔註21〕秦法失期者皆斬，應爲秦二世時才有之法，見《史記‧陳涉世家》，卷四十八，
　　　　頁 3～4。
〔註22〕同註18，卷六，頁 80。
〔註23〕同註18，卷六，頁 85。

刻起，由於詔書只有李斯與趙高知道，秦國的政權就已受到此二人的把持了。他們偽造詔書，矯令太子扶蘇死，更立胡亥為秦二世，此後，權臣趙高的干政，已可預期。胡亥因趙高得立，從此聽信趙高之言，終於導致大權旁落。《史記‧秦始皇本紀》載：「趙高欲為亂，恐群臣不聽，乃先設驗，持鹿獻於二世曰：馬也。二世笑曰：丞相誤耶，謂鹿為馬。問左右，左右或默，或言馬，以阿順趙高。或言鹿者，高因陰中諸言鹿者以法。後群臣皆畏高。」明白指出了秦政權在二世時，已落入權臣趙高之手。其後六國遺民叛變，趙高陰令其婿閻樂逼死二世，所以二世也等於直接亡於趙高之手，秦朝江山也從此斷送。此即印證了韓非所說：「人主之患，在於信人，信人則制於人。人臣之於其君，非有骨肉之親也，縛於勢而不得不事也。故為人臣者窺覘其君心也，無須臾之休，而人主怠傲處其上，此世之所以有劫君弒主也。」（《韓非子‧備內》）君臣之利不同，所以君主要時時防範臣子，勿使賞罰二柄旁落，轉而受制於臣，才能常保王位。

秦亡後，漢朝繼立，有鑑於秦朝憑暴力以法治國失敗的教訓，西漢思想家幾乎一致強烈抨擊法家思想，法家思想表面上似乎就此被新政權所排斥，但實則不然，法家思想只是從秦朝時的大放光芒，退隱到漢朝幕後，繼續對漢朝法律制度與政治思想發揮作用。如《漢書‧刑法志》就說：「相國蕭何攈摭秦法，取其宜於時者，作律九章。」《晉書‧刑法志》也說：「漢承秦制。」凡此都說明秦朝雖以酷法聞名，但其從商鞅以來訂立的許多許多法治制度，仍是有可取之處的。故漢朝雖抨擊秦朝酷政，但實質上還是沿用了不少秦朝的法治制度。而漢朝的思想家們，表面上反對法家思想，但他們的思想卻或多或少仍受到法家思想的影響。林聰舜先生在其《西漢前期思想與法家的關係》一書中，就明白道出法家思想在漢朝：「已經採取新的表現方式，隱藏到其他學說之中。它滲透到各種當今的思想中，依附他們，並與他們融合。另外，這時的法家思想也盡量降低它嚴酷與擴張性（戰）的一面，發揮它安定政權與社會秩序的作用。」〔註24〕如：漢初的黃老思想，黃老與法家本來就是一個體系，所以黃老就是與清靜無為結合後的法家思想。〔註25〕賈誼、董仲舒雖為儒家人物，但其思想主要涉入朝廷政策的制定，及建立漢朝政權的正當性，有鑑於法家尊君思想之發

〔註24〕林聰舜：《西漢前期思想與法家的關係》（臺北：大安出版社，1991 年），頁247。

〔註25〕金春峰：《漢代思想史》（中國社會科學出版社，1985 年），頁 8。

達，故他們也需吸收法家許多關於鞏固君權的主張，從而表現出更多與法家結合的思想觀念，爲儒、法結合的代表。至於晁錯，更可爲西漢法家人物的代表。他「學申商刑名於軹張恢生所」，〔註26〕「深知術數」，〔註27〕上書要皇帝以術御臣。又提出貴粟重農的主張，認爲富國之法在於使民務農，而「欲民務農，在於貴粟；貴粟之道，在於使民以粟爲賞罰。今募天下入粟縣官，得以拜爵，得以除罪。」〔註28〕與商鞅勸民務農，「大小僇力，本業耕織，致粟帛多者復其身」〔註29〕的主張一致。而其主張用嚴厲的手段剷除諸侯王割據勢力的作法，更與李悝、吳起、商鞅等法家藉著打擊舊貴族勢力，以達到中央集權的方式，同出一轍。由此可見法家思想在漢初仍具有一定的影響力。雖然晁錯後來因吳楚舉著誅錯之名叛變，而被誅殺，但其主張仍受到漢王的重視，並爲日後朝廷對待諸侯的主要依據。

　　林聰舜先生認爲西漢前期思想之所以仍擺脫不了法家的影響，主要原因有五：〔註30〕

　　一、社會控制少不了強力的手段。

　　二、產生法家的社會背景到漢依然存在。

　　三、秦帝國進行的工作，漢帝國未完全改變。

　　四、法家是專制體制須要的意識型態，在此一體制下，與法家有關連的成份容易膨脹。

　　五、「漢承秦制」，各家思想不能不反映此一政治現實。

　　雖然西漢前期的思想家表現了相當程度的法家傾向，但他們與法家之間仍存在著極大的衝突性，這種衝突性表現在他們一方面強烈批評法家；一方面又採用部分的法家學說以鞏固西漢政權。且這種衝突，並一直繼續存在於後代的專制政權中，所以論者皆言漢代以後的政治思想，是所謂的「陽儒陰法」。這也說明了法家思想並未隨秦亡而消失。

　　法家思想固然未曾因秦亡而消失，仍繼續對漢朝以後的專制政體產生作用，但是以秦亡之慘烈教訓，使法家思想從秦朝以後，再也沒有機會成爲一國或一朝獨尊之思想，只能潛藏於其他政治思想之後。換言之，秦孝公至秦

〔註26〕《漢書・晁錯傳》，卷四十九，頁10。
〔註27〕同上註。
〔註28〕《漢書・食貨志》，卷二十四，頁14。
〔註29〕《史記・商君列傳》，卷六十八，頁8。
〔註30〕林聰舜：《西漢前期思想與法家的關係》，頁252～255。

始皇在位期間，可以說是法家興盛期。而孝公至子嬰出降的這段期間，秦國的政治思想史，也就是法家思想的興衰史。法家思想獨尊的時代，隨著秦亡而劃上句點。此後，法家思想只能繼續以新的形式（以儒、道等其他思想包裝），存在於後世政治思想中。

參考書目

以出版年代先後爲序

一、考古資料

1. 《睡虎地秦墓竹簡》：臺北：里仁書局，1981 年。

二、古　籍

1. 《隋書》，百納本《廿四史》，臺北：臺灣商務印書館，1967 年。
2. 朱熹：《朱子大全》，臺北：中華書局，1970 年。
3. 晉·杜預注，唐·孔穎達正義：《左傳正義》，十三經注疏本，臺北：廣文書局，1972 年。
4. 顧炎武：《日知錄》，臺北：世界書局，1974 年。
5. 杜佑：《通典》，臺北：國泰文化事業有限公司，1977 年。
6. 《尚書》，四部叢刊正編，臺北：臺灣商務印書館，1979 年。
7. 《周易》，四部叢刊正編，臺北：臺灣商務印書館，1979 年。
8. 《詩經》，四部叢刊正編，臺北：臺灣商務印書館，1979 年。
9. 《管子》，四部叢刊正編，臺北：臺灣商務印書館，1979 年。
10. 《論語》，十三經注疏本，臺北：藝文印書館，1979 年。
11. 《國語》，四部叢刊正編，臺北：臺灣商務印書館，1979 年。
12. 《墨子》：四部叢刊正編，臺北：臺灣商務印書館，1979 年。
13. 《尹文子》，四部叢刊正編，臺北：臺灣商務印書館，1979 年。
14. 《商君書》，四部叢刊正編，臺北：臺灣商務印書館，1979 年。
15. 《孟子》，四部叢刊正編，臺北：臺灣商務印書館，1979 年。

16. 《戰國策》，四部叢刊正編，臺北：臺灣商務印書館，1979 年。

17. 《韓非子》，四部叢刊正編，臺北：臺灣商務印書館，1979 年。

18. 《呂氏春秋》，四部叢刊正編，臺北：臺灣商務印書館，1979 年。

19. 《禮記》，十三經注疏本，臺北：藝文印書館，1979 年。

20. 《淮南子》，四部叢刊正編，臺北：臺灣商務印書館，1979 年。

21. 《中論》，四部叢刊正編，臺北：臺灣商務印書館，1979 年。

22. 《說苑》，四部叢刊正編，臺北：臺灣商務印書館，1979 年。

23. 《論衡》，四部叢刊正編，臺北：臺灣商務印書館，1979 年。

24. 《臨川先生文集》，四部叢刊正編，臺北：臺灣商務印書館，1979 年。

25. 北大哲學系注：《荀子新注》，臺北：里仁書局，1983 年。

26. 景印文淵閣《四庫全書總目提要》，臺北：臺灣商務印書館，1983 年。

27. 朱謙之：《老子釋譯》，臺北：里仁書局，1985 年。

28. 蘇軾：《東坡志林》，中華書局，1985 年。

29. 《晉書》：中華書局，1985 年。

30. 馬端臨：《文獻通考》，臺北：臺灣商務印書館，1987 年。

31. 陳奇猷：《呂氏春秋校釋》，臺北：華正書局，1988 年。

32. 張純一：《墨子集解》，臺北：文史哲出版社，1993 年。

33. 郭慶藩：《莊子集釋》，臺北：萬卷樓圖書有限公司，1993 年。

34. （日）瀧川龜太郎：《史記會注考證》，臺北：萬卷樓圖書有限公司，1993 年。

35. 王先謙：《漢書補注》，中華書局，1993 年。

36. 陳啟天：《增訂韓非子校釋》，臺北：臺灣商務印書館，1994 年。

三、專　著

1. 杜國庠：《杜國庠選集》，廣東人民出版社，1944 年。

2. 麥孟華等：《中國六大政治家》，臺北：正中書局，1963 年。

3. 章炳麟：《國故論衡》，臺北：廣文書局，1967 年。

4. 徐漢昌：《韓非的法學與文學》，臺北：維新書局，1970 年。

5. 羅根澤：《古史辨》，臺北：明倫出版社，1970 年。

6. 錢穆：《先秦諸子繫年》，臺北：臺灣商務印書館，1975 年。

7. 沈家本：《歷代刑法分考》，臺北：臺灣商務印書館，1976 年。

8. 章學誠：《文史通義》，臺北：鼎文書局，1977 年。

9. 章學誠：《校讎通義》，臺北：鼎文書局，1977 年。

10. 宇野精一：《中國思想之研究》，臺北：幼獅文化事業公司，1977 年。

11. 胡適：《胡適文存》，臺北：遠東圖書股份有限公司，1979 年。

12. 陶希聖：《中國法制之社會史的考察》，臺北：食貨出版公司，1979 年。

13. 李劍農：《先秦兩漢經濟史稿》，臺北：華世出版社，1981 年。

14. 高敏：《雲夢秦簡初探》，河南人民出版社，1981 年。

15. 郭沫若：《十批判書》，北京人民出版社，1982 年。

16. 林劍鳴：《秦史稿》，上海人民出版社，1982 年。

17. 梁啟超：《飲冰室文集》，臺北：中華書局，1983 年。

18. 余英時：《中國知識階層史論》，臺北：聯經事業出版公司，1984 年。

19. 栗勁：《秦律通論》，山東人民出版社，1985 年。

20. 齊思和：《中國史探研》，臺北：弘文館出版社，1985 年。

21. 陳啟天：《中國法家概論》，臺北：中華書局，1985 年。

22. 唐啟宇：《中國農民史稿》，農業出版社，1985 年。

23. 侯家駒：《先秦法家統制經濟思想》，臺北：聯經出版事業公司，1985 年。

24. 田鳳台：《呂氏春秋探微》，臺北：學生書局，1986 年。

25. 朱淑瑤、徐碩如：《春秋戰國史話》，臺北：木鐸出版社，1986 年。

26. 楊寬：《戰國史》，臺北：谷風出版社，1986 年。

27. 帛書出版社編輯部：《雲夢秦簡研究》：帛書出版社，1986 年。

28. 鄭良樹：《商鞅及其學派》，臺北：學生書局，1987 年。

29. 余宗發：《秦人出入各家思想分期初探》，臺北：學海書局，1987 年。

30. 薩孟武：《中國社會政治史》，臺北：三民書局，1988 年。

31. 朱自清：《經典常談》，台南：大夏書局，1988 年。

32. 徐漢昌：《管子思想研究》，臺北：臺灣學生書局，1989 年。

33. 林聰舜：《西漢前期思想與法家的關係》，臺北：大安出版社，1991 年。

34. 嚴耕望：《嚴耕望史學論文選集》，臺北：聯經出版事業公司，1991 年。

35. 王曉波：《先秦法家思想史論》，臺北：聯經出版事業公司，1991 年。

36. 地球出版社編輯部：《中國文明史》，臺北：地球出版社，1991 年。

37. 黃中業：《秦國法制建設》，遼瀋書社，1991 年。

38. 余宗發：《雲夢秦簡中思想與制度鉤摭》，臺北：文津出版社，1991 年。

39. 勞思光：《中國哲學史》，臺北：三民書局，1992 年。

40. 黃大受：《中國通史》，臺北：五南圖書出版公司，1992 年。

41. 張晉藩：《中國法制史》，臺北：五南圖書出版社，1992 年。

42. 杜正勝：《編戶齊民》，臺北：聯經出版事業公司，1992 年。

43. 傅武光：《呂氏春秋與諸子之關係》，私立東吳大學中國學術著作獎助委員會，1993 年。

44. 徐富昌：《睡虎地秦簡研究》，臺北：文史哲出版社，1993 年。

45. 梁啓超：《先秦政治思想史》，臺北：三民書局，1993 年。

46. 蕭公權：《中國政治思想史》，臺北：聯經出版事業公司，1993 年。

47. 胡適：《中國古代哲學史》，臺北：遠流出版事業股份有限公司，1994 年。

48. 楊生民：《中國春秋戰國經濟史》，北京人民出版社，1994 年。

49. 馮友蘭：《中國哲學史》，臺北：臺灣商務印書館，1994 年。

50. 吳福助：《睡虎地秦簡論考》，臺北：文津出版社，1994 年。

51. 徐衛民：《秦政治思想述略》，陝西人民教育出版社，1995 年。

52. 徐漢昌：《先秦諸子》，臺北：臺灣書店，1997 年。

四、期刊論文

1. 沈剛伯：〈法家的淵源、演變及其影響〉，《自由中國》1957 年第 17 卷第 7 期。

2. 黃建中：〈先秦學術與環境〉，《大陸雜誌》1958 年第 16 卷第 10 期。

3. 譚戒甫：〈西周·矢鼎研究〉，《考古》1963 年第 12 期。

4. 蕭公權：〈法家思想與專制政體〉，《清華學報》1964 年第 4 卷第 2 期。

5. 劉公木〈商鞅的法律思想〉，《中國國學》1970 年第 8 期。

6. 馬承源：〈商鞅方升與戰國量制〉，《文物》1972 年第 6 期。

7. 沈剛伯：〈從古代禮、刑的運用探討法家的來歷〉，《大陸雜誌》1973 年第 47 卷第 2 期。

8. 鄒衡：〈從周代埋葬制度的變化剖析孔子提倡禮治的反動本質〉，《文物》1974 年第 1 期。

9. 衛今：〈從銀雀山竹簡看秦始皇焚書〉，《紅旗雜誌》1974 年第 7 期。

10. 李晃世：〈論戰國七雄的疆域與地理環境所產生的影響〉，《成大歷史學報》1974 年第 1 期。

11. 馬先醒：〈封建、郡縣之論爭與演進〉，《簡牘學報》1975 年第 1 卷合訂本。

12. 孝感地區第二期亦工亦農文物考古訓練班：〈湖北雲夢睡虎第十一號秦墓發掘簡報〉，《文物》1976 年第 6 期。

13. 馬先醒：〈簡牘本秦律之律名、條數及其簡數〉，《簡牘學報》1976 年第 1 卷合訂本。

14. 曾榮汾：〈呂刑研究〉，《臺灣師大國文研究所集刊》1977 年第 21 號。

15. 王志成：〈商鞅農戰政策之研究〉，《國立臺灣師大國文研究所集刊》1979年第 23 期。

16. 李晃世：〈三晉法家思想淵源剖析〉，《國際漢學會議論文集》歷史考古組 1980 年 8 月。

17. 封思毅：〈商鞅變法的文化意義〉，《中國國學》1982 年第 10 期。

18. 陳紅映：〈先秦諸子起源新探〉，《思想戰線》1983 年第 6 期。

19. 劉文起：〈探討商鞅反對人文教化之原因〉，《孔孟月刊》1984 年第 22 卷第 9 期。

20. 黃顯功：〈論戰國重本抑末政策產生的歷史必然性與影響〉，《先秦、秦漢史》，1985 年第 10 期。

21. 馬宗申：〈井田說剖析〉，《農史研究》1985 年 10 月出版。

22. 徐喜辰：〈開阡陌辨疑〉，《吉林大學社會科學學報》1986 年第 2 期。

23. 劉家和：〈宗法辨疑〉，《北京師範大學學報》1987 年第 1 期。

24. 錢杭：〈宗法制度史研究中的幾個基本問題〉，《史林》1987 年第 2 期。

25. 黎明釗：〈秦代什伍連坐制度之淵源問題〉，《大陸雜誌》1989 年第 79 卷第 4 期。

26. 金善珠：〈秦律的形成與發展〉，國立臺灣大學歷史學研究所博士論文，1991年 6 月。

27. 余宗發：〈由雲夢秦簡看商鞅的智慧〉，《國立僑大先修班學報》第 1 期，1993 年 7 月。

28. 余宗發：〈嬴秦資料研究二題〉，《國立僑大先修班學報》第 2 期，1994 年7 月。

29. 牛世山：〈秦文化淵源與秦人起源新探〉，《考古》1996 年第 3 期。

30. 魏建震：〈趙武靈王胡服騎射改革新研〉，《河北師院學報》1996 年第 4 期。

31. 余宗發：〈法家在秦地發展初探〉，《國立僑大先修班學報》第 4 期，1996年 7 月。